都市区经济地域空间系统研究

关于中心城市区域化的地理学解释

曹传新 著

商务印书馆

2014年·北京

图书在版编目(CIP)数据

都市区经济地域空间系统研究：关于中心城市区域化的地理学解释 / 曹传新著. —北京：商务印书馆,2014
ISBN 978-7-100-08927-2

Ⅰ.①都… Ⅱ.①曹… Ⅲ.①城市经济—经济地理—研究 Ⅳ.①F29

中国版本图书馆CIP数据核字(2014)第054175号

所有权利保留。
未经许可，不得以任何方式使用。

都市区经济地域空间系统研究
——关于中心城市区域化的地理学解释
曹传新　著

商　务　印　书　馆　出　版
(北京王府井大街36号　邮政编码 100710)
商　务　印　书　馆　发　行
北京瑞古冠中印刷厂印刷
ISBN 978-7-100-08927-2

2014年8月第1版　　　　开本 880×1230　1/32
2014年8月北京第1次印刷　印张 10¾
定价：45.00元

序

中国近代城市脱胎于半封建半殖民地，经过一个多世纪的时空变迁，城市格局从单一点状成长的中心城市逐步演变为城市群主体形态带动区域发展的城镇体系格局，支撑了中国的"大国崛起"。但是，自中华人民共和国成立以来，以牺牲农村、农业、农民为代价的片面城镇化所形成的城乡二元结构不断被固化，城乡统筹发展、协调发展、共同发展成为新型城镇化所面临的首要问题，牵一发而动全身。从管理角度看，长期奉行的以管控规模为主线的城市发展方针没有从根本上解决城乡分割发展，没有从根本上引导中心城市发挥应有的辐射带动功能，可以说，以往的城市发展方针并不成功，更不能适用于未来的城镇化发展趋势。

改革开放 30 多年以来，中国城市从量到质都发生了天翻地覆的变化。随着城市规模的扩大，城市用地的蔓延，我国一批区域中心城市开始与近邻的城镇呈现同城化、一体化发展态势，中心城市的区域化快速发展，区域的城市化日益凸显，在我国局部地区出现了诸多城镇连绵区。因此，城镇区域协调发展、城乡统筹协调发展、城乡工农联动等跨域问题束是当前中心城市区域化、区域城市化亟待解决的核心问题。

面对当前我国城市发展体制机制和跨域问题束的事实，我国的学术界、政府界都从不同的专业角度进行了探索研究。譬如，地理学者重点研究了城市群的空间结构和产业分工,规划学者重点研究了城市规模政策和城市增长边界;与此同时,国家十二五规划中也提出了城市群主体形态的发展思路,试图解决我国城镇空间格局变迁面临的各类问题。目前的研究成果和实践思路都面临一个共同问题,即如何结合我国行政许可和分税体制的事实构建一个能够解决跨域问题束的空间载体平台。虽然我国城镇出现了区域化连绵的现象,但"分灶吃饭"的行政区划体制和财税体制导致城镇连绵发展地区产业布局雷同、空间发展冲突、生态环境裂变、社会治安混乱等,目前已经严重影响了城镇空间功能的发挥、产业集群效应的扩大、社会生活质量的提升、生态环境品质的跨越。因此,在国家城市群发展战略的指导下,如何构建一个跨域协调职能的空间载体平台是当前亟待研究和解决的重大问题。

面对上述核心命题,从地理学的视角,作者提出了都市区是解决跨域协调问题、构建跨域协调职能的空间载体平台。作者一直在城市规划事业一线工作,长期从事城市规划和区域规划的理论实践研究,对新时期我国中心城市区域化格局和态势、都市区空间规划理论和方法等都进行了深入研究。作者花费了大量时间,收集、阅读了大量的文献,并结合规划项目深入各地做实地调研,最终完成本书,令人钦佩。在其请求下,我欣然为之作序。

该书的研究视角并没有局限于传统地理学的理论和方法,而是在传统地理学理论和方法基础上,结合地理科学的最新研究进展,从系统论对地理学理论方法应用的视角,构建了从条件—特征—结构—功能—机制—规律—调控的都市区理论认识框架,将理论认识渗透到实践认知中,探讨都市区形成发育的环境条件和资源要素、阶段性结构功能特征以及对应的机制,提出了都市区时空演变的规律和调控的目标手段。作者明确提出,都市区是城市地域的一种空间类型和外在表征,是区域经济地理学研究城市及都市领域的空间区域表述,是区域概念系统中的城市地域系统的范畴。从发生学角度,都市区界定应该从人地相关系统运动的地域分异和组合动态发展进程中来认识和概括,现代化不能完全客观反映都市区人地矛盾运动发展的全过程,以此为基础,建立了都市区界定指标体系,旨在动态透视都市区形成发展的全过程。这一认识充分体现了系统论对地理学的应用,解决了我国目前都市区评判标准之争问题,也对都市区实践调控提供了理论依据。结合国外都市区发展经验和国内都市区发展国情,作者提出了有条件但还没达到都市区标准的地区,需要培养推进都市区建设;已经具有发展基础且出现都市区发展特征的地区,需要优化整合推进都市区建设。这一合乎都市区时空演变规律的实践调控思路,对于我国都市区健康发展具有重大现实指导意义。

该书一个非常重要的特点在于从城市与区域互动的角度重点研究了中心城市区域化问题,以系统方法论为思维支撑,探讨都市区形成演变机制过程、特征规律、调控模式路径,构建了都市区经济地域空间系统调控的理论框架。作者明确提出,分工机制、非均衡机制、联系机制、自组织机制等是都市区形成发展的原理机制,这深刻揭示了中心城市区域化、区域城市化的核心动力机制规律;要素投资型、市场需求型、功能辐射型等是产业关联的基本类型,这深刻揭示了城市与区域互动的重点类型;根据空间相互作用关系,主要有地方空间型、跨区域型、数字空间型等;根据城镇空间组合形式,主要有单核集成型、双核整合型、多核群落型等;根据产业空间聚集形态,主要有工业枢纽型、信息枢纽型等,这些空间类型分类充分体现了城市与区域互动共赢发展的空间关系,充分体现了都市区整体性发展的战略调控。上述鲜明而新颖的观点表明：对都市区经济地域空间系统的理论认识以及对都市区的调控框架，不是孤立的就中心城市论中心城市，就区域论区域，而是从城市与区域互动、城市区域化、区域城市化的整体性角度进行深入研究的；因此，该书的理论观点针对性强，启发性强，对于我国目前的城乡发展问题、城市群发展问题、中心城市区域化问题等都具有很好的借鉴意义和实践价值。

总之，这是一本视角独特、观点鲜明、论证严密、内容翔实、资料丰富的学术专著。在我国工业化、信息化、城镇化和农业现代化"四化"并驱的格局下，我国城镇化空间格局变迁将还会发生深刻变化。要实现城市群发展战略，都市区是具有可操作性的空间载体平台。可以预见的是，未来都市区建设是我国城市群战略实施的重点。因此，该书的出版，对于都市区理论和实践认识以及未来都市区空间管治创新等都具有重要的参考价值。当然，都市区经济地域空间系统调控的研究非常复杂，譬如都市区生态空间地域分异和组合、都市区协调机制创新等，都是未来都市区调控的重要方面；而该书对这些方面的论证需要进一步加强。希望作者在这一领域继续努力，为都市区的规划建设、地理科学发展建设做出新的贡献。

袁树人 教授 博士生导师

2013 年 6 月 10 日于长春

前　言

21 世纪是可持续发展世纪,是数字网络世纪,是城市区域化和区域城市化世纪,是生态文明和信息文明世纪,是知识经济世纪。根据联合国人居中心的统计和预测数据,2011 年全球城市化水平达到了 52.1%,2050 年将达到 67.2%,其中,发达国家将达到 83%,发展中国家将达到 61%。面对信息化浪潮的冲击,面对工业化所遗留的生态问题的困惑,面对经济全球化的渗透,面对政治格局多极化的鼎立,那么,承载社会经济系统的空间载体——城市应如何支撑世界人地矛盾系统的正常发展? 这是摆在学术界的一个重要研究课题。

21 世纪是各国各地区政治经济文化全面合作的世纪,是全球经济一体化和区域经济集团化快速推进的世纪。随着这一进程的深入开展,新一轮国际产业地域分工的全面展开,城市体系已经在不同时间尺度上和不同空间层次上发生了根本性变化,城市经济系统由工业化时代的垂直分工逐步转型为信息化时代的水平分工,相应的空间支撑系统也从水平地域分工转型到垂直地域分工。这样,21 世纪的全球竞争不是企业集团、跨国公司的竞争,也不是城市之间的竞争,而是城市区域之间的竞争,这就导致了城市的高度极化,出现了世界性的都市区。21 世纪的城市化战略,不是单个发展某个城市,而是以区域系统为支撑的都市化战略。因此,应该从全球化和区域发展的高度,以都市区为核心,发展全球性或跨区域性的国际性大都市经济地域,这是信息化时代空间地域分工的必然要求。

未来21世纪人地矛盾系统的地域运动中,都市区及其经济地域系统是世界性城市化的主角和"龙头",都市化是世界性城市化的主要推动力和空间承载地。以都市区为核心的城市群、城市密集区、大都市带、大都市连绵区等是21世纪的全球经济一体化和区域经济集团化的主要空间载体,是支撑政治多极化的主要经济空间支柱。因为未来的国际都市区是国际经济大循环的空间依托,区域经济集团的支撑点;各类经济圈的核心,是全球性经济组织和金融活动中心,新兴产业的生产和创新基地,也是各国实现同世界经济联系的桥梁和纽带。

21世纪的城市发展,相对于发达国家来说,是正常经济发展阶段的主动更替演变过程;而相对于发展中国家来说,是非正常经济发展阶段的被动推进演变过程。然而,在全球数字网络化的推动下,我国带着自给自足的自然经济、半殖民地半封建经济、计划经济等体制积淀下的城市和区域问题融入到了21世纪的世界经济体系的大循环中。与其他发展中国家一样,我国处在工业化和城市化的快速发展时期,处于工业化中期阶段,同时还要积极响应信息化、生态化、社会化、数字化等过程的干预和影响。因此,在多重任务和双重阶段的压力下,都市区战略应如何发展,如何培育和调控都市密集区、大都市带等世界性经济核心区,以支撑政治多极化的格局,是21世纪的重大城市研究课题。

面对纷繁复杂的政治经济局势,面对瞬息多变的产业经济格局,面对威胁人类生存的生态环境污染问题,都市区人地相关地域系统向前发展存在许多不确定性。因此,在认识都市区客观运动规律的基础上,必须进行合乎规律性的调控,使之沿着对人类有益的运动方向发展。

综上所述,都市区是未来信息化社会经济地域系统运动的核心聚集地,是主宰世界性或区域性经济系统运动的主角和"龙头"。都市密集区、城市群、都市连绵区的研究,首先必须研究它们的核心即都市区的形成发展机理,才能发现其客观运动规律,才能做出合乎人地系统运动规律的调控。

目 录

第一章 都市区研究综述和概念范畴 ……………………… 1
　第一节 研究的理论基础 …………………………………… 1
　第二节 研究的背景及思路 ………………………………… 6
　第三节 都市区的概念范畴 ………………………………… 23
　第四节 都市区的界定 ……………………………………… 37

第二章 地理环境对都市区演变的作用 …………………… 50
　第一节 区域地理环境对都市区形成发育的作用 ………… 51
　第二节 地理条件对都市区形成发育的作用 ……………… 61
　第三节 资源对都市区形成发育的作用 …………………… 91

第三章 都市区形成发展机制 ……………………………… 101
　第一节 都市区形成发展的原理机制 ……………………… 101
　第二节 都市区形成发展的地理机制 ……………………… 109
　第三节 都市区产业与空间结构演变机制 ………………… 124

第四章 都市区结构和功能 ………………………………… 139
　第一节 都市区产业部门结构 ……………………………… 140
　第二节 都市区产业空间结构 ……………………………… 177
　第三节 都市区功能体系 …………………………………… 205

第五章 都市区调控原理 …………………………………… 225
　第一节 都市区调控的概念与范畴 ………………………… 225

第二节　都市区调控的机制与理念…………………………… 239
　　第三节　都市区调控的类型与模式…………………………… 245
第六章　长春都市区调控………………………………………… 267
　　第一节　长春都市区形成发展环境、条件和机制………… 267
　　第二节　长春都市区现状总体特征诊断…………………… 277
　　第三节　长春都市区调控…………………………………… 299
参考文献……………………………………………………………… 318
后记…………………………………………………………………… 325

第一章 都市区研究综述和概念范畴

第一节 研究的理论基础

都市区是客观存在的经济地理事物和现象,有自身的经济地域系统运动规律和认识特征。但是,对都市区形成演化原理研究脱离不开哲学、地理学、经济学等基本理论原理的指导,这是在学科总的发展规律下研究都市区形成演化的特殊性或个性发展原理。

一、哲学理论基础

马克思主义哲学是人类以往科学和哲学思想发展的光辉结晶,是各个学科理论研究的最基本的科学世界观和方法论。其中,世界的联系和发展理论与社会认识理论对都市区形成演化机理研究具有重大的指导意义。

(一)世界的联系和发展理论

世界的联系和发展理论主要包括两个内容:世界物质的统一性、世界的联系和发展等。

1. 世界物质的统一性理论

确立科学的物质观、运动观和时空观是辩证唯物主义世界观的基础。列宁给"物质"下了科学的经典性定义:"物质是标志客观实在的哲学范畴,这种客观实在是人通过感觉感知的,它不依赖于我们的感觉而存在,为我们的感觉所复写、摄影、反映"(李秀林、王于、李淮春,1995)。这是科学的物质观。都市区形成演化理论研究,首先要回答标志都市区客观实在的哲学范畴,这是最根本性的理论核心。在都市区物质观客观存在的基础上,理所当然要从物质的运动、时间、空间等范畴来认识,透视都市区的形成发展的全过程。

2. 世界的联系和发展理论

联系的观点和发展的观点是唯物辩证法的总特征,是人们考察事物、分析问题的基本原则。世界的联系观点主要有:联系是客观的,普遍存在的,多样性的,有条件的。世界的发展观点主要有:运动、变化、发展之间的辩证统一,以及客观世界前进运动的方向性等。世界联系和发展的基本规律:质量互变规律、对立统一规律、否定之否定规律;联系和发展的基本环节:原因和结果、必然性和偶然性、现象和本质、可能性和现实性、内容和形式、结构和功能、要素和系统等(李秀林、王于、李淮春,1995)。这些都是研究都市区的基本哲学观点,也是都市区形成发展机理的内在逻辑的概括和反映。

(二) 社会认识理论

马克思主义对社会哲学有系统化的认识体系,主要包括社会的本质和整体性、社会的经济结构、社会的政治结构、社会的观念结构、社会发展过程和动力、科学技术和人民群众在社会发展中的作用等。

都市区是社会经济因素高度聚集的空间地域,这些社会哲学理论是研究都市区形成演化的基本指导思想。

(三) 系统哲学理论

系统论属于横断科学范畴,是从不同学科的发展中产生出来的。从自然观的角度,可以认为系统是一种联系方式,在这种方式中若干有特定属性的要素经特定关系而构成具有特定功能的整体。系统的要素、结构、功能、环境,都是完备地规定一个系统所必需的(国家教委社会科学研究与艺术教育司组,1989)。都市区是由若干地理要素组成的复杂巨系统,运用系统哲学理论及其方法是研究都市区形成发展机理的根本性的方法哲学基础。

二、区域经济地理学理论基础

区域经济地理学是研究经济地域及其系统的发展机制、条件要素、结构网络、构造类型及其运动规律的科学(陈才,2001)。经济地域系统是区域经济地理学的研究对象,都市区又是经济地域系统的一种特殊类型。所以,从经济地域系统的角度,运用区域经济地理学的理论作为基础研究都市区是重要的维度和视角。

(一) 劳动地域分工理论

劳动地域分工是人类社会经济活动的固有现象,由于分工不断深化,促使社会生产不断向前发展,使产业地域结构不断复杂化和高级化,乃至形成今天这样十分错综复杂的世界经济地域系统局面。可见,劳动地域分工规律是经济地域及其系统形成、发展、变化的首要机制(陈才,2001)。都市区的形成发展是地球表层系统劳动地域分工产物，都市区的阶段性跃迁是人类新的产业分工和空间分工重组的过程。

（二）地域分异和组合理论

地域分异和组合规律是区域经济地理学研究的客观基础。经济现象的地域分异和组合是客观存在的。高层次的地域分异现象又总是和低层次的地域组合相伴而生的。一定地域如果在高层次上从宏观和整体上产生了分异，那么，在低层次上，从中观、微观和局部上必然会出现相应的组合。一定地域经济单元在这种分异和组合的过程中都会形成一定规模和水平的经济中心，通过这一中心对其周围（吸引范围）的经济活动起组织和协调作用，同时也必然会形成相应的部门结构和地域结构。在生产社会化的条件下，具有地域特点的专业化经济部门出现了，地域内外的经济联系形成了。这样，这些不同层次、不同类型、不同水平的地域经济单元是地域经济综合体。不同类型和层次的地域经济综合体组成了地域经济体系（徐效坡，1990）。都市区的形成发展是诸多地理要素资源不断分异、组合、再分异、再组合的反复螺旋式上升的运动过程，同时也伴随着都市区产业、空间、机制、区位等分异和组合变迁。

三、区域经济学理论基础

区域经济学是研究经济系统的科学。对经济地域系统的研究必须领会经济运行规律的基本原理。对于都市区研究来说，经济规律对都市区形成发展的支配调控作用的机理主要有区位、资源、地租、规模等各个方面，这是最根本的贯穿于都市区形成发展始终的理论基础。

（一）区位论

区位论是研究世界各国各地区人类各种活动区位的选择、形成和发展的科学，分析其形成的原因与条件、预测其将来的发展（刘继生、张文奎、张文忠，1994）。目前，区位论已经形成了包括农业、工业、运输业、市场、城市、行为、商业等区位为主体的理论体系。区位因子是社会经济活动的动力基因，都市区是社会经济活动的空间载体。所以，研究都市区应充分运用区位论的核心思想。

（二）资源禀赋论（赫—俄理论）

赫—俄理论不仅解释了比较优势产生的原因，也说明了国际贸易的流向问题。虽然此理论是研究国际贸易问题，但是，它分析国际贸易问题的思维方法是从分析区域或城市之间要素、产业分布差异的原因入手的。其实，这一理论体系研究了商品生产聚集地形成发展的原因。所以，对于研究都市区的形成发展机理，比较优势和生产要素、资源禀赋差异的理论思想具有重大的指导价值。

（三）地租理论

地租理论是古典和现代经济学研究的重要内容。地租是指在一定时期内为使用土地而支付的费用（M. 歌德伯戈、P. 钦洛依，1990）。地租是土地利用的核心调控杠杆，是产业经济和社会活动聚集或扩散的晴雨表。都市区是土地利用资源开发利用中地租最高的空间地域，地租价值规律对都市区产业经济和社会活动的历史变迁具有支配调控作用的功能。

(四) 规模经济理论

规模经济理论是指"规模收益递增"。经济规模具有客观性、临界性、系列性、二重性，经济规模的重要性主要在于能充分发挥各种要素的作用，带来明显的规模经济(刘再兴，1997)。发展规模是都市区的形成发展的重要标志，包括经济规模、人口规模、用地规模等，规模效应是经济效益的最佳反映，都市区空间地域也应是各种要素聚集规模最经济的载体。研究都市区形成发展机理，聚集规模经济理论的思想也具有重大指导价值。

第二节 研究的背景及思路

对于城市领域的研究涉及到经济、社会、地理、建筑、自然、生态等诸多学科，它不是地理学独有的研究空间。对于不同的学科领域，在不同学科理论和实践指导下对城市形成演化的认识、判断、概念、思维等存在较大差异；但是，这些差异是对城市研究的不同侧面和角度的反映，城市系统运动规律的本质内涵是一致的、统一的。区域经济地理学应从地理学尤其是经济地理学研究的视角和尺度，来透视城市运动发展到高级阶段的空间表现实体——都市区的概念本质，这是地理学占据城市研究领域的基础和前提。

虽然早在 20 世纪初出现了诸如英国大伦敦区、法国大巴黎区、美国大纽约区等世界性中心城市群，但由于当时处于工业化中期，中心城市群发展尚处于初级阶段，因此，以中心城市为核心的都市区并未引起人们的关注。二战以后，随着世界范围工业化与城市化的快速推进,不同层次、不同地域大中小城市的产业结构的重塑和空间结构的优化,以大城市为主导的城市地区或城市群体已逐渐发展成为各国经济发展的核心载体,于是,诸如城市圈、都市圈(区)、城镇密集区等概念逐渐成为理论界和政府界的议事主题。

都市区是城市化过程中一种特殊的地域空间组织形式,是城市发展到高级阶段的必然产物。各国学术界、政界等开始从理论和实践上探索在新城市化背景下城市发展的趋势,即都市区、大都市带、大都市连绵区等运动规律,并取得了积极的成果,对社会经济发展实践提供了科学决策的依据。

一、已有研究成果的评述及研究价值

1957年,城市地理学家戈特曼(J. Gottmann)发表了具有划时代意义的著名论文——"大都市带:美国东北海岸的城市化"(宗传宏,2001),并由此开辟了城市地理学的一个崭新的研究领域。世界各学科界都开始介入了大都市领域的研究,现主要分国别来进行简单的评价。

(一) 都市区理论研究成果评述

1. 欧美大都市带研究评述

戈特曼提出大都市带概念之后,首先在北美引起了较大的反响并逐步波及到欧洲(戈特曼,1967)。当时的学者主要就大都市带现象的价值判断、概念、指标等范畴进行了研究。近年来,欧美学者对大都市带的研究逐渐转向微观实证和机制研究。

2. 日本的都市圈和大都市带研究评述

1954年,日本行政管理厅统计标准部就仿照美国定义了"标准城市地区"的概念。后来,日本相继提出了"城市圈"、"大都市圈"等概念。70年代,又提出了"区域经济集块"概念;随后又提出了功能城市区概念。总体来说,日本在20世纪60~80年代主要对都市圈内单一要素的分布演变和成因分析进行集中研究,20世纪80年代之后,主要逐渐转向对都市圈空间结构变化的综合总结。

在日本,大都市带的研究是与国家的经济建设实践密切联系在一起的。二战以后,日本大都市带主要集中研究人口集聚机制、基础设施建设等;20世纪70年代,日本城市进入郊区化阶段,大都市的发展也进入了成熟阶段,相应研究也进入到扩散机制、功能组合等;20世纪90年代,日本学者对大都市带的研究无论是在广度上还是在深度上都进入了一个新的阶段,主要研究大都市带的形成演化过程、都市区之间的作用机制等(赵永革、周一星,1997)。

3. 亚洲发展中国家大都市带的新形式

大都市带的概念源于欧美,但是,世界许多发展中国家,尤其是亚洲发展中国家,随着工业化和城市化步伐的加快,大都市带的研究也提上了日程。

加拿大地理学家麦吉(T. G. Mcgee)对亚洲城市进行研究,提出了与西方大都市带类似而发展背景不同的新型空间结构,借用印尼语Desa-kota来表示这种空间类型。后来,采用了超级都市区的概念(Megaurban Region),来表示当天可以通勤的城市外围区及核心城市之间的Desa-kota区域。另外,后来有些学者在此基础上,提出了扩展都市区(Extended Metropolis Area,EMA)、分散大都市(Dispersed Metropolis,DM)、都市连绵区(Metropolis Interlocking Region,MIR)等等(Gingsburg,1991)。

4. 国内研究成果评述

中国的都市区与大都市带研究始于20世纪80年代中期,大致可以分为三种研究体系。

(1) 关于城市群与大都市带的研究

1983年,于洪俊、宁越敏在《城市地理概论》中首次运用了"巨大都市带"的译名向国内介绍了戈特曼的思想(于洪俊、宁越敏,1983)。1992年,姚士谋等对大都市带作广义的理解,提出了城市群(Urban Agglomeration)概念,并进行了概念性的定义。同时,李世超、崔功豪、许学强等地理学家也作了大量的实践研究,并提出了理论实践观点。

(2) 都市区与都市连绵区的研究

1986年,周一星在分析中国城市概念和城镇人口统计口径时,较早提出了市中心—旧城区—建城区—近市区—市区—城市经济统计区—都市连绵区这样一套中国城市的地域概念体系,进而将其发展成比较完整的中国城市空间单元体系。此后,又研究了中国都市区的界定指标和方法,并就其形成机制作了初步探讨。这些研究在与西方接轨的理解基础上,侧重于建立比较严密的地域概念,并在此基础上分析其形成机制(周一星,1995)。

(3) 其他的相关研究

周一星等对长江三角洲和珠江三角洲地区的城市化空间形态的研究;许学强等对珠江三角洲大都会区形成原理的研究;吴良镛等对长江三角洲的建筑保护和城市化研究(许学强、朱剑如,1988)。

5. 国内外都市区理论研究的总体评价

从理论研究来看,国外学者对都市区的研究主要侧重于都市区空间模型的构建,诸如空间结构的组合原理,都市区的空间扩展、地域整合,全球化城市概念与理论的建立,世界城市体系演变机理,大都市连绵带的空间体系等方面。从实践研究来看,国外学者对都市区的研究主要侧重于都市区规划、管理机制,都市区发展战略,都市区发展区域政策,都市区卫星城镇或新城建设,都市区空间形态结构,都市区行政区划协调,都市区形象等方面。

(二) 都市区调控实践研究评述

1. 国外都市区调控实践研究评述

从国外都市区调控实践研究来看,在欧美、韩国、日本、新加坡、中国香港等发达资本主义国家和地区的都市区进行了战略规划研究,并取得了成功的经验。在工业化时代所遗留的大城市病症,譬如人口密度大、交通拥挤、生态污染、环境恶化、地价上涨等,导致了欧美学者和政府界的高度重视,从而引发了都市区调控实践的探索。因此,纽约、芝加哥、洛杉矶、巴黎、伦敦、东京、首尔、新加坡、中国香港等国际性大城市开始研究新的城市空间组织模式,以解决大城市所带来的各种问题;同时,还能满足新经济时代发展的需要,并相继提出了都市区圈层构造、都市区政府等实践概念。总体上来说,发达国家和地区的都市区主要侧重于都市区规划建设,尤其是人口与产业疏散和合理布局,卫星城或新城建设,都市区区域政策制定和实施等。

2. 国内都市区调控实践研究评述

从国内都市区调控实践研究来看，目前主要处于探索阶段。由于我国城市化刚刚步入快速发展阶段，大城市建设刚刚集聚一定的区域要素，刚刚达到一定的经济、人口等总量，都市区的形成才初现端倪。因此，我国都市区建设刚刚起步，与发达国家和地区还存在相当大的距离，相应的都市区调控实践也处于实践理论探索过程。目前，上海、北京、南京、广州、深圳、西安等城市已经做了都市区规划建设的探索，也相应出台了一系列调控政策，取得了一些较为适合中国国情的都市区调控实践经验。

综上所述，都市区调控实践仍然还需要深入研究，探索适合不同发展阶段、不同发展历史背景、不同发展地域空间的调控实践理论和实践经验是非常有价值的。对于我国来说，城市发展与欧美、拉美等国家和地区存在较大差异，在经济发展历史背景上也存在较大差异，探索适合中国国情的都市区调控模式、类型、政策、途径等，对于引导我国大城市合乎规律地向大都市成功转型和我国都市区健康发育都有重要的指导意义。

（三）研究价值

第二次世界大战以来，随着科技革命的逐步深入和经济全球化进程的逐步加快，城市区域化和区域城市化已成为世界空间载体发展的不可阻挡的趋势。在纽约、东京、伦敦等出现了世界性的中心城市和大都市，在西欧、北美、日本等地区出现了世界性的城市连绵带和城市群体。在学术理论和实践应用领域，大都市问题、城市群体或连绵带问题等成为各学科领域研究的重要课题，并且取得了丰硕的成果。然而,这些研究大都是针对发达国家城市进行的。都市区是现代城市发展到一定阶段的历史必然产物,都市区最早出现于欧美发达国家,理论与实践研究也最早开始于欧美国家。

对于我国来说,城市快速发展真正起步于建国以后,尤其是改革开放以后。在世界工业化发展时期,我国错过了城市快速发展的良好机遇。随着改革开放的逐步深入,市场经济体制的逐步完善,我国城市化步伐日益加快,城市产业结构日益外向化,城市功能日益国际化,城市空间扩展日益广域化;逐步形成了长江三角洲、珠江三角洲、京津唐地区、辽中南地区等城市连绵带,以及依托这些城市连绵带的都市区,譬如上海、广州、北京、天津、沈阳等。在这一进程推进的同时,我国大都市发展又面临着许多困境,譬如,在产业发展上,特色性不鲜明,产业结构雷同,产业结构大都处于"二、三、一"的结构类型,大都以计划经济时代发展的传统产业为主导,高新技术产业、信息产业、现代服务业等新兴产业不同程度地发展滞后;在空间扩展上,大都陷入了"摊大饼"的怪圈,处于近域无序蔓延阶段,广域扩展严重不足;在行政管理上,大都处于无序竞争,各自为政,而不是有序合作和协调;在城市建设上,大都面临交通拥挤、住房紧张、环境污染、人口膨胀、就业困难、地价上涨等诸多问题。因此,我国城市发展面临着诸多实践问题,急需从理论上得到解决。

我国已进入城市化中期阶段,城市都市化现象初现端倪。因此,无论在理论上,还是在实践上,我国学者对都市区的研究都处于刚刚起步的阶段,并且实践研究超前于理论研究。从理论上来说,我国主要吸收国外的都市区理论研究成果,运用到国内都市区实践中。从

第一章　都市区研究综述和概念范畴　　　　　　　　13

实践上来说,我国都市区实践领域主要侧重于都市区战略规划层面的研究,其他方面涉及甚少。因此,从探索我国城市化特征和规律、指导城市化实践的角度,我国都市区研究还有很多方面需要深入开展。因此,本书的学术价值和应用价值如下。

1. 学术价值

研究基于经济全球化过程中的都市区形成发展条件、机制、结构、功能、发展态势,探索符合我国城市发展规律的都市区规划理论,探讨符合我国国情的都市区规划调控的模式、政策、调控理念等实践原理,对于完善区域经济地理学理论体系,完善城市地理学都市区理论都有较大的学术价值。具体表现在以下几个方面。

第一,都市区概念体系的建立,为区域经济地理学研究都市区问题提供了一定的理论启示和借鉴。

第二,都市区规划理论内涵体系的建立,为区域经济地理学的实践服务领域提供了较为完善的理论基础。

第三,都市区规划调控实践体系的建立,为区域经济地理学社会服务化进程提供了理论支撑。

第四,都市区规划调控理论体系的建立,为加强区域经济地理学与其他城市研究领域的学科的融合和交流,促进学科之间的分工和协作,提供了良好的理论和实践平台。

2. 应用价值

目前,我国各大城市都已进入了城市化中期阶段。在这一阶段上,各城市都开始凸现出了大城市综合表征,一方面,城市表现出各种负面特征,譬如交通拥挤、住房紧张、环境污染、就业不足、地价上涨等一系列综合性"城市病";另一方面,城市表现出各种正面特征,譬如,城市结构高层化,城市功能国际化,城市空间广域化,城市发展都市化等体现城市综合实力的特征。这些都是我国城市工业化、信息化、生态化齐头并进所表征出的都市区的特点。因此,我国都市区发展是在一个特定的历史背景下开始的。我国都市发展问题也急需符合中国国情的城市发展规律的都市区发展理论的指导。都市区规划调控理论研究,具有以下几点应用价值。

第一,对于指导我国都市区规划编制具有重要的指导意义。

第二,对于解决我国大城市问题、大都市问题等,具有较强的应用意义。

第三,为我国各城市政府决策重大问题、解决大都市问题提供了科学依据。

第四,为我国城市社会经济空间载体健康发育,都市区产业结构高层化、空间布局的合理化,都市区功能的多元化、综合化等都有现实指导意义。

第五,对于推进我国城市化进程,加速与经济全球化接轨,促进城市发展的合理宏观调控,提供了现实理论依据。

第六,以长春市为例,探讨长春都市区建设过程机制及规划调控模式,对长春都市区的有序调控、协调发展提供实践理论支撑。

二、问题的提出及重点研究内容

(一)问题的提出

国外学术界提出都市区概念以及其他相关的概念,是欧美发达资本主义国家工业化时代的城市发展的必然产物,其产生有特定的社会经济体制背景。因此,各位学者所提出的都市区、大都市带等概念,严格地说,多数是适应特殊的局部区域的城市发展。

总体上来说,学术界对都市区、大都市带等的空间结构形态研究较多,但是,对都市区、大都市带等后工业化社会的城市形成发展机制、过程、功能等研究较少,戈特曼等学者对城市连绵区、都市区等问题的研究,也是传统城市体系发展到一定阶段时所界定的特殊城市地域类型,或是城市体系发展的高级阶段。

对于工业化时代城市发展的理论与实践,已形成了完整的框架体系;但是,对于后工业化社会,以大都市为对象的城市发展规律,仍然还处于探索阶段,其理论与实践框架体系尚需要进一步完善。

对于工业化和信息化并行状态中的发展中国家城市发展规律的研究,仍然处于起步状态。发育一定规模的城市,要担负工业化和信息化的双重功能,这是发达国家所没有经历的。因此,发展中国家的大都市发展客观规律有待进一步研究。

目前国内学术界对大都市带存在着多种理解,概念比较多,近年来除了对都市区和大都市带的界定指标与方法有一些定量化研究外,大多数研究仍以定性为主。

都市区的理论研究源于欧美,已成为国内外相关科学研究的主流。虽然其研究成果本身还有诸多的争论,但其研究的领域和方法,以及其中的一些成果,尤其是近年来对亚洲国家和地区的一些城市化区域研究成果,对我国具有借鉴和启发意义。

综上所述,城市是区域经济地理学重要的研究理论领域之一,城市调控相应也是区域经济地理学重要的实践研究主战场之一。在不同历史发展阶段,区域经济地理学都作出了理论和实践上的贡献。

但是,在信息化、知识化时代,城市发展的客观规律已从深层次上不同于工业化时代,需要用全新的视野来审视。然而,都市区是城市发展到高级阶段的产物。因此,与信息化、知识化相对应的都市区形成演化机制、过程、功能、结构等就成为了当代城市发展研究的主要内容,且是亟待解决的问题,这是作者选题的主要出发点。

(二) 重点研究内容

1. 都市区界定的客观基础

目前,学术界、实践界等对都市区的界定标准存在较大分歧。但是,都市区的形成发展存在内在本质的演化规律,认识和界定都市区相应也存在不同时间和不同地域空间尺度的客观基础。因此,通过对都市区形成演化本质规律的认识和探讨,提出都市区界定的客观基础及相应的客观标准。

2. 都市区形成演化机制的探讨

都市区是城市发展的高级表征状态。在不同历史时期,存在不同的形成演化机制。这些机制的综合对都市区发育起到决定性作用,决定都市区演化方向、性质、速度、质量等。因此,对都市区形成演化机制的探讨,是本次研究的重点问题和关键所在。

3. 都市区产业部门结构地域组合类型和空间地域组合类型的探讨

产业部门结构和空间地域结构的探讨是区域经济地理学研究的核心问题,也是对都市区规划调控的理论支撑。都市区类型的研究是都市区规划调控实践的理论源泉。因此,产业空间类型的探讨是本次研究的核心重点,也是拟解决问题的关键。

4. 都市区功能场的界定、支撑机理的分析

都市区功能是整个城市区域系统对外界环境的作用的表现,都市区功能场的界定、支撑机理,是整个都市区服务于全球经济一体化的本质所在。结构决定功能,功能反作用于结构,因此,都市区功能研究是对都市区结构研究的重要的系统反馈和控制。

5. 都市区规划调控对象、主体和主线的探讨

都市区规划调控是一个复杂的系统工程。在这个复杂的调控系统中,应该科学界定规划调控的主体、对象、主线等基本内容,这是都市区规划调控的基础和前提。

6. 都市区规划调控的空间地域单元的探讨

都市区是城市化空间概念范畴,空间组织存在多种形式和途径。不同空间调控板块,会产生不同的空间经济效益、社会效益和生态效益。因此,都市区规划调控的空间地域单元的探讨是都市区规划调控实践的核心重点问题。

7. 都市区规划调控的类型和模式探讨分析

都市区规划调控的类型和模式决定着都市区运行发展的方向和效率,决定着都市区形成发育的地域特色,决定着全球资源要素配置的空间区位。因此,都市区类型和模式的研究是都市区规划调控实践的战略性问题。

8. 长春都市区规划调控类型和空间组织分析

长春都市区规划调控是本次研究的实证应用部分,也是对前述理论研究的应用。对于长春都市区形成发育来说,调控类型和空间组织是实证重点。

三、研究思路和基本结论

(一)研究方法和研究手段

1. 传统地理学研究方法

主要以传统地理学研究方法为根本,譬如地域分析、综合分析方法、统计分析方法、要素描述方法等,对都市区规划调控理论研究进行深入的探讨;运用综合地理思维方法,探讨都市区运行规律,阐述都市区的地域性和综合性的基本地理规律。

2. 现代地理学研究方法

主要运用定性到定量的综合集成技术和方法,采用区域经济地理学的传统理性思维方法,通过现代地理技术,综合集成都市区运行的基本特征、机制、结构、功能、发展趋势、规律等基本本质属性,综合集成都市区规划调控的对象、主体、主线、内容、模式、类型、空间地域单元、政策等基本实践属性。

3. 系统论分析方法

主要采用系统论的基本理论和思维,把都市区放到系统层面上,从都市区不同层次系统层面来剖析内部结构、外部结构、内外功能体系等之间的本质关系和联系，分析都市区系统运动规律。

4. 多角度综合对比分析方法

主要从不同方面、不同层次、不同侧面等对都市区进行对比分析，总结概括都市区在不同时空发展层面上的运行规律、特征，然后，通过地理综合思维方法，升华为都市区规划调控理论。

5. 综合—分析—综合方法

主要是先对都市区的各种问题进行综合，然后逐步分解分析，得出基本结论，然后再进行综合，再分解、再综合，通过这种循环思维，最终得出都市区运行规律。

（二）研究技术路线

从现象→特征→规律（本质）的认识研究路线，对都市区问题进行研究。首先从现象入手，从都市区表征的各种现实问题入手，透视都市区问题的本质特征，探究都市区本质规律，这是本书写作的哲学认识基础。

以区域经济地理学学科研究的基本思路为基础，首先从要素研究入手，运用系统方法论，对都市区的组成要素进行剖析，然后综合集成都市区的基本特征和属性；其次，从部门入手，剖析都市区的产业部门结构；最后，从区域入手，剖析都市区的产业地域结构。

从时空角度，首先分析都市区的历史演化过程，然后透视都市区发展现状特征，最后总结概括都市区运行趋势，从时空发展轨迹上，探讨都市区发展演化规律。

（三）研究基本框架

都市区是区域经济地理学、城市地理学研究的重要前沿领域，是当前全球经济一体化的核心空间载体表现形式。本文从区域和城市互动的角度，以系统方法论为思维支撑，运用区域经济地理学和城市地理学的理论与方法，融合生态学、社会学、经济学等其他学科的思维理论和方法，在总结前人研究成果的基础上，全面论述了都市区的概念、特征、条件、环境、资源、机制、结构、功能、规律、趋势等基础理论层范畴，以此为基础，初步探讨了都市区调控的应用理论层范畴，包括调控的概念和本质、主体和客体、目标和原则、内容和方法、机制和理念、类型和模式等方面（图1-1）。

第一部分主要是论述都市区的形成演化机理，包括都市区的概念与界定、地理环境和条件、资源对都市区形成发育的作用、形成发展机制、结构和功能演变等四个章节，这是全书的核心主体部分。

都市区是城市地域的一种空间类型和外在表征，是区域经济地理学研究城市及大都市领域的学科概念的空间区域表述，是区域概念系统中的城市地域系统的范畴。从发生学角度，都市区界定应该从人地相关系统运动的地域分异和组合动态发展进程中来认识和概括，现代化不能完全客观反映都市区人地矛盾运动发展的全过程，在此基础上，本书建立了都市区界定的指标体系，旨在动态透视都市区形成发展的全过程。

本书还建立了都市区自然—环境条件、产业—经济条件、社会—人文条件三个层次研究体系。以此为基础，建立了自然—环境资源、产业—经济资源、社会—人文资源三个层次认识框架。

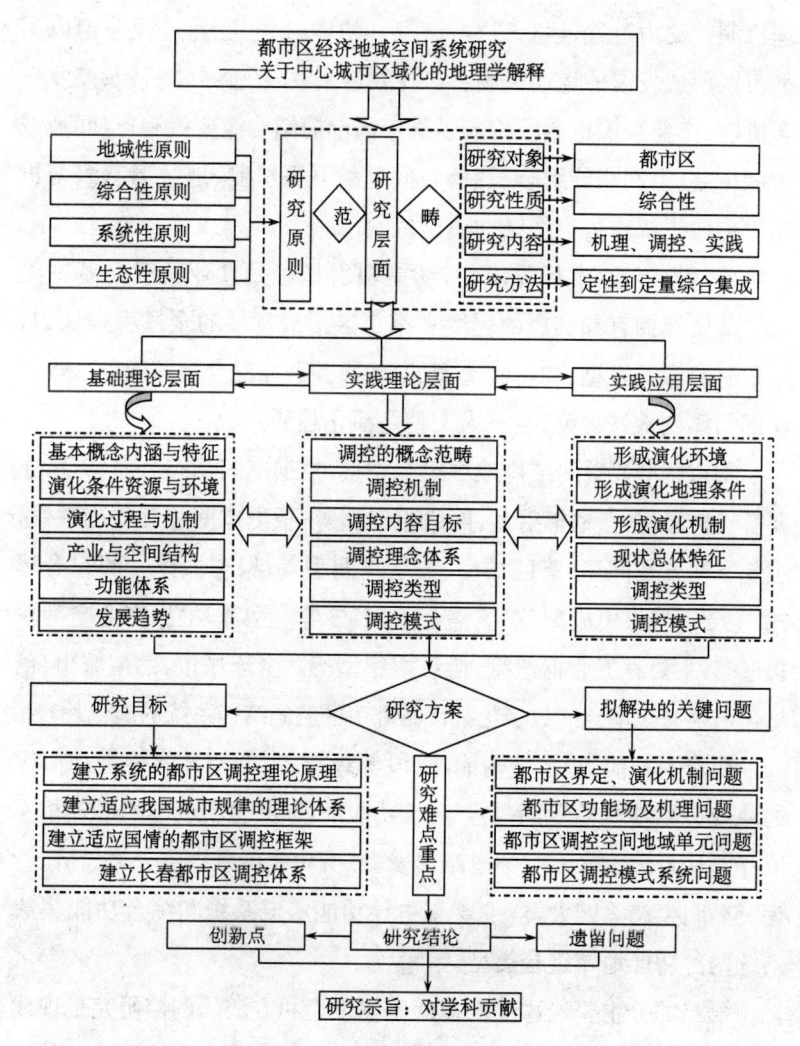

第一章 都市区研究综述和概念范畴

图 1-1 研究的基本框架体系

分工机制、非均衡机制、联系机制、自组织机制等是都市区形成发展的原理机制。地域分异和组合机制是都市区形成发展的经济地理机制。动力过程、运行过程、转换和协调过程、变异过程等构成了都市区形成发展的运动机制。产业要素机制、产业成本机制、产业形态机制、产业组织机制等构成了都市区部门结构演变机制；空间地域扩展机制、空间职能组合机制、空间地域联系机制、地域形态演变机制等构成了都市区空间结构演变机制。

要素投资型、市场需求型、功能辐射型等是产业关联的基本类型。从资源拥有和利用的程度和都市区形成发展的全过程来认识，主要有资源开发型、加工制造型、商务服务型和混合型等四种基本产业部门结构地域类型，生态人文型是演化趋势。

都市区产业空间结构地域组合类型：根据空间形态分布特征，主要有点扩展型、点轴辐射型、网络组团型等；根据空间相互作用关系，主要有地方空间型、跨区域型、数字空间型等；根据城镇空间组合形式，主要有单核集成型、双核整合型、多核群落型等；根据产业空间聚集形态，主要有工业枢纽型、信息枢纽型等。全球城市、巨型城市、信息化与生态化耦合的数字化都市是都市区空间结构系统的演化趋势。

要素互补能、经济结构能、阶段等级能、制度差异能等是都市区的地理势能基本类型，主要存在于功能场，以共生功能键的形式相互依存。从系统论和发生学思维出发，城市功能体系主要分为经济、管理、创新、生态等四大类，主要有主导功能集成系统和综合功能集成系统两种功能地域组合类型。

第二部分主要论述了调控的基本理论和方法。调控研究是现代地理学的重点前沿领域。都市区调控原理部分是全文核心部分的重要补充和完善。从区域系统运动中对都市区实施调控是区域经济地理学的根本出发点和精髓所在，人地矛盾是都市区调控的实质所在。要素调控、环境调控、结构调控、功能调控等是都市区调控的基本内容。培育推进型和优化整合型等是都市区调控的基本类型,中心主导模式、联动组合模式、群落合作模式、模式群等是都市区的四种基本空间发展调控模式。目前,都市区产业空间结构系统主要有点—轴—网、功能板块、区域系统等三种基本的空间构造调控模式。

第三节 都市区的概念范畴

一、都市区的基本概念

(一)都市区相关概念的提出

1957年,美国城市地理学家戈特曼在考察了美国东北海岸三个世纪以来的城镇发展后提出了一种崭新的城镇群体空间发展理念——"Megalopolis(大都市带)"(J. Gottmann,1957)。

1959年日本经济学家高野在研究大城市郊区化和卫星城镇问题时,从商业性角度提出了"大城市圈"的概念。随后,一些国家和地区也从不同角度对城市群体现象进行了定义和划分。无论怎么定义,其中有一核心思想是经济发展载体系统的区域整体观念和系统观(谭纵波,2000)。

20世纪60年代,亚太地区发展中国家城市化的迅猛发展,形成了东京、香港、新加坡、吉隆坡、曼谷、上海、加尔各答、墨西哥城等上千万规模的超级型特大城市。这些特大城市形成发育背景与西方发达国家大都市地域存在较大差异。加拿大地理学家麦吉借用印尼语Desakota来表示这种出现于人口密集、位于大城市之间的交通走廊地区(T. G. Mcgee,1991)。

改革开放以后,随着社会经济的高速发展,我国城市也逐步进入到快速城市化阶段,相应地形成了类似珠江三角洲、长江三角洲、京津唐、辽中南等城市群地区,出现了上海、北京、天津、沈阳、广州、武汉等许多超过 250 万人口规模的特大城市和都市区。针对我国城市发展的现状,在研究我国城市概念和城市人口统计口径时,北京大学周一星教授提出了都市区、都市连绵区(Metropolitan Interlocking Region,MIR)概念(Zhou Yixing,1988)。周一星教授认为,都市区的一般概念是一个大的人口核心以及这个核心具有高度的社会经济一体化的邻接社区的组合,一般由县作为构造单元。它也不是一级行政单元,而是城市功能上的一种统计单元(周一星,1995)。

综上所述,有关大都市概念的提出不是偶然的,而是城市发展到特定历史阶段的客观必然产物。无论在西方发达国家,还是亚太发展中国家,都出现了新型的城市空间组合形式,即以一定地域范围内中心城市为核心而形成的网络化的城市群体或城市集团,这个核心是大都市,这个核心空间载体是都市区,由多个核心组成的城市空间体系是都市区连绵带或大都市连绵区。

（二）都市区概念内涵

都市是城市的一种类型和表现形式,是整个城市系统的核心系统,无论在规模、结构、功能上都对整个城市系统起到主导、组织和协调作用。都市的概念定义可以诠释为:一是规模大的内涵,城市人口、经济、就业等规模要远远超出一定地域范围内的其他城市;二是具有集聚、集合能力的内涵,要素集成之后的都市是一定地域范围城市体系的核心或"心脏",功能反映是一定地域范围内的行政、经济、

第一章 都市区研究综述和概念范畴

文化、交通、信息等中心；三是具有交换商品的市场能力的内涵，延伸到现代的意思是商贸发达的城市。都市是在特定历史发展阶段上的经济结构较高级、服务功能较完善、具有相当规模和较大辐射服务区域、对一定地域范围内的城市系统起到主导、组织、协调、控制作用功能的现代化城市(图 1-2)。因此，都市不同于一般的城市，在整个城市等级系统中占据着核心地位。

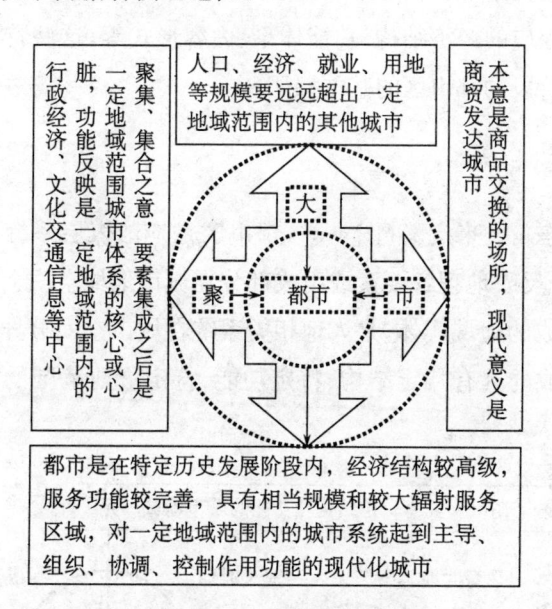

图 1-2 都市概念

都市区是城市地域的一种空间类型和外在表征，是区域经济地理学研究城市区域的表述。都市区属于区域概念系统中的城市地域系统的范畴。

简言之，都市区(Metropolis Area)是指在特定历史阶段、在一定地域范围内以经济发达的大都市(中心城市)为核心，以具有一定结构和一定功能的具有内在经济联系的城镇群体为大都市的强辐射空间,而形成的高度城市化的经济地域。

在都市区人地矛盾运动进程中,其特定的发育阶段性决定了都市区辐射能力、聚集能力及城市化水平与质量。所以,科学认识都市区的概念,阶段性是都市区概念认识的基本断面;在这个断面上,都市区人地相关系统有特定形成的条件、环境和资源本底,相应地也会形成与之呼应的经济结构、功能体系、内容形式等,这些特征的综合集成是该阶段的都市区的基本特征。

1. 静态和动态

从静态角度来定义(图 1-3),都市区是地球表层系统的特定地域单元,是反映地理各要素或组成部分在城市地域空间上的分异和组合所形成的地域实体,是人地相关系统在城市空间分异和组合过程中所形成的具有特定结构、特定功能、特定腹地范围的城市地域单元。

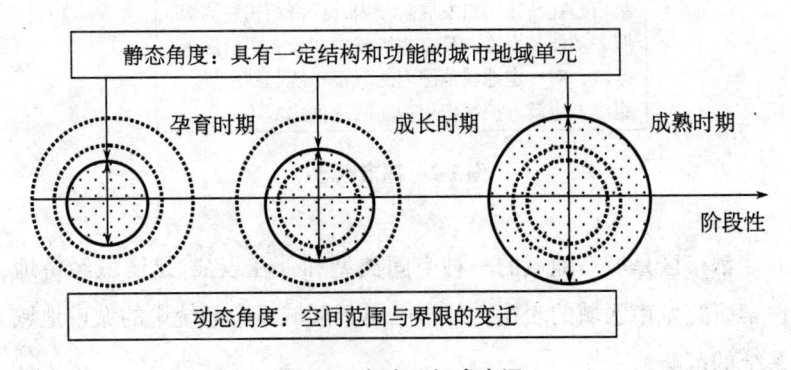

图 1-3 都市区概念内涵

从动态角度来定义(图 1-3),都市区是在人地矛盾运动过程中大都市地理要素或地理事物现象从产生、发展、成熟到消亡的空间范围或界限。在全球经济一体化和区域经济集团化过程中,这个空间范围或界限反映了都市区在城市区域化和区域城市化进程中所起到的组织、协调、控制、主导的核心功能的演变。

2. 现实性和可能性

从现实性的范畴来理解,现行的大都市现代化标准是认识和判断都市区形成发育的条件。具体来说,都市区是在目前发达经济地域辐射范围内具有核心功能的、具有较高层次的产业结构、具有较高效率的空间结构体系、具有较完善的社会服务化体系、具有较高的地域专业化分工体系的高度城市化的地域单元。

从可能性的范畴来理解,都市区人地相关系统运动的全过程是都市区的动态理解的出发点。具体来说,都市区是在一定历史阶段上、在一定腹地范围内具有聚集核心功能的城市地域单元。从可能性和动态的角度来认识判断都市区,可以透视都市区形成发育的结构、类型、机制、机理等全过程。

3. 内涵和外延

都市区概念的本质内涵是现代服务经济地域综合体或现代服务经济地域体系,这个现代服务经济地域综合体是都市区客观存在的标志,是都市区形成发育的本质特征。

从现代服务经济地域综合体或地域体系的外延来界定,把服务经济的内容、层次、类型等加以延伸,从社会经济发展阶段的全过程来透视,都市区是指在特定历史阶段内服务经济最发达的城市地域综合体或地域体系。这是从城市发生学的角度来认识提升都市区的形成发展的全过程。

4. 狭义和广义

从狭义和广义的范畴来认识都市区概念,主要是根据都市区空间范围来理解。狭义的都市区是指中心城区及城乡结合部,对于我国来说,是市区的空间范围;广义的都市区是指中心城区、城乡结合部及辐射区域,对于我国来说,至少包括市域范围,有些还超过市域范围。

(三)都市区基本属性和特征

1. 基本属性

(1) 区域属性

在不同地理环境基质,都市区人地矛盾所表现出的地域分异与组合的空间特征,是都市区区域属性的本质内涵。区域属性是区域经济地理学客观认识都市区的基础和灵魂。区域属性实质是对都市区个性和地域性的认识,对都市区特色属性即区域个性的认识。

区域个性是认识都市区与其他城市地域、不同类型和不同层次都市区之间差异的客观基础。通过地域分异和组合所表现出的空间特征,决定了都市区的不同类型、不同层次、不同功能、不同结构,反映都市区存在的多样性,揭示个性、反映特色是都市区调控的基本要求。

(2) 综合属性

都市区是人地矛盾凸现最为强烈的空间,是各种地理要素、条件和组成单元高度聚集区域。在都市区人地矛盾进程中,各种地理环境要素和组成单元相互作用所集成的影响力,决定着都市区特征的复杂关系和普遍性,这是都市区综合属性的本质内涵。综合属性是区域经济地理学认识都市区方法论的灵魂,是总结、提升、概括都市区区域属性的前提和基础。

在认识都市区形成发育过程中,既要对形成发育的地理环境条件进行综合,又要对都市区之间差异和分工进行综合;既要对产业布局历史、现状和发展方向进行综合,又要对社会、经济、生态等方面进行综合。因此,影响都市区形成发展的条件因素是多元的,都市区研究层面和角度又是多维的,综合属性理应成为研究、认识、探索都市区人地系统运动机制、特征、规律的基本属性。

(3) 系统属性

都市区是由社会、经济、生态等各个方面和层次所组成的一个复杂巨系统,综合集成表现为人地矛盾的地域系统。在人地矛盾演化过程中,通过地域分异和组合所表现出的具有内在本质联系的各个组成单元,具有内在关联的局部和整体的复杂关系是都市区的系统属性。系统属性是认识都市区人地相关系统运动规律的思维灵魂。

在认识都市区客观特征和规律时,把地理环境要素和组成单元相互作用过程中所形成的整体进行逐步分解和简单化,这是认识都市区的系统思维。通过都市区系统属性的认识,把都市区复杂的人地矛盾关系进行综合,与此同时也把都市区人地相关系统运动特征和规律的"黑箱"逐步变成"白箱"。

2. 基本特征

在人地矛盾系统运动过程中,由于都市区所处的地理环境不同,都市区的结构、功能、形态、状态、水平等呈现出不同的特征。但是，对于不同类型的都市区来说，又能抽象概括出都市区这一层次的普遍具有的共性，这是都市区区别于其他类型和层次城镇性质、结构、功能、形态、状态、水平等的基础(图 1-4)。就目前现状发育特征而言，都市区概念的基本特征主要体现在如下七个方面。

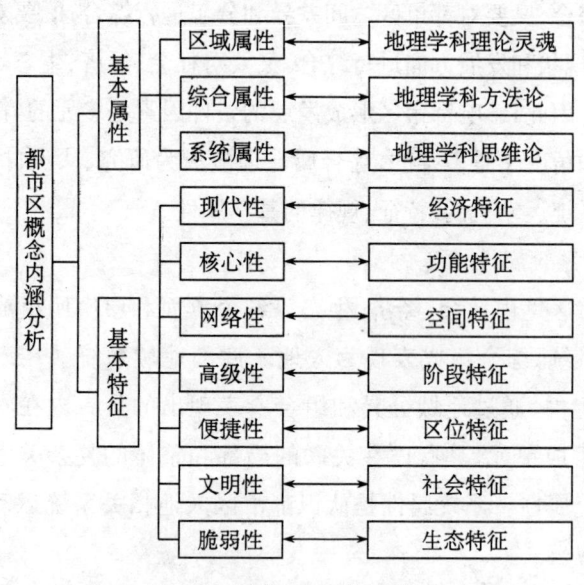

图 1-4 目前都市区概念内涵

（1）现代性

都市区是现代产业高度集聚的空间地域单元。都市区发展到信息化社会阶段主要以第三产业为主导，产业结构呈现出"三、二、一"类型，第三产业远远超出第二产业的比重，第三产业主要以金融、保险、证券、投资、信息、管理、咨询、会计、结算、培训等现代生产性服务业为主导，第二产业以高科技、高技术、尖端技术、新兴产业等现代工业为主导。所以,都市区产业经济系统表征出高度服务性的经济特征,是现代服务业的各种地理要素高度集聚的空间载体,形成的第二产业也是与现代服务业高度关联的现代新兴产业。现代产业的集群是都市区成为城市体系龙头地位的坚实的物质基础,决定着都市区发展的方向、性质、质量、规模、速度等。

(2) 核心性

在整个区域经济系统中,城市是区域的核心;在整个城市系统中,都市是城市群体集团或城市连绵带的核心。所以,都市是整个区域经济系统人地矛盾相互作用的核心空间载体。从城市和区域相互作用的关系角度看,城市对区域主要是起到带动、反哺、辐射、聚集等功能作用,区域是城市经济发展的资源环境基质载体。理所当然,在城市与区域人地相关系统运动过程中,都市区是具有组织、协调、主导、控制等综合调控功能的核心城市地域。都市区的核心性功能是由都市区现代性的经济结构体系所决定的,从而也确立了都市区在其他城市和区域之间的核心作用能力。

(3) 网络性

在人地矛盾系统时空演化进程中,作为区域中的城市和城市中的区域,在经济、社会、人口、产业等方面有一个演化更替的过程,相应在空间上表征出不同的形态结构、联系结构、分工结构等,其中核心的功能作用是空间要素的聚集和扩散。随着都市区对人力智力资源、社会人文资源的高度聚集,占据原来传统产业核心空间的产业结构升级,推进都市区区域化;同时,人地矛盾系统在市场机制的作用下,都市区原有传统生产要素和资源,逐步被扩散到都市区周边区位条件较好的城镇,拉动周边区域的产业升级和改造,促进区域城市化。因此,在都市区经济产业现代化进程中和城市功能核心调控作用下,都市区逐步呈现出城市区域化和区域城市化高度集成的网络空间地域特征。

(4) 高级性

一般来说,都市区产业结构步入了"三、二、一"的产业结构类型,工业化进程步入后工业化时期或已经完成了工业化进程步入到了信息化知识化时期,整体社会经济发展阶段呈现出高级状态。从城市化发展进程来说,都市区是高度城市化地域,已经进入城市化成熟时期或处于快速城市化后期。因此,在人地矛盾系统运动发展阶段上,都市区是现代化城市发展到高级阶段的空间形态。

(5) 便捷性

在人地矛盾运动过程中,都市区产业与人口的聚集和扩散,必须有发达、快速、便捷、准确的现代化立体综合交通网络作为支撑,这是都市区处于整个区域经济与城市经济系统的核心地位的物质基础。一般来说,对外交通主要以铁路、高速公路、航空三大交通运输形式为主导;对内交通主要是以快速道路、轻轨、城市铁路、地铁等为主导的快速交通体系。因此,交通便捷性是都市区形成演化的一个重要特征。

另外,在信息化时代,都市区是信息加工处理中心,是信息资源的创新源,信息便捷性是现代都市区的一个重要标志,也是衡量都市区发育程度的一个重要标准。所以,信息便捷性是都市区显著特征之一。

(6) 文明性

由于智力、社会人文等高级资源要素在都市区空间地域的高度聚集,带动了都市区整体社会群体素质的提升,形成了现代先进社会文明的创新空间地域。一般来说,都市区具有高素质的智力人才,具有现代化体育休闲设施,具有一流的医疗卫生设施,具有高水平的文化教育设施等。因此,在都市区人地矛盾运动过程中,这些体现现代文明的社会资源空间分异和组合特征,表现为现代的进步的社会文明空间载体,文明性也是都市区特征的标志之一。

(7) 脆弱性

都市区是人类社会经济活动的主要空间载体。在人地相关系统运动进程中,城市尤其是都市区是人地生态矛盾、人地社会矛盾与人地经济矛盾相互作用较强烈的空间地域。在工业化社会里,由于经济利益最大化的市场经济规律作用,都市区人地生态矛盾让位于人地经济矛盾和人地社会矛盾;所以,都市区人地生态系统受到了不可逆的历史性破坏,出现了大气污染、噪声污染、水体污染、固体污染、土壤污染等,从而使都市区生态系统表现得非常脆弱。

综上所述(图1-4),现代性是都市区产业经济特征,核心性是都市区的现代功能特征,网络性是都市区空间结构特征,高级性是都市区成长发育阶段特征,便捷性是都市区的现代交通信息区位特征,文明性是都市区现代社会特征,脆弱性是都市区生态环境特征。上述这七大特征的概括都是从目前都市区现状特征而言,不是都市区时空发展全过程特征的概括。

(四) 都市区与都市圈、都市带、都市地域等概念辨析

目前,学术界、实践界、政界等对都市区的认识存在较多的概念分歧,但是,这个客观存在的地理事物或地理现象的本质特征都是一致的,透过现象看本质,现代城市发展的客观特征、规律是不能改变的。因此,这些对都市区概念的表述,只是概念表达的侧重点不同而已,不存在本质上的区别(谢守红,2008)。

都市区一般是由 1~2 个核心城市以及与核心城市有着密切社会、经济联系的地区共同组成的圈层式地域、经济结构(王钰、叶涛,2004)。都市圈是从大都市的辐射功能地域的角度来认识,一般来说,包括都市区、都市区影响区、都市区辐射区等空间范围。都市带是多个都市区在一定时空地域范围的集合,其实,它和城市密集区、城市连绵带、城市群等概念不存在本质区别,都是一定地域范围内的城市集合形态的外在表述。都市地域是地理科学研究的专业概念,是经济地域类型的一种,尤其是城市地域类型的一种。都市区与都市地域不存在本质区别,是内在与外在的关联关系,是表里关系。主要体现在以下几个方面。

1. 学科认识角度

按照区域经济地理学的理论透视都市的概念定义,有两种不同角度的认识:一是都市地域概念,这是区域经济地理学的理论角度的认识思维;二是都市区概念,这是区域经济地理学的实践角度的认识思维。

2. 研究范畴角度

都市地域是经济地域系统范畴体系,都市区是经济区系统范畴体系;都市地域是经济地域综合体或经济地域单元的空间表现形式,都市区是经济区或生态经济区的空间表现形态。

3. 空间界定角度

都市地域是理论研究都市问题的抽象逻辑思维的模糊界限空间,都市区是实践研究都市问题的主观实证思维的准确界定空间。

4. 系统调控角度

都市地域客观规律是都市区规划调控的理论基础；都市区规划调控实践必须遵循都市地域人地矛盾运动客观规律，使之做出合乎规律的规划调控。同时，都市区规划调控又反馈都市地域客观规律，使之对都市地域人地矛盾相互作用的认识更深刻、更客观、更科学。

5. 本质联系角度

都市地域与都市区是区域经济地理学认识都市人地关系系统运动发展规律的两个不同侧面，都市地域是都市区的实质性内容，都市区是都市地域的外在表现形式，两者存在着表里如一的内在关联性，而不是相互割裂的时空区域概念。

二、都市区的基本分类

目前，学术界和实践界对都市区的分类方法体系较多，没有一个统一认定的分类方法。根据都市区的自身范畴的基本属性层面，从规模、空间、功能、产业等四个层次来分类。

都市区规模包括人口规模、经济规模和用地规模等各个方面，这里主要根据都市区的人口规模（指城市人口规模）来分类：一般规模都市区(50～250万人)、超级规模都市区(250～500万人)、巨型规模都市区(≥500万人)。

根据都市区功能腹地范围的大小，可将都市区分为全球性、次合作区域性、全国性、跨区域性、区域性等五个空间层次。

根据都市区辐射功能的异同，可将都市区分为政治性、经济性、文化性、科研性、交通性等不同功能层次。

根据都市区产业部门系统的差异，可将都市区分为工业制造、商务服务、生态会展、商务旅游、信息产业、电子产业等不同产业地域类型。

三、都市区的组成要素

要研究都市区的结构、功能、机制、趋势等，首先要研究都市区经济地域空间系统的组成要素；也就是说，从要素入手，研究都市区整个系统的运动特征和规律。都市区是一种特殊的经济地域系统类型。相对于高层次系统，是一个城市经济地域类型单元，相对于自身的低层次系统，是一个经济地域系统。具体来说，都市区的组成要素主要包括条件环境要素、产业要素、空间要素、结构要素。

条件环境要素主要是指都市区经济地域空间系统运动的基本地理环境，包括自然—环境条件、产业—经济条件、社会—人文条件等要素。

产业要素主要是指都市区经济地域空间系统社会经济物质内容，包括第一次、二次、三次产业的各个部门要素。

空间要素主要是指都市区经济地域空间系统社会经济物质内容的载体系统，包括都市、腹地、基础设施束等各类载体空间要素。

结构要素主要是指都市区经济地域空间系统各个要素之间的相互作用的关系系统，包括经济结构、政治结构、社会结构、文化结构、生态结构等；经济结构要素具体包括产业结构、资源结构、劳动力结构、金融结构、投资结构等要素。

第四节 都市区的界定

都市区的形成发展是以一定地域范围内的资源禀赋与特定的时空背景作为支撑的,不同地域、不同发展阶段的都市区表现出的空间经济特征和水平存在较大差异。因此,必须放到一定的时空环境平台上,来探索都市区形成的客观基础,这是都市区界定的基本出发点。

一、两个基本观点

(一)连续性与阶段性

都市区是 20 世纪中叶欧美发达资本主义国家工业化中后期的城市化产物。现代化、工业化、城市化进程是一个连续过程,但都市区是这一进程达到特定阶段时才出现的(许可,2005)。之后,都市区还会继续发展下去,所以,都市区是一个连续的过程。

二战以后,随着亚洲地区、拉丁美洲地区、非洲地区等发展中国家政治的独立和经济的崛起,这些地区也逐步孕育了具有相当人口规模的超级特大城市,譬如上海、曼谷、吉隆坡、加尔各答、仰光、墨西哥城等。但是,这些超级特大城市已经显现出发达国家都市区的某些特征,譬如人口城市化、基础设施建设、中心功能城市等;然而,一般来说,这些发展中国家的都市区仍然处于工业化中期阶段,有些甚至处在工业化初期阶段,经济发达文明程度还远远没有达到欧美发达国家的都市区的标准和水平。

因此,不同国家和地区的都市区处在不同的时空发展阶段,这是科学认识都市区的客观基础。也就是说,都市区是客观存在的,但是,不同等级、不同地域的都市区发育水平和状态特征是存在显著差异的,这要求认识都市区必须要有动态观念,从都市区人地相关系统运动的全过程认识都市区的界定条件。

(二) 必要条件与充分条件

发达国家都市区形成发育状态与水平是目前都市区人地矛盾运动高级阶段的反映,是其他初级阶段都市区形成发育和成长的方向和目标。然而,都市区形成发育的初级阶段、成长阶段是都市区步入成熟高级阶段的必经过程。

学术界、政界一般认为,一个典型的都市区应该经历充分工业化过程,生产力高度发达,劳动地域分工高度发达,专业化和社会化综合发展,空间高度城市化等。这些都是都市区高级阶段或成熟阶段的特征,它仅能反映都市区形成发展的一个断面,而不能反映都市区形成发育成长的全过程。然而,发展中国家都市区的形成发育的地理条件和环境、发育的状态和水平,远远达不到西方发达国家都市区的发展水平;但是,它又已经具备都市区形成发育的一些关键性基础条件,并有迈向成熟都市区的潜力。对于这些都市区的形成发展,应该如何界定,从哪一个角度界定,这是需要研究、解决、回答的问题。

都市区界定标准应该从人地相关系统运动的地域分异和组合动态发展进程中认识和概括。都市区高一级发展阶段的状态和水平、发育条件是低一级发展阶段都市区界定的充分条件,而不是必要条件;反之,低一级发展阶段的状态水平、发育条件是高一级发展阶段的必要条件,而不是充分条件。换句话说,如果一个城市具备形成都市区的潜在优势条件,但是目前这个城市仍然没有达到现代都市区的基本特征时,应该从都市区形成发育全过程来科学认识,应该与都市区形成发育的阶段性相对应,在相应阶段上认识都市区界定的条件,才能做出合乎都市区人地系统运行规律的调控。

对都市区界定,首先必须回答的一个基本问题是,都市区是否必须满足现代化标准和要求。现代化是社会经济发展到高级阶段的综合表现,包括工业现代化、农业现代化、服务业现代化、技术现代化、国防现代化、城市现代化等等。现代化标准是城市发展到高级状态断面的反映,而不是城市人地系统全过程的综合反映。工业化、城市化、生态化、社会化、专业化、信息化等都是都市区人地矛盾系统在不同形成发育阶段所表现的不同运动特征、规律。随着区域地理要素环境的发展变化,这些过程特征在不同的历史发展阶段主宰都市区的时空尺度存在较大差异。在初级阶段,以皇权政治为特征的城市化和以手工业作坊产业为特征的动力因素占据城市形成发育的主导地位;在成长阶段,随着工业革命的全球性展开,工业化、城市化、社会化大生产、专业化等特征占据了主导地位,成为都市区成长的核心动力因素;在成熟阶段,随着信息科技革命的全球性展开,生态化、信息化等过程特征占据主导地位,成为都市区成长的核心动力因素,工业化等退居到次要地位。因此,界定都市区概念标准,现代化不是唯一的标准,因为它不能客观反映都市区成长发育的历史全过程。现代化标准是充分条件而不是必要条件。

二、客观条件

从形成发育的全过程客观认识都市区,基本上可以从两个不同的发育阶段认识判断相对应的形成条件(图1-5)。

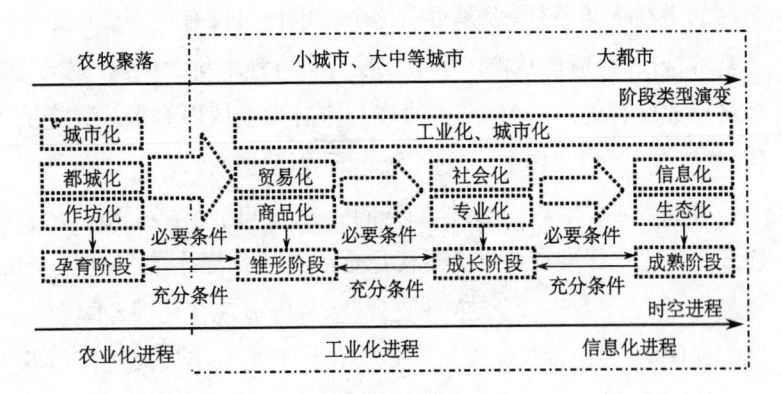

图 1-5 都市区界定条件

（一）初级阶段的界定条件

一般来说,都市区是在工业化初期、中期形成的,主要表现为人口的迅速提升；然而,产业升级和高级化、空间结构功能扩散、社会文明进步、区域中心功能形成、专业化和商品化的发育等等,都严重滞后和延缓。因此,这些都市区仍然处于城市经济区主导的阶段,城市与区域人地系统运动处于高度聚集和极化功能作用状态。

因此,都市区初级阶段一般具备以下基本形成条件。

一是都市区是非农业人口高度聚集的空间,已经达到了较高城市化水平,城市化进程已经步入快速城市化时期。

二是都市区形成未经过资本主义经济生产方式充分发展,社会化、商品化、专业化生产和服务处于初级水平。但是,在劳动地域分工的形成发展过程中,都市区经济结构与空间结构已经形成。

三是都市区已经出现了大都市的中心城区和腹地,形成了都市区的聚集功能和辐射功能。

四是都市区内具备较发达的线性基础设施束。通过较发达的交通和通信设施,都市区与外界区域和城市已经具备了较密切的经济联系,实现都市区与外界的经济社会交流,使之表现出运行机制和社会经济功能。

（二）高级阶段的界定条件

信息经济时期的都市区,一般来说,主要分布在欧美发达资本主义国家的核心经济区,这些核心经济区是生产力发展到高级阶段的必然,是工业化充分发展的必然,是社会化大生产充分发展的必然,是商品化和专业化充分发展的必然,是发达劳动地域分工的必然(毛广雄,2009);然而,支撑这些核心经济区人地系统运动的空间载体是都市区,都市区是发达经济区的核心,发达经济区是都市区的基质和依托。

因此,都市区高级阶段一般应具备以下基本形成条件:

一是都市区工业经济原始积累基本完成,工业化进程已经接近尾声,人口城市化已经基本稳定,工业社会化大生产已经开始向全球化战略空间转移。

二是都市区孕育于发达经济区,已经实现了专业化和商品化。

三是都市区是这个发达经济区辐射范围内的生产服务管理控制中心,主要为其他区域提供生产、投资、贸易等服务,且达到了相当大的规模。在空间上,存在发达劳动地域分工。

四是都市区内应具备高度发达的基础设施束;都市区依托于全球化市场,与世界主要核心城市存在密切的经济联系。

三、指标体系

在城市体系中,衡量一个城市是否达到都市区标准,应该从都市区形成发育全过程的不同阶段去综合判断,而不能仅用一套指标体系来衡量。

(一) 指标体系建立的基本原则

1. 科学客观原则

科学客观原则是都市区界定指标体系建立的理论性原则。界定都市区的指标体系应该体现都市区人地矛盾系统运行的阶段性特征以及这一阶段都市区人地相关系统的状态、水平、结构、内容、功能、运行趋势等范畴的基本内涵,这是科学客观原则的本质所在。

2. 可操作性原则

可操作性原则是都市区界定指标体系建立的实践性原则。通过都市区人地相关系统运行特征和规律的指标分析,能够科学界定都市区的基本标准,能够准确界定都市区空间、产业、功能等基本要素范畴,使之能够对都市区做出合乎其人地系统运行规律的实践调控,这是可操作性原则的根本性要求。

3. 动态可比原则

动态可比原则是都市区界定指标体系建立的方法性原则。由于都市区形成发展是一个动态的系统过程,每一发展阶段都对下一发展阶段产生深远影响,并存在内在一致的关联性。所以,都市区界定指标体系的建立,应该体现这一动态的系统演化过程,前后发展阶段的指标应该存在可比性,这是动态可比原则的基础思想。

4. 全面综合原则

全面综合原则是都市区界定指标体系建立的思维性原则。由于都市区是社会经济活动空间载体,衡量一个城市是否达到都市区标准,是否形成了都市区的结构,是否发挥着都市区的功能等等,都应该从全面综合的角度判断,而不是从某一方面片面地推测,这是全面综合原则的核心思想。

(二) 指标体系的分类和选择

从都市区人地矛盾时空演化的全过程看,考虑到每一时空演化阶段的特征、水平和规律,将衡量都市区的指标体系总体分解为资源禀赋、发展规模、结构类型、都市功能、生态环境等五个子系统。

1. 资源禀赋系统

资源禀赋情况是都市区形成发育的物质基础。一定地域范围内的各种资源数量、质量、分布、规模、品位等是都市区孕育的原始动力资源。资源禀赋条件是界定都市区初期、成长、成熟各阶段的一个重要条件因素,决定着都市区空间地域类型、产业结构类型、功能地域类型等。具体来说,都市区资源禀赋系统包括工农业资源条件、人文社会资源条件、位置和区位资源条件等三类因子。

2. 发展规模系统

发展规模是都市区形成发展的状态水平的量化反映。发展规模系统是都市区形成发育与成长的直接表现，在一定程度上能够反映都市区形成发育的全过程。因此，采用发展规模来界定都市区概念，是目前常用的方法和指标。具体来说，都市区发展规模系统包括人口规模、用地规模、经济规模、基础设施规模等四类因子。

3. 结构类型系统

结构类型可以揭示都市区形成发育的阶段性。都市区结构类型是表现各组成部分之间的比例关系和组合形式的系统，这个比例关系和组合形式，反映了都市区形成发育的阶段性，可以科学界定都市区是否发育形成，发育形成之后处于哪个阶段，这个阶段具备哪些特征。因此，采用结构类型指标来衡量都市区，可以反映都市区形成发育的全过程。具体来说，都市区结构类型指标包括产业结构、空间结构组合形式、就业结构、生态结构组合关系等四类因子。

4. 都市功能系统

都市功能系统是都市区与外围区域和城市相互作用所表现出的作用能力系统。一定发展阶段的都市区，客观上应该有相应的结构类型，这个结构类型决定了都市区功能系统对外围环境区域作用的能力，决定了都市区与外围城市和区域相互作用的深度、广度和能级等。反之，都市区功能系统的发挥，又促进都市区结构类型的升级。一定发展阶段的都市区结构类型必然有一定的都市功能系统相对应。因此，都市功能系统指标是都市区概念界定的重要指标，它能真实反映是否具备都市区所应该发挥的功能效应。具体来说,都市功能系统指标包括创新研发功能、信息功能、国际化功能、管理控制功能等四类因子。

5. 生态环境系统

生态环境系统是都市区的生态载体,生态环境质量的优劣,直接反映都市区人地矛盾相互作用的激烈程度。一般来说,工业化社会都市区生态环境破坏严重,生态质量较差;后工业化社会都市区生态环境恢复较好,生态质量明显上升(金贤锋、董锁成、周长进等,2009)。因此,生态环境系统指标能够反映都市区时空演化过程和状态,是都市区概念界定的重要生态指标。具体来说,生态环境指标包括生态水平、环境质量等两类因子。

(三)指标体系框架

都市区概念界定的指标体系框架主要是从客观和全过程的角度,选择各种类型、各个层面的指标而组建(图1-6)。

(四)组合评析

1. 初级阶段

都市区的初级阶段人口聚集规模较大,经济总量规模上升较快,用地扩展规模增长较多。与此同时,呈现出诸如交通拥挤、地价上涨、住房紧张、生态恶化、人口密度大、居住环境恶劣、犯罪率上升、就业不足等各种类型的"城市病症",人地矛盾较突出。都市区初级阶段的界定指标体系组合评析如表1-1所示。

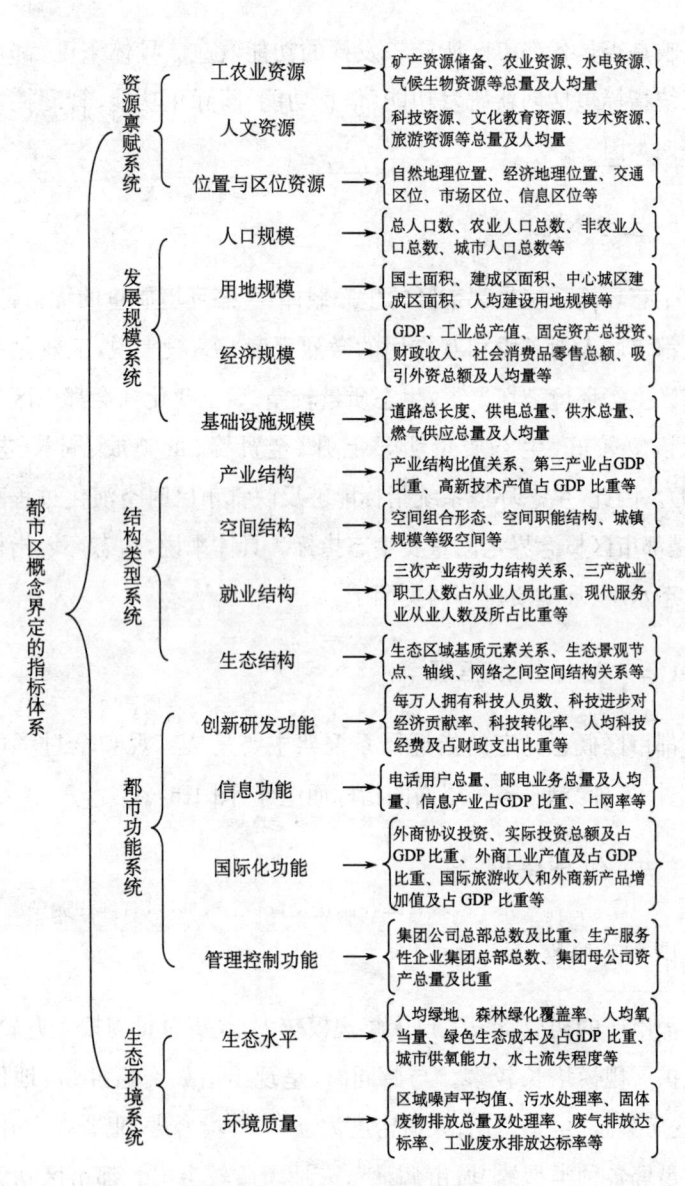

都市区概念界定的指标体系	资源禀赋系统	工农业资源	→	矿产资源储备、农业资源、水电资源、气候生物资源等总量及人均量
		人文资源	→	科技资源、文化教育资源、技术资源、旅游资源等总量及人均量
		位置与区位资源	→	自然地理位置、经济地理位置、交通区位、市场区位、信息区位等
	发展规模系统	人口规模	→	总人口数、农业人口总数、非农业人口总数、城市人口总数等
		用地规模	→	国土面积、建成区面积、中心城区建成区面积、人均建设用地规模等
		经济规模	→	GDP、工业总产值、固定资产总投资、财政收入、社会消费品零售总额、吸引外资总额及人均量等
		基础设施规模	→	道路总长度、供电总量、供水总量、燃气供应总量及人均量
	结构类型系统	产业结构	→	产业结构比值关系、第三产业占GDP比重、高新技术产值占GDP比重等
		空间结构	→	空间组合形态、空间职能结构、城镇规模等级空间等
		就业结构	→	三次产业劳动力结构关系、三产就业职工人数占从业人员比重、现代服务业从业人数及所占比重等
		生态结构	→	生态区域基质元素关系、生态景观节点、轴线、网络之间空间结构关系等
	都市功能系统	创新研发功能	→	每万人拥有科技人员数、科技进步对经济贡献率、科技转化率、人均科技经费及占财政支出比重等
		信息功能	→	电话用户总量、邮电业务总量及人均量、信息产业占GDP比重、上网率等
		国际化功能	→	外商协议投资、实际投资总额及占GDP比重、外商工业产值及占GDP比重、国际旅游收入和外商新产品增加值及占GDP比重等
		管理控制功能	→	集团公司总部数及比重、生产服务性企业集团总部总数、集团母公司资产总量及比重
	生态环境系统	生态水平	→	人均绿地、森林绿化覆盖率、人均氧当量、绿色生态成本及占GDP比重、城市供氧能力、水土流失程度等
		环境质量	→	区域噪声平均值、污水处理率、固体废物排放总量及处理率、废气排放达标率、工业废水排放达标率等

图 1-6 都市区界定的指标体系

第一章 都市区研究综述和概念范畴

表 1-1 都市区界定指标体系的组合评析

指标体系 系统层	因子层	初级阶段	高级阶段
资源禀赋系统	工农资源	相对聚集、开发强势	相对聚集、开发弱势
	人文资源	潜在优势、待开发	相对聚集、开发优势
	区位资源	工农业或市场区位	信息区位
发展规模系统	人口规模	特大城市、超级城市	超级城市或巨型城市
	用地规模	超过 100 平方公里	超过 250 平方公里
	经济规模	工业经济总量占半数以上	信息经济总量占绝对比例
	基础设施规模	容纳 100 万以上人口	容纳 250 万以上人口
结构类型系统	产业结构	第二、三产业并存、二三一或三二一	第三产业为主导、三二一
	空间结构	多种空间形态都存在	网络化组合形态
	就业结构	第二产业比重占绝对比例	第三产业比重占绝对比例
	生态结构	生态网络尚未形成	园林生态网络已经形成
都市功能系统	创新研发	创新研发有一定能力	区域创新研发中心
	信息	信息处理有一定能力	信息处理辐射中心
	国际化	仅存在国际经济联系	全球化经济中心
	管理控制	区域管理控制正发育	区域管理控制中心
生态环境系统	生态水平	一般	较高
	环境质量	一般或较差	良好

从资源禀赋系统来界定,工业经济时期的都市区各地理要素处于工农业资源空间地域分异和组合的阶段,社会人文资源的空间地域分异和组合过程还没有开始或处于弱势状态。

从发展规模系统来界定,工业经济时期的都市区经济产出规模已经处于核心地位,人口聚集规模继续高速膨胀,一般已经超过100万大城市的标准;用地扩展规模也继续快速增长,一般已经超出100万平方公里;都市基础设施规模综合承载力严重不足,滞后于人口、经济的高速增长。

从结构类型系统来界定,工业经济时期的都市区产业结构比值出现第二产业、第三产业相得益彰的局面,前期以第二产业为主导,后期以第三产业为主导,由"二、三、一"逐步向"三、二、一"转化过渡;就业结构比值主要以第二、三产业就业人员为主,二者所占比重相近;空间结构形态存在多种形式,譬如单核饼状、分散组团等;生态结构尚未形成或初步形成。

从都市功能系统来界定,工业经济时期的都市区主要是一定地域范围内的制造业中心、传统商贸服务业中心、交通枢纽中心、信息中心、文化教育中心等,一般不具有全球化功能,只有国际交往的功能联系。

从生态环境系统来界定,工业经济时期的都市区生态水平总体较低,环境质量较差,人地生态矛盾表现较为强烈。

2. 高级阶段

处于高级阶段的都市区是经济高度发达的经济地域,是生态高度和谐的生态地域,是社会高度文明进步的社会地域,是全球经济一体化的核心空间载体。都市区高级阶段的界定指标体系组合评析如表1-1所示。

从资源禀赋系统来界定,信息经济时期的都市区各地理要素资源的地域分异和组合已经进入到了高级阶段,工农业资源禀赋的空间地域分工已经发生了聚集空间的扩散和转移,科技、智力、文化、教育等社会人文资源禀赋的空间地域分工已经凸现聚集空间的再聚集,综合集成为现代服务产业发展的资源禀赋要素,为都市区的功能跃迁奠定了资源禀赋基础。

从发展规模系统来界定,信息经济时期的都市区的经济产出规模已经占据核心地位,都市人口聚集规模已经超过250万人以上,人口规模表征为超级城市或巨型城市;都市用地集约规模已经超过250平方公里以上,都市基础设施规模综合承载力已经超过250万人以上。

从结构类型系统来界定,信息经济时期的都市区的产业结构比值表现为"三、二、一"的类型形态,三产比重一般达到70%左右,一般处于工业化后期或进入到了信息与知识经济社会形态;就业结构比值表现为"三、二、一"的类型形态;空间结构组合呈现多中心的网络化形态,是典型的后工业化社会经济系统的载体空间形态;生态结构组合呈现"点、线、面"的绿色都市生态网络形态。

从都市功能系统来界定,信息经济时期的都市区是一定地域范围内的区域经济发展的组织管理控制中心,是社会经济发展的创新中心、研发中心,是社会经济发展的信息处理中心,是现代人居中心。

从生态环境系统来界定,信息经济时期的都市区是最适应人类工作、就业的居住空间地域,生态建设水平较高,环境质量控制良好,达到了园林都市、生态都市、人居都市的标准。

综上所述,都市区概念界定的指标体系是在都市区的形成发育过程中不断发生变化的,每一阶段每一系统层面的指标体系所表征的定性和定量指标值存在较大差异,这能充分反映都市区客观存在以及都市区人地矛盾系统运动的客观特征和规律。

第二章 地理环境对都市区演变的作用

从哲学角度来看,地理环境是指与人类社会所处的位置相联系的各种自然条件的总和,如气候、土壤、山脉、河流、矿藏以及植物和动物等,它是社会存在和发展的经常的、必要的条件(李秀林、王于、李淮春,1995)。任何物质只要存在,必然处在一定的地理环境之中,脱离一定的地理环境的任何物质是不可想象的。从地理学角度来看,地理环境是指地理事物或地理现象所处的一定时间尺度和空间层次的各种外界影响因素条件、资源的综合实体,譬如自然条件、自然资源、社会经济条件、位置交通条件、信息条件、工矿资源禀赋、旅游资源禀赋、世界政治经济格局环境等(顾乃忠,2000)。地理环境是地理学研究的基础和前提,也是区域经济地理学研究分析区域问题的支撑和平台。在人地矛盾系统运动进程中,任何一个地理事物或现象都客观存在于自身特殊的地理环境中;同时也只有处在这一地理环境中,地理事物和现象所表现出来的人地矛盾才会客观存在。因此,地理环境是研究地理学领域各种问题的前提和基础。

都市区是地理学研究的一个重要的地理事物或地理现象,都市区的客观存在,特定的都市区的形成发育,都市区的衰退消亡,都是在一定的地理环境中发生的,也就是说,从一定的地理环境中产生,也从一定地理环境中成长,更从一定的地理环境中衰退灭亡。因此,脱离了地理环境,都市区的客观存在就是"空中楼阁"。脱离了地理环境,研究都市区的其他层面的问题是缺乏可能性支撑的。地理环境是都市区形成发育的母质,是都市区成长的营养源泉。如果不研究都市区的地理环境,都市区的结构、功能、内容、形式的形成演化将是主观上的认识判断,而不是客观存在的因果联系的反映。

第一节 区域地理环境对都市区形成发育的作用

区域地理环境是城市诞生、成长、成熟、衰退到消亡的基础和背景。不同的区域自然基质、社会经济制度背景,为一定区域范围内的中心城市提供了不同环境禀赋的舞台;它们都会对城市的形成发展产生重大而深远的影响。都市区是城市形成发展的最高级阶段,是城市体系中核心功能城市的外在表现形态。因此,都市区区域地理环境的演变,为都市区空间发展、功能结构的跃迁、内容形式的转型提供了基本的环境平台。

一、区域自然环境对都市区形成发育的作用

区域自然环境是都市区形成发育的自然物质基础,也是都市区客观存在的必要条件(表2-1)。

表2-1 区域自然环境对都市区形成发育的作用

演变特征	孕育阶段	初级阶段	高级阶段
影响动因	封闭自然经济	工业经济	信息经济
影响程度	有限的、可逆的	无限的、不可逆的	有限的、可持续发展
人对自然改造	有限掠夺资源	疯狂掠夺资源	有序合理开发资源

续表

人与自然关系	相互共生	相互对立	相互和谐
人地矛盾系统	生存利益	经济利益	生态经济利益
自然环境状态	原始状态	恶化状态	人工恢复与自然原始环境并存状态
都市区发育	孕育、准备	成长、壮大	成熟、稳定

（一）孕育阶段

在初级阶段，都市区社会经济的发展对区域自然环境的影响是有限的，并且能在局部范围内得到净化平衡，恢复到原始的生态环境质量水平。

自然经济对区域自然环境的影响是可逆的，人对自然的改造是在人地矛盾系统有限掠夺的共生基础上进行的，人地矛盾主要表现为生存利益的矛盾，经济利益、生态利益还没有上升到主导地位。在这一时期的区域自然环境基质，对城市形成发育是天然的物质基础，是无污染的原始自然环境，城市还没有发育到都市区的水平，仅是都市区形成发育的前奏和孕育期。

（二）初级阶段

工业经济是都市区初级阶段的主要经济形态类型。工业经济是以开发工矿资源、农业资源为核心的经济形态，然而，这些工矿资源、农业资源又是赋存在区域地理环境中的，是区域地理环境的重要组成要素，是不可再生的资源系统。随着工业经济的发展，这些资源的消耗也逐步加剧，对区域地理环境系统破坏也逐步加深，生态系统和资源系统的不可恢复性也逐步减弱。由于区域地理环境要素的濒临灭绝或消失，导致了原生生态系统的逐步瓦解和崩溃，新的次生生态系统的逐步形成。然而，这个次生生态系统是不可持续发展的，主要表现为资源枯竭、全球气候变暖、水土流失、沙漠化、盐碱化、生物基因消失、大气污染、水体污染、淡水资源缺乏等等，直接对人类生存已构成威胁。

工业经济对区域自然环境的影响是不可逆的，人对自然的改造是在人地矛盾系统相互对立的基础上进行的，人地矛盾主要以经济利益为主导，生存利益已退居到次要地位，生态利益已被经济利益的驱使所遗忘。工业经济对城市的形成发育起到决定性作用。但是，都市区的形成发育的必备阶段和过程，是在人地矛盾相互对立的基础上、以牺牲环境为代价而逐步发育形成的。所以，都市区形成发育的经济导向是符合人地系统运动规律的，但是，都市区形成发育的环境基质是恶化的。

（三）高级阶段

以信息、知识人力资源开发为主导的信息产业经济，成为了都市区高级阶段的社会经济系统的核心基础。一方面，信息经济对区域自然环境要求较高，信息经济的人地矛盾系统是以人与自然的高度统一为基础的。另一方面，信息经济是人类在以牺牲自然环境作为惨痛代价而达到工业化时代的高速经济发展的基础上探索出的可持续发展的社会经济形态，这种社会经济形态既要解决社会生存发展问题，又要解决工业化时代所遗留的种种城市问题、区域问题、生态环境等问题。

都市区高级阶段区域自然环境，是在对工业化已被破坏的区域自然环境基质上进行恢复和改造而形成的。以生态经济利益为主导的信息经济社会,为区域自然环境基质的恢复和改造创造了决定性条件。高级阶段的都市区是可持续发展的城市,是绿色环保的城市,是生态园林的城市,应该走上人与自然相互和谐共生、社会经济生态协调发展、城乡区域一体化发展的可持续发展的轨道上来。

二、区域人文环境对都市区形成发育的作用

从都市区人地系统运动全过程来透视,都市区形成演化的区域人文环境存在较大差异,并对都市区各地理要素空间分异和组合过程产生较深远的影响。区域人文环境的变化,在一定程度上左右着都市区类型和空间分布(表2-2)。

表2-2 区域人文环境对都市区形成发育的作用

作用方面	孕育阶段	初级阶段	高级阶段
政治联系	封闭型、不交往	殖民型、对立	合作型、对话交流
经济联系	相互隔离	货物贸易、单向流动	贸易、投资、生产一体化
政治格局	分散无序	无序多国化	有序多极化
经济格局	相互独立经济区域	宗主国主宰世界经济,殖民地国家依附于宗主国经济	经济全球化、区域经济集团化格局
政治经济秩序	没有	旧殖民主义	新殖民主义
生产力水平	落后低下	快速发展	非常发达
动力因素	农业革命	工业革命	信息革命
系统表征	农业文明、自然文明、封建文明	工业文明、资本文明、商品文明	信息文明、知识文明、生态文明
人口素质	较低小农经济意识	提高工业大生产意识	全面发展服务社会化意识
人文设施	分散落后	集中不完善	集中相对完善

续表

社会组织	血缘为纽带的家庭家族群体	贸易为纽带的社会工作群体	信息为纽带的社会工作群体
人文交流	相互隔离	相互排斥	相互融合
精神理念	以伪科学真理为基础的认知体系	以科学真理为基础的认知体系	以可持续发展为基础的认知体系
人文社会主题	崇尚自然	科学探索	可持续发展
发展阶段	封建都城	工业化都市区	信息化都市区

（一）孕育阶段

在自然经济社会，由于交通技术手段的落后，人类对自然地理环境的改造能力非常有限。所以，世界各个封建国家都处于封闭自足管理国家的状态，相互之间几乎没有官方的贸易来往。政治经济活动都在一定区域范围内实现。也就是说，都市区形成发育的原始地理要素只能在局部地域范围进行空间地域分异和组合过程，聚集效应是有一定限度的。而且，这种封闭政治经济主要是以农业经济为基础的，城市经济是主要为皇权政治服务的三产经济。因此，在这种封闭型的政治经济格局中，世界形成了诸如中国长安、伊拉克古巴比伦、土耳其伊斯坦布尔、希腊雅典、意大利罗马、法国巴黎等超100万人口规模的古代封建社会的城市，这些城市的形成发育是以浓厚的王朝、帝权、皇室等政治环境为基础的，一般是江山社稷国土区域的中心位置，象征皇权中心地位。封建社会经济的发展都是依附于江山控制区域范围的大小。总体来说，这种封闭型的政治经济格局，政治上是隔离的，经济上是相互独立的，世界各大区域是相互之间隔离、独立的空间地域单元。因此，都市区在这一时期是不具备诞生条件的,但为都市区的孕育发展奠定了厚重的文化积淀。

在都市区形成发育时期,人与自然矛盾发展过程中所形成的人文社会环境,是农业文明、封建文明、自给自足经济文明的社会人文环境的表征,主要表现为:一是区域人口素质较低,是典型的小农经济意识和思想;二是由于社会人文环境较差,区域文化之间交流困难,处于相互隔离状态;三是区域整体文化教育和医疗设施落后;四是整个区域社会系统是以家庭血缘关系为纽带,包括封建城市社会组成单元也是以典型的家族血缘关系为基础的;五是整个区域社会环境的精神理念都是以封建迷信、各种神论、各种天论等伪科学为主导,社会发展的创新意识、科学探索、技术发明、社会革命等没有占据社会人文系统运动的主导力量。

以自然经济为主导的封闭型人文环境,诞生了一批小城镇。其中,有一部分城镇为发展现代都市区奠定了基础,是形成发展现代都市区的必要条件和阶段;但是,有一部分城镇在外部地理环境改变之后,逐步走向衰落,甚至消亡。总的来说,由于没有现代化经济、工业化文明,这些小城镇很难发育成为都市区。

(二) 初级阶段

15世纪的资本主义生产关系的萌芽,16世纪的重商主义的国际贸易的盛行,17世纪的科学技术的探索、地理大发现和资产阶级革命的胜利,18世纪的第一次科技革命和产业革命,人类通过四个世纪的艰难历程,终于瓦解了长达五千年的封建社会人文环境系统,建立了以资本主义生产关系为基础的资本主义社会人文环境系统,这是人类历史上一次人文社会环境的革命,是社会文明进步发展的里程碑。其中,欧洲17世纪中叶的资产阶级革命的全面展开,打破了

第二章 地理环境对都市区演变的作用

世界政治经济格局；欧洲18世纪中叶的工业革命，进一步推进了资本主义国家的政治经济的强大，进一步加速了资本主义政治经济的扩散和传播，进一步推动了世界政治经济格局的重组和构建。资本主义经济是扩张型经济，是开放型经济，决定了资本主义国家需要在全球空间寻求工业原料资源和推销工业产品。但是，资本主义国家采用军事政治的野蛮手段，采用政治经济殖民的方式，大肆掠夺落后国家的资源，压制落后国家的民族工业发展，强制推行自己国家的工业产品，不平等的世界经济贸易体系和世界市场体系开始形成发展。这是欧美发达资本主义国家实现原始资本积累成本最低的一种方式。

在工业化时期，随着科学技术的飞速发展，人类对自然的认识能力逐步提高，人类对人地矛盾系统运动的现象、特征、规律的认识和判断逐步由"黑箱"变成了"白箱"，从而极大地改善了区域人文社会环境。在都市区初级阶段人地矛盾系统运动所形成的人文社会环境，是工业文明、资本文明、商品文明的社会人文环境系统的表征，主要表现为：一是区域人口素质提高，有工业大生产的意识；二是区域文化交流得到了发展，但这是发达国家强加于落后国家的一种殖民式交流方式，文化沟通交流存在相互排斥的现象；三是区域文化教育、医疗卫生、体育设施建设逐步被人类重视；四是整个区域社会系统改变了原来的家庭血缘关系纽带，逐步形成了以社会工作关系为纽带的社会人文系统；五是整个区域社会系统的精神理念已经基本建立了以科学真理为基础的认知体系，社会创新精神、科学求知精神、技术创新精神、管理科学精神等社会人文系统逐步形成。因此，在这种人文社会环境中发育的都市区是典型的工业化型都市区。

以工业经济为主导的殖民型人文环境,政治上是军事强占,经济上是疯狂掠夺,整个世界政治经济秩序是建立在殖民主义基础上的,是不平等的,这是工业化时代都市区形成演化的世界人文环境背景。但是,这一阶段的政治经济格局,为信息经济时代的生产国际化、经济全球化、区域经济集团化、政治多极化等奠定了政治经济基础。也就是说,在这一阶段,政治上是对立的,是欧美发达国家多国化无序主宰世界的政治格局,没有出现极化国家集团的局面;经济上殖民掠夺,实现了资本主义国家的原始资本积累。但是,这种不平等经济贸易全球化的形成,为当前全球经济一体化打响了一个畸形的前奏。

在这种人文环境中,一方面,欧美发达国家利用这种不平等的国际政治经济秩序,完成了都市区社会经济的原始积累,顺利完成了工业化进程,形成了一批工业化都市区和国际贸易都市区,譬如英国伦敦、法国巴黎、德国汉堡、美国纽约、芝加哥、底特律、日本东京、大阪等;另一方面,在世界经济贸易过程中,殖民地国家的沿海城市、沿江河城市、沿重要交通干线城市,是殖民宗主国掠夺殖民地国家工矿资源、农业资源的重要核心载体,也是殖民宗主国推销自己工业产品给殖民地国家的主要流通据点,这些城市在畸形发育过程中逐步成长起来,逐步启动工业化进程,成为殖民地国家区域的经济中心,成为殖民地国家的都市区,譬如新加坡、上海、香港、首尔、新德里、加尔各答等。然而,在这种人文环境中,有些封建都城,由于不能适应世界社会经济体制的变化,在殖民过程中逐步走向衰退,譬如巴格达。

(三)高级阶段

第二次世界大战以来,以亚非拉殖民地国家的纷纷独立为标志

第二章 地理环境对都市区演变的作用

的世界政治发生了深刻的变革,政治上的独立为殖民地国家的经济独立发展扫清了道路。以20世纪中叶第一台计算机的诞生为标志的信息科技革命,把世界经济推向了信息经济时代。目前,和平与发展成为了世界政治经济的主旋律,对话和合作成为了世界经济政治的主调。政治上的对话谈判、经济上的合作交流是当前世界政治经济格局的新特征,通过政治上的对话谈判追求经济上的合作交流发展,以达到双边双赢的共同利益,这是当前世界政治经济格局的主线。所以,国际政治经济秩序已经逐步从原来无序掠夺状态向有序合作状态方向转化。

由于原来殖民地国家的政治经济主权的独立,导致欧美发达资本主义国家掠夺工农矿资源的成本急剧升高,原来战争政治成本引起的资源经济成本低下已经丧失,导致欧美发达资本主义国家必然探寻新的殖民方式来追求资源组合的最低成本,这种方式便是经济全球化。由于国家民族区域的同构性,历史文化区域的关联性,经济命运的相似性等原因,导致了局部区域利益的一致性,譬如安全利益、经济利益、政治利益等。所以,这些国家为了抵御外来国家经济全球化的不平等遭遇,形成了国家集团组织,共同与之抗衡,出现了区域经济集团化趋势,诞生了许多国家集团组织,譬如欧洲国家联盟、东盟、非洲国家集团、美加墨自由贸易区、亚太经合组织、上海合作组织、中东石油输出组织等。

在经济全球化过程中,诞生了区域经济集团化;在区域经济集团化进程中,又有力地推动了经济全球化。由于第三世界国家的合作与交流,使得发达资本主义国家也走向了联合之路,最典型的是欧洲国家联盟。因此,世界政治出现了多极化趋势,这个极是区域性国家联盟组织;这些多极化的政治格局,是以经济全球化和区域经济集团化为基础支撑的，而经济全球化和区域经济集团化又是以信息经济为动力支撑的。在这种世界政治多极化和经济全球化的人文环境中，载体系统需要强大的都市区及全球功能的城市作为支撑，这是当前都市区形成演化的基本人文环境。一方面，这种人文环境极化了全球城市的形成，譬如纽约、东京、伦敦三大世界金融贸易中心都市区；同时也极化了区域性都市区的形成发育，譬如巴黎、罗马、上海、首尔、新加坡、香港、曼谷、新德里、加尔各答等。另一方面，这种人文环境加速了落后地区边缘化的步伐，有被甩出全球化经济体系的危险，对于落后地区的都市区的形成发育极为不利。

第二次世界大战以来，以计算机技术、航天航空技术、微电子技术、通信技术等为核心的 IT 产业革命，对工业化时期的社会人文环境进行了一次质的改良，建立了现代化社会的新型的社会人文环境系统。人类改造自然的能力更强，人类对人地矛盾系统运动的现象、特征、规律的认识和判断更加深入和准确，能够更有效地建立符合人地系统发展规律的调控体系。在 IT 社会人地矛盾系统运动所形成的社会人文环境是信息文明、知识文明、生态文明的社会人文环境系统的表征，主要表现为：一是区域人口素质得到了极大提高，是典型服务社会化意识；二是文化渗透成为可能，文化多元化并存成为现实；三是区域文化教育、医疗卫生、体育等设施极度完善；四是整个区域社会系统在生态关系基础上以社会工作关系为纽带；五是整个区域社会系统的精神理念是科学理性的生态精神、绿色精神、环保精神，可持续发展成为时代发展的精神主题。以生态为基础的社会人文环境系统发展理念逐步成为主流。因此，在这种人文社会环境中发育形成的都市区是典型的信息化型的都市区。

综上所述,从区域地理环境演变的过程来看,都市区的形成发育水平、状态、结构、特征、规律等,都是与特定的历史发展阶段、特定的自然环境基质、特定的政治经济发展格局、特定的区域社会人文环境系统等息息相关的。也就是说,都市区人地矛盾系统运动过程是存在一定的时空环境尺度的,都市区的形成、成长、成熟到灭亡,都是在客观存在的特定历史环境中产生的,不是偶然的,而是客观必然的结果。一般来说,世界或区域社会经济背景和自然基质的变迁,以及这种变迁所带来的影响,直接预示着以一定地域范围为腹地的都市区的兴衰历史,直接或间接决定了世界或区域都市区分布的位置、等级、规模、功能、性质、结构、内容和形式等。

第二节 地理条件对都市区形成发育的作用

地理学是研究地球表层的科学,就其实质而言,它是研究人类生存条件与资源环境的科学。地理科学的发展过程,也就是不断认识条件与资源环境的过程。因此,对条件与资源环境的认识是地理学的永恒研究主题(陈才,2001)。都市区是地理学研究的重要区域问题领域,而区域问题是地理学研究的核心问题之一。研究都市区问题,运用地理学的视角,首先要研究都市区形成发展条件和资源赋存环境,这是都市区或大都市经济地域形成发育的物质基础,也是体现地理科学研究的重要特点。

一、研究都市区地理条件的角度

研究都市区地理条件,主要从客观存在、历史发展、形成机制、演化动力、联系发展等五个角度认识和判断(图2-1),这是都市区形成发展的理性基础和前提。

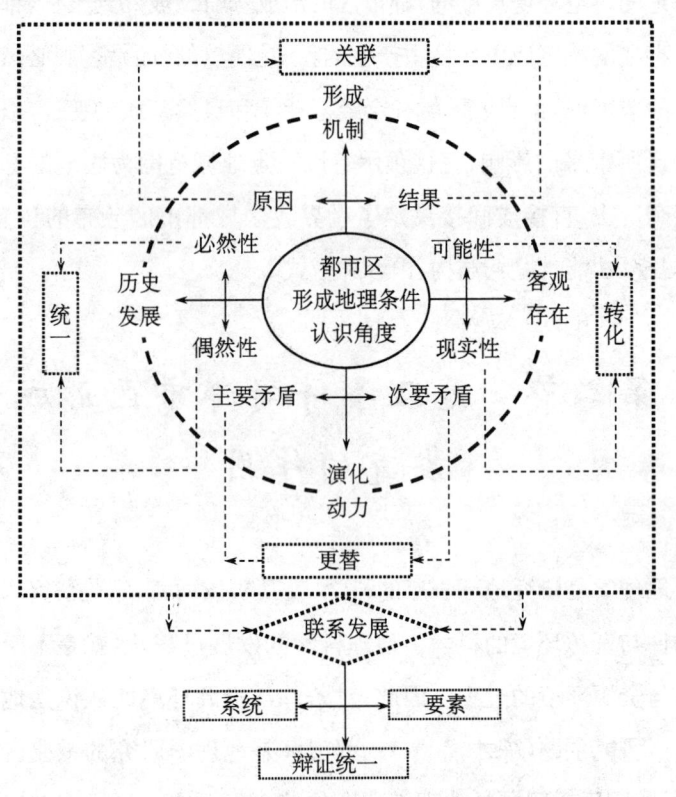

图 2-1 研究都市区形成发展地理条件的角度分析

(一)都市区客观存在的角度:可能性与现实性的转化

在一定地域范围内地理条件的空间分异和组合而综合集成的时

空环境,是都市区形成发展的原始动力基因和孕育基质。通过地域分异和组合形成的地理条件空间,是回答都市区形成发展的可能性与现实性的问题。也就是说,综合地理条件环境有没有可能形成发育都市区的问题。因此,从研究都市区地理条件的角度,决定了不是所有的城市地域都有发展为都市区的可能,都市区的形成发展有其自身的必备的地理条件环境。

(二) 都市区历史发展的角度:必然性和偶然性的统一

由于都市区形成发育存在特定的历史过程,所以,研究都市区形成发育的地理条件,应从都市区人地矛盾相互作用的全过程研究,而不是某一个时空断面和状态。也就是说,不同发展历史阶段的都市区,形成发育的综合地理条件环境是存在差异的,并且从初级阶段的都市区向高一级阶段的都市区转型升级过程中,有些都市区可能存在潜在因素,可以顺利过渡到高一级都市区状态;有些都市区可能不存在适应高一级阶段都市区孕育的地理条件环境,那么,这些都市区可能通过改造完善维持现状阶段而融入高一级城市体系中,也有可能出现都市区的衰退或灭亡而退出城市体系行列。研究都市区本阶段的形成发展条件和适应向下一个阶段演化所存在的潜在条件,是决定都市区从成长到消亡的物质基础,是都市区发展的客观物质基础。都市区的成长、衰退到消亡,不是偶然的,而是必然的,不是突发的,而是渐进的。这是都市区类型多样化、结构多样化、层次多样化、功能多样化的本质所在。

但是,在都市区形成发育的某一阶段上,某一地理条件受外界条件的影响和作用,可能偶然被激活,导致都市区的快速成长,这种偶然性也是存在的。然而,这种偶然性的存在和出现,一定是在地理条件所形成的必然性规律调控幅度之内，一定不会越过必然性规律或替代必然性规律而存在。譬如中国计划经济体制造就了许多大城市、特大城市，但是，这种偶然因素条件的消失，也是这个城市波动变化之时。

因此，研究都市区形成发育的地理条件，应从地理条件变化的必然性和偶然性的对立统一的角度分析，必然性的地理条件是主导，偶然性的地理条件是补充，二者相互论证说明。

（三）都市区形成机制的角度：原因与结果的关联

地理条件是都市区形成演化机制的基础，形成机制又是都市区形成演化的根本原因，在这个形成机制作用下所形成的都市区的组成部分、结构、功能、过程等结果或状态，都是这些地理条件在这种形成机制的综合作用下的外在表现和客观反映。因此，地理条件是研究都市区形成演化机制的原始层面，都市区演化机制过程是这些地理条件相互作用的原因与结果的关联过程。都市区形成机制的更替过程，是都市区人地矛盾系统演化量变积累的过程，也是都市区运动周期性、波动性、阶段性的客观反映；都市区形成机制的"革命"过程，是都市区人地矛盾系统演化量变积累到一定程度后的质变变异的过程。这是都市区地理条件的原因和结果关联过程的客观反映，预示着都市区新的人地矛盾系统运动阶段性跃迁的开始，旧的人地矛盾系统运动阶段性的崩溃和瓦解。

（四）都市区演化动力的角度：主要矛盾与次要矛盾的更替

在不同时期、不同地域、不同层次上，地理条件对都市区的影响程度、方面、广度、深度等都是不一样的。在都市区形成发育某一阶段,某一条件可能占据主导地位,那么,这个条件是这一阶段的都市区人地矛盾系统的主要矛盾;但是,到了另一发展阶段,可能这个条件退居到次要地位,另一条件跃居到主导地位,那么,意味着原来起主导作用的地理条件对人地矛盾系统运动影响的消失或弱化,随之是原来以主要矛盾为核心机制的都市区人地系统的崩溃或瓦解;与此同时,原来起次要作用的地理条件对人地矛盾系统运动影响被激活或强化,随之是以新的主要矛盾为核心机制的都市区人地系统的建立和完善。因此,研究都市区地理条件,应从演化动力的角度,分析地理条件的阶段性、周期性、波动性,认识判断每一阶段地理条件的主要矛盾条件和次要矛盾条件的关系,以及相互转化、更替、递交过程的关联和对都市区形成发育的影响。

(五)都市区联系发展的角度:系统和要素的辩证统一

系统和要素是自然界、社会运动中普遍存在的矛盾,任何一个事物都存在着系统和要素两个方面。都市区是一个复杂的巨系统,是由诸多相互作用的条件要素所构成的整体,而这些条件要素又是整体中的各个部分。但是,都市区人地矛盾系统的整体运动和各个构成要素的矛盾运动不是简单的加和关系,都市区整体运动是各个构成要素局部环节运动规律的综合集成的规律,是关联性的加和,而不是机械加和。所以,在研究都市区形成发展地理条件要素时,应从系统和要素的相互作用的关系认识判断,认识都市区形成发展地理条件要素的个别性、局部性、多样性、差别性、不可分割性、不确定性和都市区人地矛盾系统的整体性、统一性、复合性、稳定性。

二、地理条件对都市区形成发育的作用

从上述分析研究角度,都市区形成发展地理条件应从不同历史发展阶段认识。不同的历史社会经济发展背景,地理条件经过空间地域分异和组合后所形成的聚集形态和外在表现形式存在较大差异,这对都市区的成长发育、衰退消亡都会产生直接而重大的影响。也就是说,都市区人地系统运动具有浓厚的自然、社会、经济条件系统规律的烙印和痕迹。根据都市区成长全过程分析,将都市区形成发展地理条件分为三个层面透视(图2-2):自然—环境条件、产业—经济条件、社会—人文条件。认识自然—环境条件,可判断都市区形成发育的可能性;认识产业—经济条件,可判断都市区形成发育的可行性;认识社会—人文条件,可判断都市区形成发育的可持续性。

(一) 自然—环境条件

1. 自然—环境条件的概念辨析

自然—环境条件是地球表层系统地质、地貌、气候、水文、土壤、生物等自然要素综合形成的、具有内在关联性的自然综合体客观存在的外在基质和赋存状态。自然—环境条件是一个内在关联的整体系统,是一个刚性关联的物质体系,相互之间是不可分割的,具有内在的因果客观联系。

自然—环境条件是都市区形成发育的自然物质基质,是孕育都市区的区域"母质"之基础。具体来说,自然—环境条件是自然界的一部分,是人们生产和生活所依赖的自然部分,是地球表层系统都市区人

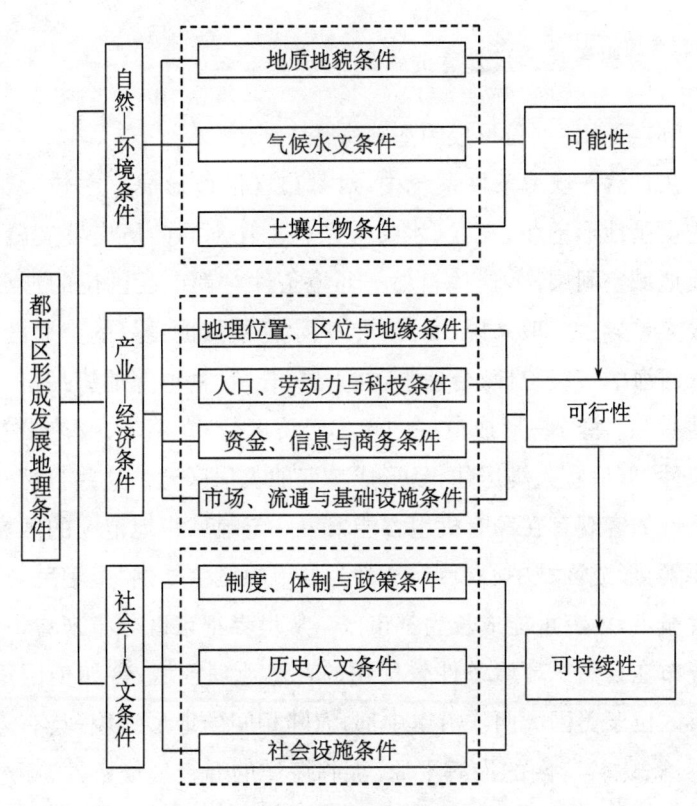

第二章 地理环境对都市区演变的作用

图 2-2 都市区形成发展地理条件分析

地系统运动的自然动力因素(杨万钟,1999)。在一定程度上,区域自然—环境条件的优劣程度,直接决定了都市区诞生的客观存在的可能性。不同地域、不同历史阶段的都市区,对自然—环境条件的客观要求是存在较大差异的。然而,一般来说,在相当长的时空尺度内自然—环境条件的客观存在是不能变化的,这种客观存在的地域自然属性,与相应发展阶段的社会经济条件相结合,决定了都市区空间分布的变迁。

2. 对都市区形成发育的作用

(1) 都市区区位形成的基础前提

在自然—环境条件系统中,对都市区区位形成存在较大影响的主要是地形地貌、气候、水文等条件。在不同的历史发展阶段,不同地域空间层次,这些自然—环境条件对都市区区位的形成存在较大差异。一般来说,沿江、沿海、沿河易形成良好的交通区位;在江河海的一级阶地、台地上,在平原、丘陵、盆地等地势平坦的地形地貌条件下,易形成良好的聚集经济区位;在温带、亚热带等气候条件下,适宜人类居住,易形成良好的人居区位。这些自然—环境条件的客观存在和有机组合能聚集一定地域腹地范围的区域地理要素,形成区域中心节点,从而为城市的诞生提供"土壤"。只有发育城市,才有可能成长为都市区。从世界都市区分布来看,一般都分布在自然—环境条件较优越的自然地理区域,譬如美国纽约都市区位于美国大西洋沿岸中部,海陆相间的地形地貌,具有多优良港湾、比较广阔的沿海平原、濒临海洋的温带气候条件、穿过阿巴拉契亚山通往美国大陆内地的水运条件,这些是纽约都市区形成发育的基础。

(2) 影响着都市区产业空间分布

都市区产业空间分布与区域自然地理条件存在客观必然的关联,存在着人地系统运动自然规律对社会经济规律的基础性支配作用的烙印和痕迹。

一是影响都市农业、都市旅游业的空间分布。都市农业是高科技农业和生态农业,但是,无论高科技还是生态农业,都不能脱离最基本的自然—环境条件,尤其是光、热、水、土等自然—环境条件的空

第二章 地理环境对都市区演变的作用

间组合分布状态;在都市旅游业系统中的自然景观旅游系统,更需要以都市区所在地理区域的原始自然—环境条件为依托。目前,都市农业、都市旅游、都市生态是捆绑在一起发挥都市区新时期的都市功能。因此,自然—环境条件要从经济、社会、生态的联动开发和保护的角度进行认识。

二是影响都市第二产业的空间分布。第二产业空间分布的最基本的条件是"三通一平"。这"一平"是指地形地势平坦,地形地势平坦可能是天然的地形地势平坦,也可能是通过人工工程作用之后的达到的。但是,在同等条件下,前者具有第二产业开发的先天优越性,即产业开发成本急剧降低。另外,气候条件、水文条件等对第二产业布局也都有影响。

三是影响第三产业的空间分布。河流、植被、丘陵、气候等自然—环境条件影响着都市区住宅房地产、科教研发、生态旅游等新兴第三产业的空间分布。

(3) 影响着都市区空间结构形态

不同地域的自然地理条件的组合分布,直接影响着都市区空间结构形态的发育。一般来说,平原地区或盆地地区的都市区,具有较好的地形地势、地貌、土地等条件,空间结构形态上表现为"团块状",譬如北京、成都。山地丘陵地区的都市区,空间结构形态上表现为"分散组团状",譬如重庆。沿江河、沿海地区的都市区,利用海陆山地地形地势地貌条件,空间结构形态上表现为"带状"较多,譬如青岛、大连等;结合滨海平原,表现为团块状,譬如上海、广州等;结合内陆平原或丘陵,表现为分散组团状,譬如武汉。

(4) 影响着都市区交通网络发育

交通网络的发育与自然—环境条件存在密切的关联关系。一般来说,地形地势地貌条件直接影响着都市区交通网络发育。自然—环境条件较好的地理区域,交通网络建设成本低,易形成交通网络,直接促进都市区形成发展;反之,自然—环境条件恶劣的地理区域,交通建设成本较高,不易形成交通网络,一定程度上抑制了区域地理要素的聚集,延缓了中心城市的形成发育。

(5) 影响着都市区生态环境质量

自然—环境条件系统本身是都市区生态环境系统的核心组成部分,自然—环境条件的优劣,直接关系到生态环境质量的好坏。一般来说,具有良好的植被系统,具有多样性的生物群落,具有清洁的水文条件,具有温和的气候条件,具有地域特色的地形地势条件,是都市区生态环境环境系统持续发展的基本特征要求。如果对这个系统的任何一个条件系统进行破坏,将会降低都市区的生态质量,这是由都市区自然—环境的内在关联性决定的。

(6) 影响着都市区地域文化底蕴

自然—环境条件将会对地域文化系统产生重要的影响。譬如,以东北黑土文明为特征的自然—环境条件,孕育了东北地区淳朴、豁达的地域文化底蕴,由这些具有东北地域文化的东北人造就了沈阳、哈尔滨、长春、大连等都市区,从而也使这些都市区具有了东北地域文化特征内涵的特色。

(二) 产业—经济条件

1. 产业—经济条件的概念辨析

产业—经济条件是在地域分异和组合规律作用下影响都市区的外在经济因素或经济环境,包括资金、技术、人口、劳动力、信息、商务、区位、地缘、市场、流通等经济条件(薛东前、王传胜，2002)。产业—经济条件是都市区产业经济系统运动的基础性要素，这些条件或要素的空间分异和组合状况，直接决定了都市区形成发育的可行性。因为自然—环境条件是以静态的差异性而客观存在的，需要与产业—经济条件进行空间组合，使自然—环境与产业—经济要素进入到动态地域分异和组合过程，才能把都市区的形成发育由可能性转变成可行性。

产业—经济条件是在自然—环境条件的运动过程中逐步形成的，是都市区形成发育的经济基础，具有较大的可塑性。但是，都市区产业—经济条件的运动也是有客观规律可遵循的。一般来说，产业—经济系统运动必须具备区位、技术、劳动力、资金、信息、流通等几个要素，现从这四个经济概念入手，以完整的经济地理条件概念来认识产业—经济条件(图 2-3)。

(1) 地理位置、区位和地缘条件

地理位置是在人地相关系统运动过程中地理事物或地理现象在一定时间阶段和一定的空间地域尺度客观存在的场所。地理位置是客观存在的，是地理事物或地理现象在参与人地相关系统运动中所占据的时间断面和空间地点地理位置是处于一定时空环境条件的，不是单纯的数理地理位置，而是诸多地理条件综合作用于某一点或某一区域集成形成的。一方面，地理位置除了数理地理位置以外，还有政治地理位置、经济地理位置、交通地理位置、自然地理位置等概念认识范畴；另一方面，地理位置不是经济学领域某一地域条件的高度抽象的区位概念。区位是成本经济理论的产物，是利润空间最大化的产物。但是，地理位置是诸多地理条件地域分异和组合之后综合集成的环境平台，地理事物或地理现象占据了这个环境平台，并反映出与周围地理事物或地理现象之间的时空关系，这是地理位置的

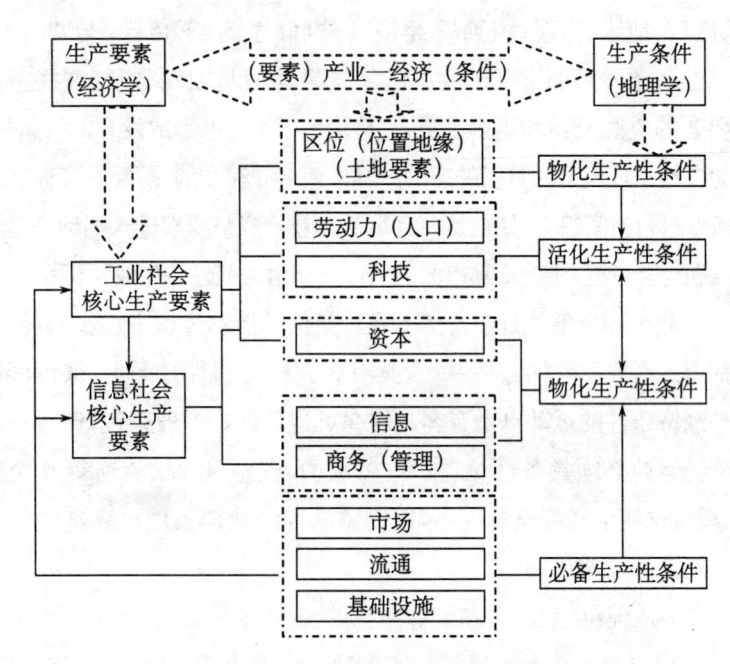

图 2-3 都市区产业-经济条件形成发展分析

本质内涵。因此,地理位置是地理学的基本概念,是认识客观规律存在的产物,反映了地理事物或现象客观存在的不同的地域性,具有不可替代性。

区位是经济学概念,是社会经济活动的场所。区位论研究人类活动空间场所选择及其空间分布优化(张文忠、刘继生,1992),这个场所的确定是根据成本经济最低原理、利润空间最大化原则来界定的,区位的形成和选择是社会经济规律支配的产物,是社会经济发展的必然。都市区区位的形成发展过程,是都市区社会经济系统时空演化的过程,是人地相关系统时空演化的过程,是不同阶段不同地域都市区社会经济活动的聚集空间投影。都市区的地理位置是区位演变的基础和平台,同时,区位的兴衰也印证了都市区地理位置的历史变迁。位置与区位是一个相互对立统一的完整的经济地理概念。

地缘是政治地理学概念,是国家与国家之间、地区与地区之间的空间关系,核心要素是国际边界。地缘经济学和地缘文化学既是对地缘政治学的一种超越(但不是替代),又是对地缘政治学的重要发展(潘忠岐,2008)。在世界经济一体化和区域经济集团化进程中,地缘经济地缘生态、地缘文化得到了长足发展,地缘关系的主题发生了实质性变化,即由封闭走向开放,由对抗走向发展,由战争走向和平,由竞争走向合作。因此,地缘关系越来越成为都市区形成发育的重要因素。

综上所述(图2-4),地理位置、区位、地缘是现代区域经济地理学认识都市区经济空间关系的三个角度和层面,三者互为因果,相互关联,共同构成一个完整的经济地理概念,共同形成一个完整的地理学认识空间关系的统一体。

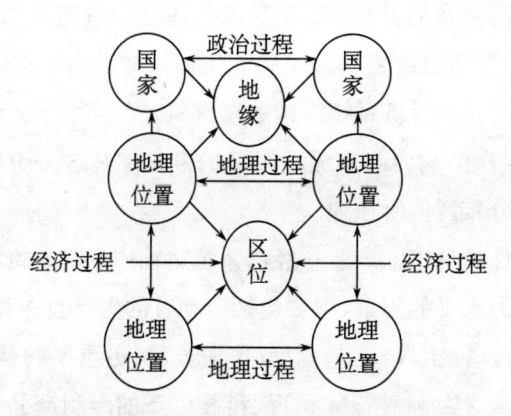

图 2-4 都市区地理位置、区位与地缘条件关系分析

(2) 人口、劳动力与科技条件

人口、劳动力与科技条件是都市区产业—经济系统运动的主体能动性因素和核心生产要素，是都市区产业—经济系统运动的人力基础，又是创新跃迁的基础。

人口条件是指都市区腹地范围内人口的数量和质量等基本情况，包括人口规模、人口素质、人口职业、人口年龄等。在人地相关系统中，人作为一个核心因素在不断地与自然界发生相互作用。人地矛盾的表现形式也围绕人类的各项需求而展开。人口条件是都市区形成发育的自然人和社会人的本底，是劳动力条件和技术条件赋存的基础和前提。从世界各地区都市区发育来看，人口条件的自然赋存直接决定了一定地域范围内都市区客观存在的可能性。

劳动力条件是指都市区腹地范围内从事产业经济活动的人口数量结构、层次结构及空间分布关系等。劳动力条件是都市区产业—经济系统运动的人力资本和核心生产要素。人口是人类社会经济的主体组成部分，劳动力是社会经济扩大再生产的主体要素，劳动力又要以人口客观存在为基础，人口客观存在又促进劳动力的再生产。所以，人口与劳动力是生产力发展的主体。劳动力层次结构直接决定了都市区产业—经济系统结构的层次、功能、类型等。每一历史发展阶段，高层次劳动力要素流动组合的聚集地是这一历史时期的都市区的空间分布区位所在地。

科技条件是都市区产业—经济系统运动中影响人类综合调控客观环境的能力水平的因素，主要包括劳动者的生产技能和管理水平，生产企业的设备、工具、工艺流程、作业方法，更重要的是，包括都市区科技创新人才和科技设施情况、科技创新的专利产品情况及转化率情况等。人类在以劳动力的身份认识与改造自然的过程中，发生了人与自然的生产力关系,同时也发生了人与人之间的生产关系。但是,这些关系都是通过人类认识自然之后形成的科学技术实现的,科学技术是人类自身的本领,活化之后体现在劳动力之中,物化之后体现在商品之中。所以,科技条件是人类认识自然的产物,是人类改造自然的工具。科技条件既是都市区产业—经济系统运动的核心推动机制,也是都市区整个系统运动的第一生产力要素。一般来说,科技条件是都市区形成发育的首要赋存机制要素,科技条件赋存较好的区域是孕育都市区空间区位的最佳选择。

综上所述(图2-5),人口、劳动力和科技条件是认识都市区形成发育的人力智力等活化生产因素聚集能力的三个基本层面与角度,三者存在内在的联系,相互影响,相互关联,是都市区产业经济发展的一个完整的经济地理条件的统一体。

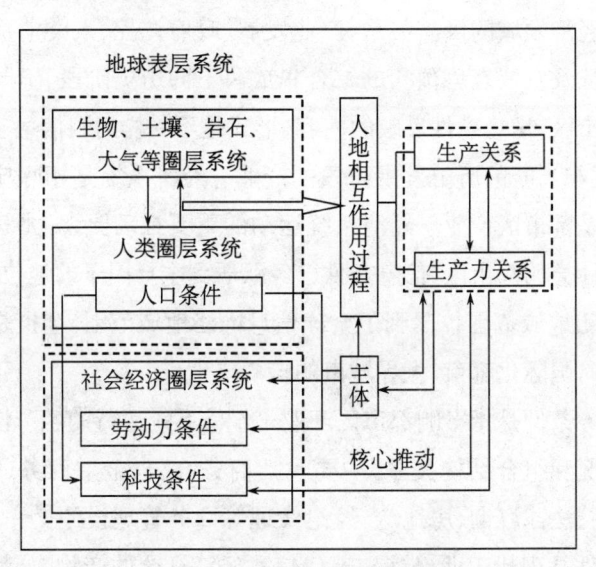

图 2-5 都市区人口、劳动力与科技条件分析关系

(3) 资本、信息与商务条件

资本、信息与商务条件是都市区产业—经济条件系统运动的客体主导因子,决定着都市区产业—经济系统运动的方向、等级、功能等,是都市区全过程运动规律的核心动力机制要素。

资本条件是指影响都市区产业—经济系统运行的各种财税、投资、金融等因素,包括金融资本、固定资产、财税总额、外商资本等。资本是都市区产业—经济系统生产要素中流动性最大的要素,也是都市区产业—经济系统运动的核心生产要素。一般来说,无论是初级阶段,还是高级阶段,资本条件都是都市区形成发育的关键性要素,是都市区各要素地域分异和组合中流动性最活跃的要素。

信息条件是指影响都市区产业—经济系统运行灵敏度、便捷度、准确度的各种现状或潜在的外在因素,是各种生产、消费、流通等各个社会经济领域的供需关系、产业发展、政府调控、人类消费倾向等现状特征及发展态势预测的综合集成。不同历史阶段、不同地域范围的都市区,信息条件反映的内容、形式是不一样的。信息条件的内容、形式与当时的历史发展阶段的产业—经济系统是相呼应的。信息条件是都市区产业—经济系统运动的重要推动要素,尤其是在信息经济社会的都市区,信息条件已经跃居到主导因子的地位,信息条件由封闭地域范围扩展到了全球信息网络地域范围,这也是现代都市区走向国际化都市、世界城市的核心要素。

商务条件是指影响都市区产业—经济系统运行的生产性服务业赋存状况和组合结构关系,主要包括商务办公、金融商务、会计、信息、评估、法律咨询、房地产、经纪代理等商务管理设施。一般来说,商务条件是现代工业经济和现代信息经济社会的产物,是都市区形成发育的必备条件和重要标志。商务条件的发育程度直接决定着都

第二章　地理环境对都市区演变的作用

市区的等级、功能、层次等基本属性。

综上所述,资本、信息与商务条件是认识判断都市区形成发育的最基本的三个物化生产经济要素,是都市区在每一历史阶段高级性产业客观存在的必备条件。

(4) 市场、流通和基础设施条件

市场条件是影响都市区产业—经济系统生存空间范围和规模的各种因素,是影响都市区高层次产业—经济系统运动价值实现的各种因素,包括市场规模、市场竞争环境、市场意识、市场秩序和管理、市场供给等。

流通和基础设施条件是在地域分异与组合规律作用下都市区诸多地理要素空间地域流动的载体组合关系和形态,主要包括人流、物流、能源流、信息流、技术流等。为这些要素流动提供载体平台和依托的物质内容是流通和基础设施条件,包括交通枢纽、仓储、高速公路、铁路、管道、航空、水运、电网、城市道路系统、信息港、物流电子平台、第三方物流、生产要素市场等流通和基础设施。

市场、流通和基础设施条件是认识和判断都市区形成发育的流通空间关系,是都市区产业—经济系统生存空间的载体平台。

2. 对都市区形成发育的作用

(1) 直接影响是否具备都市区形成发展条件

优越的地理位置、区位、地缘条件是都市区形成发育的必要条件。优越的地理位置、区位、地缘条件,蕴藏着巨大的经济潜力,主要表现为投资少,运费低,聚集经济效益高,易聚集区域诸多地理要素,易较快形成城市节点。在形成规模经济之后,易拉动城市向都市区迈进。譬如北京、上海、广州等,具有优越的地理位置、区位条件,形成了都市区。又比如,在美加五大湖地区,由于存在较好的地理位置、区位条件,又存在良好的地缘条件,孕育了芝加哥、底特律、多伦多、渥太华、哈密尔顿、纽约、波士顿、匹兹堡等都市区,形成了北美洲最大的都市区连绵带。

都市区是地球表层系统人口聚集程度最高、人口密度指数最大、人口质量标准最优良的空间单元,是劳动力条件最集中的区域,是科技条件分布空间最密集的区域,人口、劳动力和科技条件是都市区形成发育的显著标志之一,也是都市区形成发育的晴雨表。人口条件、劳动力条件和科技条件,直接影响着都市区形成发育的要素聚集规模水平。一般来说,人口密度、人口素质、人口分布与迁移等也是都市区形成发育的必要条件。譬如上海都市区处于长江三角洲,这个地域是中国人口密度最大的区域,是中国历史上手工业、工场工业、作坊工业等劳动力和科技最发达的区域,是中国历来人才辈出的区域,这些为上海都市区的形成发育奠定了坚实的人口、劳动力和科技条件基础。

资金、信息和商务条件是都市区形成发育的必备要素,也是都市区不同于其他城市地域的本质区别所在。在城市和区域体系中,都市区是核心功能地域,主要是因为都市区是资金、信息和商务条件高度聚集的空间,对其他城市地域和经济地域发展起到管理控制作用。因此,资金、信息和商务条件是都市区形成发育的"硬件"条件。譬如,美国纽约、日本东京、英国伦敦、东南亚新加坡等都市区,都是世界性的金融中心、信息中心、商务中心,具有优越的资金、信息和商务条件。

在都市区不同历史发展阶段,存在不同的市场条件赋存,相应的存在着不同类型组合的流通和基础设施条件。特定历史时期的高等

第二章 地理环境对都市区演变的作用

级的市场、流通和基础设施条件是衡量都市区形成发育的重要标志之一,它直接影响着都市区产业—经济系统运动辐射的空间范围和规模。譬如,在信息经济社会,全球经济一体化的渗透,客观要求都市区必须具备国际化的市场、流通和基础设施条件,否则,就不具备现代信息经济社会的都市区形成发育的条件。

(2) 直接影响都市区社会经济发展进程

社会经济发展进程推进的程度,直接与都市区地理位置、区位、地缘条件存在较大的关联性。在没有通过人类改造自然—环境条件系统的情况下,地理位置、区位、地缘条件可能是制约都市区形成发育的决定性因素、延缓都市区社会经济发展进程的关键性环节。譬如,在改革开放以前,由于我国闭关锁国、自我封闭,东部沿海地区的地理位置、区位、地缘条件没有得到发挥,处于"封冻"状态;但是,改革开放以后,由于地缘关系的缓解,经济全球化的渗透和介入,我国东部沿海地区的地理位置、区位、地缘条件潜能得到充分的释放和激活,极大地拉动了地区经济发展,同时孕育了一批都市区,例如广州、深圳、厦门、上海、青岛、大连等。但是,我国中西部地区不利的地理位置、区位、地缘条件,延缓了社会经济发展的进程,同时也延长了都市区成长的时间。

人口、劳动力、科技条件直接影响着都市区经济发展的进程和水平。可以说,都市区的产业分布、经济发展和竞争力水平地位的提升,是以一定的人口和劳动力为基础前提的,以这些人口和劳动力所具备的科技为支撑的(陈才,2001)。一般来说,人口自然赋存直接影响都市区聚集人口的来源是否充足;人口劳动力赋存较多,劳动力技术水平较高的地域,直接影响着劳动力成本的下降,易与其他资金、先进技术、管理等要素进行地域组合,形成人力资源优势,形成产业集群,有利于发展劳动密集型产业和传统服务业,有利于都市区的正常产业体系的更替和演化,从而推动都市区经济发展进程,提升都市区整体竞争力水平。譬如,广州都市区在腹地范围内具有较好的人口、劳动力赋存条件,这些劳动力又是较熟练的手工业农民或城市失业工人,这为广州都市区发展劳动力密集型的轻工业和传统服务业提供了人口、劳动力、技术保障,为广州都市区顺利完成原始资本积累提供了前提基础,为广州都市区产业经济系统有序更替和演化提供了动力支持。

资金、信息和商务条件是任何社会经济活动发生、发展、成熟到消亡的决定性影响因素,对整个社会经济系统的拉动乘数效应是巨大的。资金、信息和商务条件属于历史发展范畴,不同历史发展阶段有不同的物质内容和表现形式。在都市区形成发育进程中,资金、信息和商务条件赋存状态变迁速度、升级的质量、转型的规模等,都直接影响着都市区社会经济发展的进程。如果资金、信息和商务条件赋存状态向高层次变迁、转型、升级,那么,将对都市区整个社会经济系统的乘数拉动效应是显著的,从而会加速推进都市区向高一级阶段跃迁。反之,如果这些条件维持现状或不断恶化,那么,将直接导致都市区不适应整个社会经济系统运动规律,使都市区核心功能体系衰退和丧失,使都市区退出历史舞台,成为特定历史阶段的城市遗产而客观存在。

市场、流通和基础设施条件赋存较好的地域,易形成较大规模的商品物资集散地,这也能加速都市区形成发育进程。

(3) 直接影响都市区产业空间分布类型

优越的地理位置、区位、地缘条件是都市区的一种空间资源,这种空间资源作为社会经济活动的一个重要要素存在,在与域外其他地理要素组合之后，形成了典型的加工型产业，都市区空间形态表现为加工型的产业空间类型。譬如日本东京、大阪，俄罗斯的莫斯科，中国的上海、广州、深圳等。

人口文化教育结构、科学技术转化情况等都直接影响都市区高层次产业结构的形成发展，尤其是现代服务业的快速发展，高素质人口集聚的都市区有能力发挥高级产业层次的都市功能，尤其是创新研发功能、管理交流功能等。这些高层次产业结构及相应功能体系的形成发育都需要较高文化素质的人才。譬如北京都市区是中国高素质人才聚集度最大的都市，包括管理人才、创新研发人才、外交商务公关人才等；因此，北京是中国的知识创新中心、科学技术研发中心、国际交流中心、企业商务中心等等，相应地形成了现代服务业体系，是典型的服务业产业结构类型。

资金、信息和商务条件的客观存在和空间组合，自身能形成高层次的产业经济系统，即金融业、信息产业、现代服务业等生产性服务业体系。这是一定地域第一、二产业和传统服务业系统运动的必要保障和支撑。都市区高层次的功能体系是以这些高层次的生产性服务业体系作为支撑的。因此，资金、信息和商务条件直接影响着都市区产业分布类型。

市场、流通和基础设施条件是都市区产业—经济系统中的传统服务产业发展的基础。但是，都市区产业—经济系统的每一次升级、转型，都会带动市场、流通和基础设施条件赋存状态的变迁，形成适应都市区特定历史阶段的市场、流通和基础设施条件及相应的流通服务产业。

(三) 社会—人文条件

1. 社会—人文条件的概念辨析

社会—人文条件是都市区形成发育的社会基础,是都市区人地矛盾系统运动的重要组成部分。社会—人文条件指影响都市区人地矛盾系统运动过程的各种社会设施、生活方式、制度政策、机制体制、就业失业、历史等因素。

(1) 制度、体制和政策条件

制度、体制和政策条件是影响都市区形成发展的各种政治性因素,是都市区政府宏观调控的各种方法、手段的集合,包括法律、法规、规章、制度,包括都市区政府发展社会经济的区域政策、产业政策、人口政策、土地政策、财税政策等,包括政府对社会经济资源要素的配置的体制、机制等。制度、体制和政策条件是都市区形成发育的"催化剂"。

(2) 历史人文条件

历史人文条件是影响都市区形成发展的各种历史文化因素,包括历史古迹、历史古都、历史文化遗产、历史街区、历史风貌等。历史人文条件主要影响都市区旅游产业经济发展,影响都市区地域个性的继承和演化,影响都市区历史文脉的延续。譬如法国巴黎都市区,历史人文条件影响较深刻。

(3) 社会设施条件

社会设施条件是影响都市区形成发育的各种社会性因素,是解决都市区社会经济系统运动的社会人文基础,包括为解决老龄化问题的老年设施保障,为解决社会妇幼问题的妇幼设施保障,为解决社会稳定的社会福利、社会保险、社会救济、社会优抚设施保障，为解决文化教育、医疗卫生、体育问题的社会环境保障等。

2. 对都市区形成发育的作用

(1) 影响都市区社会文明进步

都市区是整个地球表层系统形成发展过程中社会经济最发达的地域，是特定历史阶段的先进生产力的聚集空间，代表整个社会文明进步的方向。因此，社会—人文条件赋存状态，直接影响着都市区社会文明进步，直接影响着自然—环境条件、产业—经济条件的空间分异和组合过程。

(2) 影响都市区地理要素聚集的程度

社会—人文条件优越的都市区，有利于吸引域外地理要素的高度聚集，尤其是各种生产要素的聚集。优越的社会—人文条件是都市区具有良好投资环境的重要组成部分，是人居安全环境的重要支撑，是都市区人地矛盾系统运动的重要保障。譬如深圳都市区，由于具有良好的社会—人文条件，所以，在短短的三十多年快速聚集了全球性地理生产要素，形成了强大的产业经济结构体系，发展成为了现代都市区。

三、都市区形成发育地理条件的阶段性特征

从人地系统形成发育的历史全过程透视，都市区形成发展地理条件属于历史范畴。在不同的发育阶段、不同的地域尺度上，都市区形成发育的地理条件客观存在不同的内容和组合关系形式。也就是说，特定历史阶段的都市区必然有与之相适应的形成发育地理条件，这些地理条件的变革必然孕育新型特征的都市区空间表现形式、结构形态、社会文明等内容。

（一）初级阶段

工业经济是都市区形成发育的初级阶段，产业—经济条件的诸多因素也逐步被激活，成为都市区形成发育的主导因素。在形成发展进程中，自然—环境条件逐步退出了制约都市区形成发育的历史舞台，产业—经济条件逐步上升到主导地位。如果原来产业—经济地理条件赋存适应工业经济发展的客观要求，那么，原来的城镇就会继续发展变迁，形成具有历史风貌特色的工业经济为基础的都市区，譬如中国北京、法国巴黎等。如果原来的城镇不具备工业经济发展所必备的产业—经济条件，那么，都市区就会逐步衰退，以单一的历史文化古都特色而客观存在，譬如中国洛阳。所以，工业经济的形成发育过程，一方面，强化一批都市区，这些都市区是有历史文脉的；另一方面，诞生了一批都市区，这些都市区是现代工业经济发展的产物，大部分是工矿型都市区，譬如中国本溪、英国利物浦等。

1. 自然—环境条件

自然—环境条件对都市区形成发育初级阶段约束较小，但是，由于人类认识和改造自然能力的急剧提高，工业商品开发的极大丰富，人类生活物质需求的高度膨胀，导致了人类对自然索取失去了理性。所以，都市区初级阶段的形成发展过程，带来了前所未有的对自然—环境条件的破坏，主要表现在：地质结构遭到破坏，地质条件恶化；水土流失严重，土壤沙化、盐碱化，土壤条件恶化；森林过度采伐，导致气候条件变化，洪水泛滥；生物物种濒临灭绝，生物多样性受到威胁，生物条件恶化；由于工业污染，导致大气质量恶化，水体恶化，水文条件恶化等。

第二章 地理环境对都市区演变的作用

2. 产业—经济条件

产业—经济条件是都市区初级阶段形成发育的核心动力因素。譬如,18世纪的产业革命激活了工业经济发展所必备的各种地理要素,加速了区域地理要素向中心城市的聚集,形成了工业经济特征的都市区。

(1) 资源禀赋型的地理位置、区位和地缘条件是都市区初级阶段形成发育的空间基础

临近工矿资源、原材料产地的地理位置和区位条件,譬如中国沈阳、哈尔滨等东北老工业基地的都市区;临近市场消费地的地理位置和区位条件,譬如中国上海、南京等长江三角洲地区的都市区;临近交通枢纽的地理位置和区位条件,譬如中国香港、东南亚新加坡都市区;临近国际边界的地理位置和地缘条件,譬如近代中国哈尔滨都市区;这些都是工业经济发展时期都市区初级阶段所必备的优越的经济空间关系条件。

(2) 人口、劳动力和科技条件是都市区初级阶段形成发育的根本性动力因素

人口、劳动力和科技条件成为了都市区初级阶段形成发育的主要因素。都市区形成发展初期,主要是以轻工业为主导的劳动力密集型产业集群,对劳动力条件因素要求较高;到了中期,主要是以重工业为主导的资金、技术密集型产业集群,对科技条件、劳动力条件要求更高。因此,从工业化过程来看,对人口、劳动力和科技条件的要求是由简单到复杂、由初级到高级的过程。

(3) 资金、信息和商务条件是都市区初级阶段形成发育的核心动力因素

工业经济是产业资金大规模流动组合的经济形态,是市场信息调控的经济类型。都市区是城市体系中的核心,组织、协调、控制着整个区域城市体系的产业经济系统运动发展,决定了都市区形成发育必须有优越的资金、信息和商务条件,才能承担这一系列功能。

(4) 市场、流通和基础设施条件是都市区初级阶段形成发育的基础性因素

都市区产业经济系统的商品要素、生产要素的地域流动,是实现都市区经济增长的基础,也是都市区社会经济价值实现的必要环节。所以,市场、流通和基础设施条件成为都市区形成发展初级阶段的基础环境,主要是航运港口、公路铁路枢纽、航空港口等商品物资集散必需的基础设施。

3. 社会—人文条件

在都市区形成初期,社会—人文条件对都市区形成发育的影响不大;随着工业经济高速增长,人们生活水平的提高,人口素质的提升,社会—人文条件也逐步成为了都市区形成发育的影响因素。

在都市区初级阶段,制度、体制和政策条件没有被重视。当都市区产业经济系统运动从无序逐步走向有序的市场经济轨道时,制度、体制和政策条件成为了都市区形成发育的重要影响因素。在都市区形成发育进程中,社会设施条件是逐步被政府重视和完善的。

(二) 高级阶段

都市区高级阶段的人地矛盾已逐步从人与自然的矛盾转向人与人、集团与集团之间、区域与区域之间、国家与国家之间的矛盾。信息经济时期的都市区的形成发育阶段,自然—环境条件、产业—经济

第二章 地理环境对都市区演变的作用

条件退居到次要地位,社会—人文条件上升到主导地位;然而,社会—人文条件又需要较高层次的自然—环境条件和产业—经济条件作为支撑。因此,都市区高级阶段的条件是全面的、综合的,不仅要有良好的自然—环境条件,而且还要有高层次的产业—经济条件,更为重要的是要有优越的社会—人文条件。

在都市区发展过程中,如果都市区初级阶段具备都市区高级阶段的形成发育地理条件,那么,将会继续强化都市区功能,将会继承都市区初级阶段的历史文脉。如果不具备都市区高级阶段的地理条件,就可能出现两种情况,一是逐步衰退,主要是资源型衰竭,退出都市区历史舞台,譬如德国鲁尔地区的都市区;二是维持都市区产业空间结构体系,适应高级阶段的发展要求,进行信息化改造和高新技术改造,纳入都市区高级阶段的垂直空间分工体系,成为全球性或跨区域的信息化都市区的一个子系统或功能地域单元,譬如中国大部分省会城市都市区。

1. 自然—环境条件

由于都市区初级阶段对自然—环境条件的严重破坏,社会—人文条件地位的上升,人类生存安全意识的增强,提出了人类必须走可持续发展之路。因此,自然—环境条件又逐步被重视。都市区高级阶段应该是绿色都市区,要求必须具有良好的自然—环境条件。自然—环境条件是绿色都市区形成发育的自然物质基础。

2. 产业—经济条件

在都市区高级阶段,不仅自然—环境条件必须恢复改造,而且,都市区产业经济系统也向绿色生态经济转型,要求产业—经济条件必须具备循环经济的特征。

(1) 人文信息型的地理位置、区位和地缘条件是都市区高级阶段的空间基础

在都市区初级阶段，地理位置、区位和地缘条件是与初级阶段的产业结构类型体系相呼应的，是适应工业经济人地系统运动规律的地理位置、区位和地缘条件的选择。但是，在都市区高级阶段，产业结构类型体系是可持续发展经济系统，是生态经济结构体系。只有具有人文信息型的地理位置、区位和地缘条件，才能适应信息化都市区形成发展的客观规律。

(2) 知识型的人口、创新型的劳动力和发达的科技条件是都市区高级阶段的核心动力因素

在都市区初级阶段，需要的是熟练的劳动力、成熟的科技、充足的人口来源等，这是工业经济都市区形成发育的推动力因素。但是，在都市区高级阶段，需要的是创新型的劳动力、知识型的人口、发达的科技等等，这是都市区高级阶段的核心动力因素，也是形成现代信息经济结构体系的基础。原来初级阶段的人口、劳动力和科技条件被扩散到都市区的边缘地区，或者，在经济全球化和区域经济集团化进程中进行了国际性扩散。

(3) 全球型或跨区域型的资金、信息和商务条件是都市区高级阶段的根本性因素

在初级阶段，资金、信息和商务条件客观存在范围是都市区的经济腹地区域，相对应的是都市区之间的水平空间分工体系。随着全球经济一体化和区域经济集团化进程的加快和跨国公司、多国公司、集团公司的全球性战略的实施，导致了世界城市和区域系统空间运动的一次"空间革命"，城市—区域系统之间走向了垂直空间分工体

系,这就要求信息化都市区形成发育必须具备全球型或跨区域型的资金、信息和商务条件,才能支撑现代信息化都市区功能。

(4) 电子型的市场、流通和基础设施条件是都市区高级阶段的必备条件

在都市区初级阶段,市场、流通和基础设施条件都是以港口、码头为代表的传统商品型结构。在高级阶段,随着现代服务、信息经济的快速发展,都市区产业结构的变迁,都市区的形成发育必须具备为服务产品、信息产品全球性或跨区域流动的市场、流通和基础设施条件,即信息港、电子虚拟市场、高速交通等。

3. 社会—人文条件

在都市区初级阶段,制度、体制和政策条件都是区域性的、国家性的,各国之间都存在较大的经贸壁垒,各国家、各地区在制度、体制和政策的赋予上都各自为政,导致都市区之间不公平的竞争环境。在都市区高级阶段,随着全球经济一体化的推进和区域经济集团化的发展,以 WTO 为代表的各种国际组织及国际经济法律法规的诞生,为各国家、各地区的制度、体制和政策条件的赋予指明了方向,要求都市区形成发展的制度、体制和政策条件必须是与国际惯例接轨的,才能使都市区的社会经济系统融入到全球经济一体化的进程或区域经济集团化体系之中。

在都市区初级阶段,由于人地矛盾主要以经济矛盾为主导,社会矛盾处于次要地位,所以,经济矛盾处于显性状态,社会—人文条件仍然处于隐性状态。在都市区高级阶段,由于人类物质生活水平的极大提高,经济矛盾降至基础性地位,生态矛盾、社会矛盾上升到主导地位,社会—人文条件逐步显性化。所以,都市区高级

阶段必须具备优越的社会—人文条件,才能适应人地相关系统运动的客观规律。

表 2-3 都市区形成发展地理条件演变分析

条件类型		初级阶段	高级阶段
自然—环境条件		不可逆、严重破坏、掠夺型利用	人工与天然结合、生态恢复、生态型利用
产业—经济条件	地理位置、区位与地缘条件	经济地理区位、交通地理区位、资源地理区位	生态地理区位、信息地理区位
	人口、劳动力与科技条件	熟练技术的劳动力丰富、科技较发达	知识型的人口、创新型劳动力、科技创新发达
	资本、信息与商务条件	资本较雄厚、统计信息预测、传统商务	全球型或跨区域的资本雄厚、融资发达、网络信息、电子网络商务
	市场、流通与基础设施条件	航运港口、公路铁路枢纽、航空港口、法制商品市场	信息港、电子虚拟市场、高速交通等
社会—人文条件		各自的政府调控、法制、市场体制、发展政策、社会设施逐步完善	全球化的制度、体制和政策、社会设施完善

综上所述(表 2-3),都市区形成发展地理条件属于社会经济范畴,属于历史发展范畴。每一社会经济发展阶段,都市区形成发展地理条件都有特定的客观约束,不同类型的地理条件对于都市区的形成发展所起的历史性推动作用存在着不同的阶段性,对都市区形成发展的影响作用的时间尺度、区域层次、功能结构的发育等都存在较大的差异性。但是,总的来说,在低一级阶段向高一级阶段发展更替中,都市区形成发育地理条件,尤其是产业—经济条件和社会—人文条件,都是前一阶段的继承和发展,都是前一阶段的历史文脉的延续和提升。

第三节 资源对都市区形成发育的作用

　　都市区形成发展地理条件是区域经济地理学研究都市区的独特的视角,也是区域经济地理学的特长所在,即都市区地域性的透视过程。但是,地理条件是客观存在的,不是所有的地理条件都能够参与都市区的人地相关地域系统的运动过程,譬如高空大气层等;只有地理条件参与到都市区的人地相关地域系统运动过程中,才能发挥地理条件客观存在的社会经济价值属性,才能由地理条件转变成为社会经济活动必需的产业经济要素,这些要素的赋存的基本情况是资源。资源的分布、质量、数量、组合状况等,都直接影响着都市区的结构、功能、类型、运动特征和规律等。因此,从都市区形成发展的地理条件入手,发挥区域经济地理学的独特的综合性方法,以地域性为立足点综合性透视资源,分析形成发展的资源演变,是研究都市区结构、功能、运行特征和规律的基础前提。

一、资源对都市区形成发育的作用

　　条件、要素和资源是区域经济地理学认识人地相关地域系统地理环境的不同侧面和角度。

(一) 资源的概念特征与分类

1. 概念内涵

地理条件实质上是解释地球表层系统在特定的时空阶段上地域

分异和组合状态是什么,包括自然的、社会的、经济的各个方面,是广泛综合摸清一定地域客观存在的环境因素和状态。地理条件不是从人类经济利用价值的角度认识的,而是从自然界客观存在的角度认识的。

要素,简言之,是系统的主要元素的高度概括。要素是从系统论的角度认识的,是从整体与部分的相互关系的角度认识地理事物或地理现象的联系和发展。不同系统层次的构成要素是不同的。地球表层系统的组成部分或组成单元是地理要素,系统和要素是人地相关地域系统运动中的普遍存在的矛盾。

资源,简言之,是社会经济系统运动的资本之源泉,这里的资本包括自然资本、人力资本、经济资本等各个方面。资源是从人类经济利用价值的角度认识的,是指决定或影响经济地理事物或现象地域空间分异和组合规律的地理条件或因素。具体来说,资源是在自然界客观存在的地理条件中能够被一定历史阶段的人类所利用并能融入到社会经济系统运动的那些地理条件和因素,譬如土地、劳动力、技术、资金、矿产等。

因此,条件在相当大的时间跨度上是不变的,是从某一时空发展断面的静态角度认识的;要素、资源的可变性较强,是从社会经济系统运动的动态角度认识的。都市区的发展有从以硬性资源为核心向以软性资源为核心转变的趋势(鲁成、王方,2009)。

从狭义来认识,都市区资源是原生资源,具体指存在于自然界,能被人类利用并能产生经济或社会价值的自然条件或因素(崔功豪、魏清泉、陈宗兴,1999),譬如土地资源、矿产资源、地热资源等。但是,随着人类认识能力的提高,资源概念的界定不断扩大到社会经济领域,把资金、技术、管理、劳动力等也纳入到资源认识高度。所以,狭义的资源概念不能透视都市区形成发育的全过程。

从广义来认识，把狭义的概念进行延伸，都市区资源是原生资源与次生资源的总和。次生资源是人类与自然界相互作用过程中社会经济的物质、能量和信息的逐步累积，包括区位资源、产业资源、信息资源、历史文化资源等。具体来说，广义的都市区资源是指决定或影响都市区人地相关地域系统空间分异和组合规律的诸多地理条件或因素，这是从都市区形成发展全过程的角度的概念认识，由此把都市区资源纳入了社会经济范畴和历史范畴。

2. 概念特征

对都市区资源概念的理解主要从以下几个方面入手。

(1) 历史阶段性

不同社会经济发展阶段，都市区人地相关地域系统运动所必需的地理资源是不同的。地域分异和组合规律的阶段性决定了都市区形成发展地理资源属于历史范畴，具有历史阶段属性。只有把握都市区资源的历史阶段性，才能从全过程形成发展角度透视都市区的成长阶段。

(2) 系统性

资源的系统性可以表征出整体性、动态性、层次性、关联性等系统特征。都市区人地相关地域系统是地球表层系统的一个子系统，是由诸多地理资源相互作用之后形成的人地系统。从系统的角度，可以透视地理资源在都市区人地相关地域系统运动中的涨落和波动，主要资源与次要资源的阶段性转化过程，从而可以分析出都市区形成发展动力因素的变化规律。

(3) 地域性

任何地理资源在地球表层系统的空间分布是不均衡的,这是地理条件存在的客观规律。对都市区形成发展有决定性或影响性的地理资源在空间分布上更不均衡,并且各种地理资源空间分异和组合类型存在较大差异。所以,地理资源的地域性是都市区形成发展类型多样化、层次化的基础。

(4) 有限性

任何资源的数量供应都是与人类不断增长的需求存在矛盾,这对地理矛盾的演变是都市区资源的演变过程。因为任何资源的存储量都是有限的,是存在稀缺性的,这也决定了某一种资源的主导地位的时空跨度是与特定的历史阶段相适应的。资源枯竭和衰退标志着特定历史阶段都市区的结构和功能的衰落。资源的稀缺性客观要求资源的有效组合、高效利用,发挥资源的最佳经济、生态、社会效益。

3. 概念分类

从形成发展地理条件认识判断,都市区资源包括生态—环境资源、产业—经济资源和社会—人文资源三个基本层次(图2-6)。

(1) 生态—环境资源

生态—环境资源主要是指自然界的自然资源,也是原生资源系统,包括地质资源(矿产、地热、岩石等)、地貌资源(丘陵、喀斯特、高山等)、土地资源(耕地、建设用地等)、气候资源(太阳辐射、风、海潮等)、生物资源(森林、植物、动物等)、水文资源(水利、地表径流等)等。

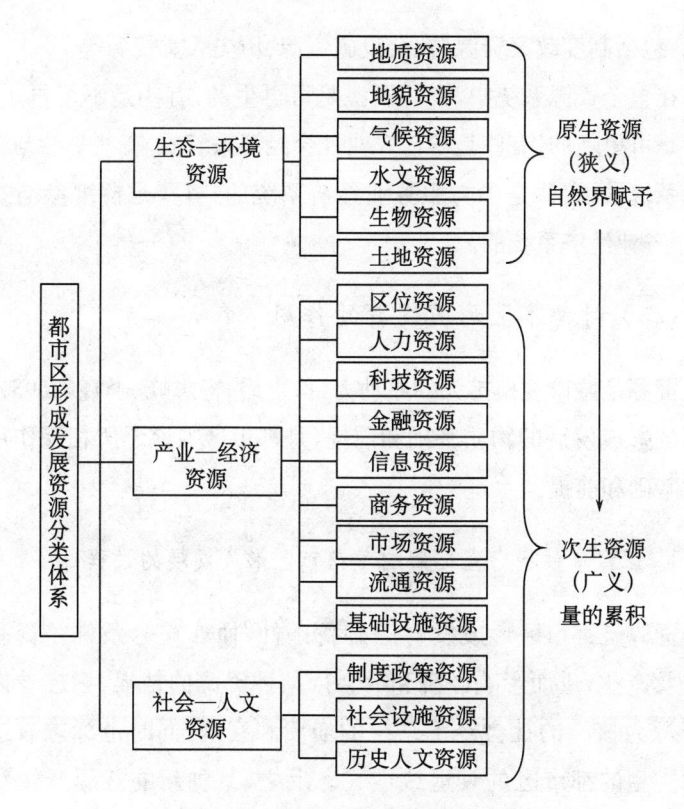

第二章 地理环境对都市区演变的作用　　　　95

```
                              ┌─ 地质资源 ┐
                              ├─ 地貌资源 ┤  原生资源
               ┌─ 生态—环境 ───┼─ 气候资源 ┤  （狭义）
               │    资源       ├─ 水文资源 ┤  自然界赋予
               │              ├─ 生物资源 ┤
               │              └─ 土地资源 ┘
               │
               │              ┌─ 区位资源 ┐
  都            │              ├─ 人力资源 ┤
  市            │              ├─ 科技资源 ┤
  区            │              ├─ 金融资源 ┤
  形            │              ├─ 信息资源 ┤  次生资源
  成 ───────────┼─ 产业—经济 ──┼─ 商务资源 ┤  （广义）
  发            │    资源       ├─ 市场资源 ┤  量的累积
  展            │              ├─ 流通资源 ┤
  资            │              └─ 基础设施资源 ┘
  源            │
  分            │              ┌─ 制度政策资源 ┐
  类            └─ 社会—人文 ──┼─ 社会设施资源 ┤
  体                资源       └─ 历史人文资源 ┘
  系
```

图 2-6　都市区形成发展资源分类体系

（2）产业—经济资源

产业—经济资源主要是自然界的经济资源，也是次生经济资源系统，包括区位资源、人力资源（人口资源、劳动力资源）、科技资源、金融资源、信息资源、商务资源、市场资源、流通资源、基础设施资源等。

（3）社会—人文资源

社会—人文资源主要是自然界的社会资源，也是次生社会资源系统,包括制度政策资源、社会设施资源、历史人文资源等。

在整个资源系统中,有些资源是可再生的,有些是不可再生的,有些是可更新的;有些是参与农业社会经济系统的,有些是参与工业经济系统的,有些是参与服务业经济系统的,有些是捆绑参与工农业、服务业经济系统的。

(二) 对都市区形成发育的作用

资源是城市规模扩大的原动力(徐琳瑜、杨志峰、李巍,2003),是都市区形成发展的物质基础和前提,是都市区人地矛盾相互作用的动力基础和前提。

1. 资源禀赋状态直接影响着都市区形成发展的过程

资源是都市区形成发育的必备条件,而非充分条件。资源衰退殃及产业,进而影响经济和社会。某种资源的枯竭,标志着以这种资源为核心的社会经济系统的崩溃和衰退,同时也标志着这种资源类型的都市区的衰退或消亡。反之,某种新的资源开发利用的兴起,标志着以这种资源为核心的社会经济系统的建立和发展,同时也标志着这种资源类型的都市区的孕育和成长。譬如德国鲁尔地区的都市区,由于煤矿资源的衰竭,所以,煤矿资源型的都市区也步入衰退。

2. 资源禀赋质量和数量直接影响着都市区的经济发展的速度和社会经济发展进程

资源禀赋质量和数量直接影响着都市区社会经济系统的总量、规模、速度、进程等。丰裕的自然资源对于一个国家的原始积累至关重要。出口资源以及初级资源产品是世界上许多国家获得发展经济必需的外汇收入的重要途径,自然资源为扩大本国投资乃至加快工业化进程提供了必要的资金支持(龚万达,2010)。一般来说,只要在技术条件允许情况下,资源赋存越多,对其他与之相关的组合要素的聚集能力就越强,较易形成以这种资源开发利用为基础的产业集群,从而形成这种产业类型的都市区。譬如上海都市区,具有良好的区位资源、人才资源、交通资源等赋存,容易聚集全国、全世界的资金、技术、管理、信息等要素,形成强大规模的加工工业产业集群,极大地促进了上海都市区的形成发展。

3. 资源禀赋的地域组合状态和结构直接影响着都市区产业结构类型和功能的形成发展

由于地理资源空间分异和组合的不均衡性,决定了资源禀赋的地域组合状态和结构存在很大差异,这种差异决定了都市区形成发育的资源基础的空间差异,形成了不同类型的产业结构和区域功能体系。所以,都市区形成发展受到这种资源结构禀赋的影响。譬如沈阳都市区是以东北地区丰富的工矿资源禀赋为基础的。

4. 资源地域分布状态影响着都市区空间结构类型

在不同的历史时期,由于科技水平的差异,导致不同资源开发利用的区位指向存在很大差异(韩守庆,2008),从而影响着都市区形成发展的空间结构类型。譬如,日本沿岸的东京、大阪等都市区,在工业化以前,由于远航技术不发达和日本矿产资源贫乏,区位资源处于休眠状态;但是,工业革命以后,随着科技水平的不断提高,域外的矿产资源与日本的区位资源进行有机结合,激活了休眠已久的区位资源,形成了目前的大阪、东京都市区密集带,决定了这种带状的临海型的都市区空间结构类型。

二、都市区形成发展的资源演变

都市区形成发展的历史主要是通过人类对地理资源的开发利用来体现的(图 2-7)。

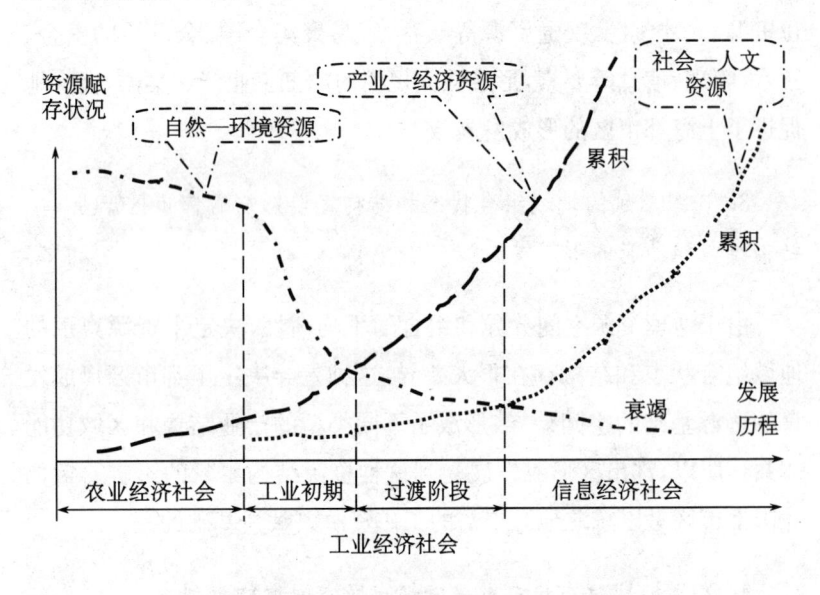

图 2-7 资源对都市区形成发展作用的一般过程

（一）初级阶段

在初级阶段,工矿、农业资源的开发利用,加速了产业—经济资源、社会—人文资源的量的累积。自然—环境资源系统中的工农业资源成为了推动都市区形成发展的主导资源。

自然—环境资源主要是自然资源的开发利用,譬如耕地资源、矿产资源、石油资源、水电资源等。

产业—经济资源主要是处于经济发展过程中的量的积累过程,其中,区位资源、劳动力资源、科技资源、金融资源等积累速度较快,对都市区的形成发展影响较大。

社会—人文资源也处于经济发展过程的量的积累过程,尤其是制度、体制、政策、社会设施等资源在不断改进和完善,对法制文明和物质文明的都市区的形成发展起到了较大的推动作用。另外,在封建皇权政治基础上发展起来的都市区,几百年甚至几千年沉淀的历史文化资源逐步凸现出了旅游产业的开发价值,融入到了社会经济发展的历程中,极大地促进了工业经济时期的都市区的形成发展。

(二) 高级阶段

在都市区高级阶段,随着以电子计算机、微电子技术、通信技术为主体的IT科技革命的深入,工业经济的充分发展,自然—环境资源的衰竭,产业—经济资源和社会—人文资源逐步占据了主导地位,影响着都市区的形成发展。

由于工业经济发展对自然—环境资源的非持续性掠夺,导致了自然资源的衰竭、生态环境的整体破坏。因此,信息经济是对自然—环境资源的可持续开发利用。充分利用信息技术的高科技手段,人类生态绿色需求的上涨,对仅存的自然—环境资源实行捆绑式产业开发,主要体现在:一是对农业土地资源进行生态农业开发,把农业与旅游业捆绑开发资源;二是对冰雪、海洋、生物、高山、森林等资源进行保护性旅游开发,把自然资源开发转向第三产业旅游业的开发轨道。这些自然—环境资源的开发,需要都市区的功能支撑;反过来,旅游业的发展,又促进了都市区的形成发展。

经过工业化、城市化的社会经济资源演变的量的积累,有些都市区的产业—经济资源已经具备了一定的规模,尤其是信息资源、智力资源、科技资源、商务资源、金融资源、交通资源等,并形成了资源优势,再加上信息科技革命的带动,这些产业—经济资源集结成优势产业,发挥了产业化的效应,成为都市区产业升级、结构转型的主导因素。在经济全球化和区域经济集团化的进程中,这些都市区产业—经济资源的极化越来越强,从而导致工业化时期没有形成产业—经济资源优势的都市区出现衰退和延缓,并被纳入新的都市区空间结构体系。

进入到工业化后期,社会—人文资源已经凸现出了对都市区形成发展的影响作用。在都市区高级阶段,人地矛盾已经转向人与人之间的矛盾、国家与国家之间的矛盾、集团与集团之间的矛盾。所以,都市区发展需要丰富的社会—人文资源作为支撑。然而,都市区是人地矛盾最突出的空间,社会—人文资源对都市区高级阶段起到关键性作用。一般来说,都市区初级阶段所积累的制度、体制和政策资源,已经不适应高级阶段的发展需要,应及时改革建设新的适应高级阶段的制度、体制和政策资源;都市区初级阶段所积累的历史文化资源,应该保留或合理开发,带动城市特色创新;都市区初级阶段所积累的社会设施资源,严重不能适应都市区高级阶段发展的需要,应快速建设,扩大社会设施资源,以解决此阶段的人地矛盾问题。

第三章 都市区形成发展机制

机制范畴研究是近代系统论诞生之后各个学科领域都涉及到的内容。20世纪末地理学上升到地理科学层次以后，研究对象综合成为了地球表层系统，各个分支学科研究对象都是地球表层系统的一个子系统。在研究了地理要素、结构、功能、环境等范畴之后，一个很重要的问题是这些地理条件在什么环境下通过什么方式、按照某种机理产生这些结构、功能的，这需要研究地球表层系统及各个子系统的形成发展机制问题。按照系统论的观点，机制是地理学、区域经济地理学研究的重要方面。都市区是按照什么机理和运作方式形成发展的，为什么要素资源禀赋基本相同而出现了不同类型的城市地域，有些城市地域还发展成为了都市区，这是研究都市区必须回答的问题。

第一节 都市区形成发展的原理机制

一、机制的基本概念辨析

机制，本意是指机器的结构或构造，后来学术界引申为生物的功能、自然现象的规律等。从概念本质来说，机制与结构、功能、规律不是等同的概念，而是存在内在本质逻辑关联的概念综合体（张换，2004）。其实，某种客观事物或现象是在某种特定的机理、运作方式下发生、发展变化的,产生特定的内部结构关系,从而对外部环境产生一定功能作用,表现出特定的运动规律。所以,机制是客观事物或现象发生、发展变化最本质的推动力,特定机制对应特定的结构,特定的结构发挥特定的功能,结构、机制和功能综合集成表征事物规律(图3-1)。

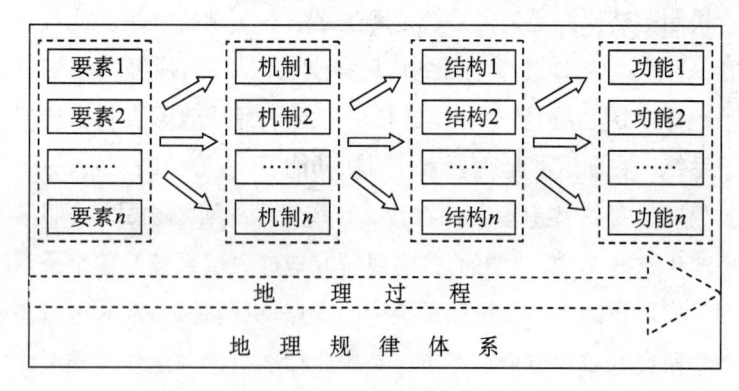

图 3-1　机制、结构、功能、过程、规律的概念关系

简言之,机制是对客观事物或现象发生、发展变化的枢纽有核心影响的法则,是客观事物或现象运行的基本机理、原理、制式。系统论是研究和处理有关对象的整体联系的一般科学方法的理论(孙纪成,1985)。从系统论的角度认识,机制是把组成客观事物或现象的若干具有特定属性的要素组合成为具有特定结构和特定功能的有机整体的联系法则、整合法则,这个法则是系统各要素之间的特定关系。

对机制概念的理解应把握如下几点内涵特征。一是机制是客观事物或现象运动的内在的、本质的表现,而不是外在表现。二是机制属于历史范畴,随着外部环境的变化而发生变化,能够动态透视客观事物或现象的发生、发展到消亡的根本原因;如果从客观事物或现象的某一个时间断面认识理解机制,是毫无意义的。三是机制具有系统属性,表现整体关联性、等级层次性、动态变化性等特征。机制所表现的是一系列具有内在关联的法则系统。在法则系统中,存在主导客观事物或现象发生、发展变化的核心法则,这个核心法则外围还存在一系列辅助法则,主导客观事物或现象次一级系统的发生、发展变化。四是机制与体制存在根本区别,但是又有本质联系。体制是按照什么方式发展经济,建立什么模式的社会经济秩序,带有根本性质,是一元、宏观层次的。机制是多元、微观、动态的。体制决定机制,机制反作用于体制。

综上所述,机制是内在的、本质的,是动态的、历史的,是多元的、微观的。机制是客观事物或现象运动的基础和前提,是关系到客观事物或现象运动成功与否的中心环节。

二、原理机制

原理机制是任何客观事物或现象发生、发展变化都要遵循的法则,也是对任何客观事物或现象发生、发展变化的枢纽都能产生关键性影响的法则。

对于都市区形成发展来说,就目前已有的认识而言,其机制主要包括分工机制、非均衡机制、联系机制、自组织机制四个方面(图3-2)。

(一)分工机制

分工是人类社会经济发展过程中一种固有的现象,也是一种十分重要的社会经济规律(陈才,2001)。分工是从人类社会经济活动的角度认识的,分工机制是人类社会经济活动的劳动地域分工法则。

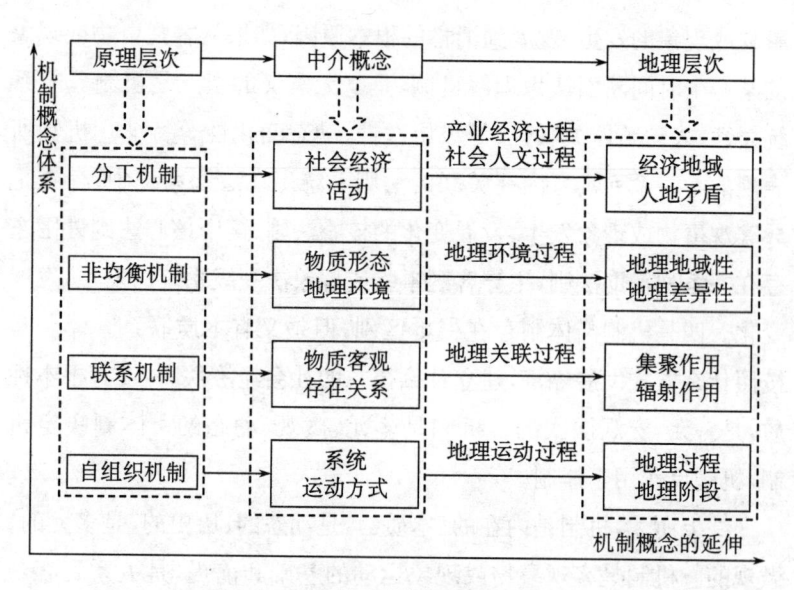

图 3-2 都市区形成发展原理机制分析

对于都市区来说,分工机制是对都市区的产业经济系统的各个子系统和空间结构的各个地域单元发生、发展变化的枢纽起决定性作用的法则。

从自然分工到社会分工、产业分工到地理分工,都对地球表层系统的结构、功能产生深远的影响。历史上的第一次、第二次、第三次社会大分工,是产业部门系统的分化、细化;产业部门的分工顺应地推动了空间地理分工,实现了城乡分离,诞生了城市,城市是手工业商品交换、生产的集中地域。

产业革命和大机器生产极大地推进了地球表层系统分工机制的运行,又一次对产业经济系统进行了继承性的分工革命,极大地促进了社会经济分工的细化、系统化,形成了劳动生产专业化部门系统,同时顺应地产生了工业化城市,出现了工业化都市区。

目前,随着产业分工广度的国际化、深度的细化,国际产业分工体系的形成,又顺应地推动了城市体系的空间地理分工,形成了不同等级、不同功能层次的城市体系,形成了以全球性都市区为核心的全球化城市空间功能分工体系。

分工机制的本质动力因素主要有:一是人类需求的出现;二是劳动生产率的提高(苗长青,2008)。人类历史上每一次分工的深化,都是人类新的需求的出现和劳动生产率提高的过程;同时,也是促进空间载体整体效益提高的过程。都市区是人类新的需求最集中、劳动生产率最高的空间聚集地域。所以,分工机制是都市区形成发展的首要推动机制,它既促成城市的诞生,又促成了都市区的诞生;它既加速了都市区的形成发展,又促进了都市区的产业结构功能扩散和空间结构体系的优化整合(李国平、杨洋,2009)。

(二)非均衡机制

自然界的物质是客观存在的,自然界的物质形态又是多样性的,自然界在时间上经历了一系列发展阶段之后,必然在空间上展开为多种多样的物质形态。这些"物质的各种存在形式"(马克思、恩格斯,转引自邓仁娥,2002)是自然辩证法研究的事实出发点(国家教委社会科学研究与艺术教育司组,1989)。另外,由于各国及各地区自然资源禀赋的差异性和社会资源配置的非均匀性,经济发展的区域空间差异是客观存在的(郭丽坤,2008)。世界经济发展不平衡规律是基本规律,在地域上也表现出了非均衡的空间结构。世界物质多样性和世界经济发展不平衡规律是自然界各组成部分或构成要素非均衡分布的哲学基础。

把世界物质多样性和世界经济发展不平衡规律放到社会经济发展历史进程中,自然界各组成部分或构成要素的形态是多种多样的,并且在特定历史发展阶段上所对应的空间表现形式也是不一样的。世界物质在特定的时空阶段能永不停止的发生运动,是自然界各组成部分或构成要素之间的非均衡机制作用的结果。所以,在哲学层次上,自然界各组成部分或构成要素赋存的非均衡是绝对的,无条件的;均衡是相对的,有条件的。

从地理学哲学角度,自然界各组成部分或构成要素是地球表层系统地理环境及其各地理条件要素;自然界各组成部分或构成要素赋存的非均衡是地球表层系统地理环境及其各地理条件要素的差异性和地域性。因此,地理差异性和地域性是绝对的,无条件的;地理均衡性是相对的,有条件的。地球表层系统地理环境及其地理条件要素是通过这种非均衡机制、差异性和地域性机制赋存的,差异性和地域性是地球表层系统各地理条件要素及整个地理环境赋存的本质的、内在的机制。

都市区是一定地域范围内各地理要素高度优化组合的空间聚集区域,这些区域性的地理要素的空间流动动力源泉,来自于它们自身在地球表层系统赋存的差异性和地域性。同时,这些具有差异性和地域性的地理要素聚集在都市区空间载体之后,能形成具有不同地域特色的都市区结构、功能类型。所以,哲学上的非均衡机制以及地理哲学上的差异性和地域性机制是都市区形成发展的又一重要机制。

(三) 联系机制

联系或关系作为哲学范畴,包括一切事物、现象之间及内部诸要素之间的相互影响、相互作用和相互制约。相互联系是物质的普遍性之一。列宁说:"每个事物(现象、过程等)是和其他的每个事物联系着的。"又说:"一切事物(现象、过程等)都是经过中介连成一体的,通过过渡而联系的"(中央编译局,1990)。所以,两个及两个以上客观事物(现象、过程等)之间关系的法则是联系机制。也就是说,世界任何物质都不是孤立存在的,而是普遍联系存在的,联系是一切客观事物、现象之间关系存在的法则,联系机制通过中介机制得到了巩固和发展。任何事物都处在普遍联系之中,任何具体事物都是有条件的,总是在一定条件下才能产生、发展、灭亡,说明随着条件的变化,联系的性质和方式也会发生改变(李秀林、王于、李淮春,1995)。所以,联系机制是推动客观事物和现象运动发展的根本性机制。

地球表层系统各地理条件要素通过差异性和地域性机制而赋存,不是孤立的客观存在,而是普遍联系的客观存在。人类社会通过分工机制,形成不同产业部门;通过产业部门这一中介,又使具有普遍联系的各地理条件要素的组合变为可能。城市是各地理要素空间聚集最经济的地域,通过城市这一中介,又使具有普遍联系的各地理条件要素指向城市区位。因此,联系机制导致了各地理条件要素的地域组合流动,在时间上表现为联系的阶段性,在空间上表现为空间节点的发育成长。

联系机制是都市区内部各要素之间及与外部环境要素之间相互作用的基本法则。一方面,都市区的各个组成部分或构成要素不是孤立存在的,而是相互联系的有机整体。另一方面,都市区作为客观存在的物质实体,既是地球表层系统各地理要素、过程、现象之间普遍联系中的重要一环,又是其他各地理要素、过程、现象的联系中介和外围环境。都市区自身的发展变化,会导致其他地理要素的联系条件环境的变化;那么,这些地理要素的联系方向、性质、规模等都会发生变化。这是都市区聚集域外各地理要素的本质原因和机制所在。

(四) 自组织机制

自组织机制是系统哲学的重要概念,是现代非平衡态热力学、协同学、突变论、耗散结构理论和超循环理论综合集成的产物。一般来说,在没有外界影响的情况下,自然界各系统处于特定时空断面的相对平衡状态。但是,一旦受到外界因素的影响,自然界某个系统与外界系统会发生能量、信息、物质的交换过程。在内外部条件都具备的情况下,这一相对平衡状态会发生涨落、波动,甚至瓦解和崩溃,形成新的相对平衡的系统。从相对平衡—非平衡—再相对平衡的过程,系统是通过自组织法则来实现的(许立达、樊瑛、狄增如,2011)。所以,自组织机制是自然界系统能承受最大外界影响的本能反映,是系统协调与外界环境的法则。通过自组织机制能够形成合乎客观事物或现象运动规律的具有特定时空背景条件的相对有序的结构。如果突破最大外界影响的承受能力,那么,整个系统会发生崩溃,必须通过变异机制来建立适应新的环境的系统。

都市区是一个复杂、综合、多变的巨系统,自组织机制是都市区系统运动的基本法则和运作方式。都市区是对区域系统的各地理要素影响较大的空间因子,容易吸引域外系统的地理要素和辐射自身的具有优势的地理要素,引起都市区与外界系统的能量、物质、信息的交换。都市区通过自组织机制完成了结构、功能的量变累积,当量变累积到一定程度时,都市区系统会失去稳定性,通过变异机制来实现系统更替演化,形成都市区新的结构类型、空间形态类型等。

在都市区各个子系统的自组织过程中,可能出现两种可能:一是系统稳定,但是有可能激活,也有可能衰退;二是系统崩溃,通过变异机制过程,新的系统诞生。这是都市区系统结构高层化、功能高级化的本质原因,也是从低级到高级、简单到复杂的阶段的本质推动机制。

第二节 都市区形成发展的地理机制

都市区是区域的核心的核心,是城市体系之龙头。在人地矛盾系统运动演替进程中,都市区作为经济事物或现象发生、发展变化的空间载体,诸多地理要素条件和资源是如何聚集在都市区,经济运动的本质规律是什么,这是都市区运动机制需要回答的。运动机制是影响或决定地理事物或现象的发生、发展、消亡变化过程的枢纽法则。这些法则是研究都市区地理结构、功能形成发展演化的根本性原则。

一、地域分异和组合机制

(一) 对地域分异和组合机制的认识

地域分异和组合的概念,不仅体现在地理要素和环境的运动特征层面,而且还体现地理事物运动的现象、规律、机制等层面,是地理科学的本质内涵。

1. 经济地理学概念诠释

从人地矛盾的地域系统认识,人类经济活动的地域分异和组合规律是区域经济地理学研究的客观基础。地域分异和组合的运动法则是人地矛盾地域系统各地理要素或构成单元空间运动的地理机制,影响着经济地理事物或现象的发生、发展、消亡的变化过程。所以,地域分异和组合机制是区域经济地理学研究人地相关地域系统产生、发展到灭亡的运动法则,是地理学地域性和综合性的本质内涵。地域分异过程是地理差异个性的形成过程,地域组合过程是地理差异综合集成的过程。

2. 哲学认识到地理科学认识的转换

分工机制、非均衡机制、联系机制和自组织机制是经济地理事物或现象运动的哲学基础机制。这些机制系统折射到经济地理事物或现象的时空运动过程中是人地矛盾地域系统地域分异和组合机制的投影。非均衡机制维系了自然界物质形态的多样性和世界经济发展不平衡分布的状态,使得地球表层系统人地矛盾相互作用的各地理条件要素的空间分布存在客观差异;联系机制的普遍性保障了物质世界的有机整体性,使得地球表层系统人地矛盾相互作用的各地理条件要素的空间联系是普遍的,而不是孤立的,空间分布的差异不是孤立静止的,而是动态联系的;分工机制加速了社会经济活动领域的外延、扩大了人类生活物质的需求、提高了人类社会劳动生产率,使得地球表层系统人地矛盾相互作用存在了可能性。具有动态联系的诸多地理条件要素赋存的差异性,成为了人地矛盾相互作用的地理环境。

具有动态联系的诸多地理条件要素赋存的差异性会表征出人地矛盾相互作用的范围、性质、水平、程度、层次等都存在差异,这是地理事物或现象运动所表征出的差异个性,即地理性或地域性。这种差异个性的客观存在,导致地球表层系统社会经济活动的地理过程通过地域分异和组合机制来展开。就某一地理要素或若干地理要素(地貌、生物、气候、地质、水文、土壤、民族、宗教、风俗、经济、交通等)的结合来说,在区域内是同质的,在区域间是异质的(周大庆,2006)。客观差异个性的存在,使得社会经济活动局部分异和全球分异共存,局部分异是全球分异的过程和环节;在社会经济活动宏观分异过程中,总是伴随着相应的低层次或区域内部的特定地域组合现象,分异和组合是相伴而生的,是一个过程的两个方面,是对立统一的。

3. 本质内容

分异和组合机制是人地矛盾在空间地域运动上的客观表现,区域之间的联系实质上是通过诸多地理要素运动的地域分异和组合实现的。在人地矛盾相互作用过程中,通过地域分异和组合机制,诸多地理要素空间地域运动出现了方向性,并结合社会经济活动的性质和内容,在适宜的地理区位进行组合,在适宜的时空阶段出现新的分异,这样周而复始的运动是人地矛盾时空轨迹。

在人地矛盾的空间地域运动轴线上,诸多地理条件要素地域分异与组合过程,必然会形成一定水平、一定规模的经济中心即城市;通过这个中心,将会对周围区域产生聚集和辐射作用,同时也会形成一定的部门结构和空间地域结构。在生产社会化的条件下,这些地域单元逐渐形成具有自身地域特点的专业化部门,同时发挥各种特定的功能,引导区域的对外联系。这是经济地域单元运动的基本发育过程。

通过地域分异和组合机制,诸多地理条件要素赋存的差异性,人地矛盾相互作用的地域性的客观存在,必然会形成各种不同层次、不同类型、不同水平、不同结构、不同功能的经济地域单元,这是人类经济活动与具体时空条件紧密结合而形成的具有相对完整性的地理空间(王士君、冯章献、张石磊,2010),这些各异的经济地域单元构成有机联系的整体,即经济地域系统。通过地域分异和组合机制,经济地域单元出现了层次性、等级性,人地矛盾相互作用的内容也以存在于不同等级、不同性质和类型的经济地域系统或经济地域综合体的形式表现出来。

综上所述,诸多地理要素的分异和组合是经济地理现象地域分异和组合的物质基础,地域差异个性是经济地理现象产生地域分异和组合的原始动力,人地矛盾的地域分异和组合是形成社会、经济和文化产生地域分异和组合的原始基因和动力来源。

(二) 对都市区的形成透析

如果放到更大经济地域体系中,都市区是一个特殊的经济地域单元实体,而相对于都市区内部来说,都市区是一个独立的经济地域系统,由各个不同层次的经济地域单元构成。都市区是经济地理事物运动的空间载体,是人地矛盾系统在地域运动上的节点。所以,都市区作为客观存在的经济地理事物或现象,必然以地域分异和组合机制为主导的地理核心机制,来完成都市区的形成发育过程。

从都市区的发生学角度来说,都市区的诞生是以城市为基础的,都市区的胚胎期是城市的形成发展,只有城市发展到一定阶段并呈现出相应的大都市特征,才能称之为都市区。全球城市的出现导致了以大都市为核心的新型城市—区域空间发展形态的出现与迅速成长(王艳华,1996;顾朝林,1994)。没有城市的形成发展,也就没有都市区的成长发育,城市的发展是都市区形成发展的必要条件或阶段。都市区的发生机制,是把其放到更大经济地域体系的地域分异和组合过程中透视的。

通过地域分异和组合机制,一定地域范围内必然会形成一定规模、一定水平的经济中心即城市,相应的区域也由均质区域向非均质区域演变,这是城市诞生的机理。由于地球表层系统诸多地理要素地域差异个性的存在,一定地域范围内的地域分异和组合的深度、广度、进度等都存在质和量的差异;所以,在这个经济中心空间载体上,人地矛盾作用的范围、性质、水平、程度、层次等也相应存在质和量的差异,这个差异反映到城市地域运动上,是在一定地域范围内形成了不同规模、不同类型、不同结构和功能的城市地域体系。在这个城市地域体系中,首位度最高的城市对相应的地域范围内的人地矛盾系统运动起到引导、协调、调控、组织等作用,是这个地域范围内的核心之核心;同时,其他城市也以这个城市为中心形成有机联系的整体。所以,一定地域范围内的首位度最高的城市,有可能成为都市区的胚胎,在内外地理要素都具备的情况下,有可能成为一定历史阶段的大都市,空间表现为都市区。

(三) 对都市区的成长透析

都市区不是简单的空间表现形态,而是集产业、经济、空间、社会等于一体的空间实体,是一个较大的人口中心以及与其具有高度社会经济联系的邻接地区的组合(罗海明、张媛明,2005)。都市区的成长,不仅是空间的扩展,而且还包括经济、社会、生态等各个方面的发展过程。因此,都市区本身是一个独立的经济地域单元,是城市地域的一种特殊类型。研究都市区的成长机制,是把都市区作为经济地域单元的特殊类型透视其地域分异和组合机制。

通过地域分异和组合机制,在一定地域范围内产生了经济中心即城市,同时在城市经济地域范围内也形成了一定的部门结构和空间结构。随着地域分异和组合过程的进一步深化,城市出现了等级,城市经济地域的不同产业部门和空间也出现了不同功能特征。

在城市经济地域系统运动过程中,都市区对区域社会经济活动发挥着核心功能。通过都市区中介聚集和辐射作用,使得区域内外诸多地理条件之间静态差异联系变为动态差异联系。

随着都市区产业经济系统的成长,都市区空间载体系统也要适时支撑产业经济系统运动的需要,都市区空间也不断成长。都市区空间成长过程实质上是城市功能地域的分异和组合过程,城市功能地域的扩展主要反映在城市土地要素的拓展上。譬如,产业革命以后,都市区工业功能地域急剧扩展。通过地域分异和组合机制,农村土地要素尤其是都市区城乡结合部的农村土地要素,在都市区空间载体范围内进行局部组合,在都市区腹地范围内进行局部分异,转变成为工业用地,促进了都市区空间成长。

(四)对都市区的衰退透析

都市区作为自然界的客观物质,必然有生有灭。在城市体系中,不是所有的城市都能发展成为都市区,也不是所有的都市区都能永恒存在。都市区的形成、成长、成熟到消亡,是与特定的历史发展阶段相对应的。

都市区经济中心及其与之相应的部门结构和地域结构的存在,是有条件的。都市区中心与外界的联系是通过诸多地理要素运动并实行其分异和组合机制实现的。历史阶段发生变革会影响或改变诸多地理要素的状态,经济地理事物或现象之间的联系的方向、性质、内容、等级等都会发生相应层次的变化;这样,新的地域分异和组合现象会产生,分异和组合的时空尺度、内容、形式等都会发生深层次变革。在新的历史阶段,聚集经济效应制约并决定着城市的发展、壮大,对城市经济的增长有着明显的影响(梁闽,2012)。如果都市区丧失了聚集功能,那么,诸多地理要素会产生新的地域分异和组合,形成新的都市区,原来的都市区会逐步衰退,甚至消亡;如果都市区聚集功能增强,那么,这种聚集能力会出现乘数效应,域内外诸多地理要素的空间分异和组合机制会得到强化,会形成功能更强大的都市区。

综上所述,地域分异和组合机制是都市区形成发育的最根本的地理机制,贯穿于都市区人地矛盾相互作用系统形成发展的全过程。

二、地理过程机制

(一)地理过程机制的系统论引入

系统论的诞生和发展及其对地理学研究的渗透和运用把近代地理学改造成为了现代地理科学,研究对象由人地关系提升到了地球表层系统,地球表层系统的各个圈层系统一个比一个复杂,具有明显的层次性,同时也把地理科学与地质科学、天文学等彻底分开,因为地球表层系统具有特定的时间尺度。所以,研究地理事物或现象的运动机制,必然要用系统论的观点和方法,把地理事物或现象作为一个系统研究。这样可以从系统发生、发展、成熟、消亡的运动过程规律、从系统运动的全过程透视地理过程机制。

一个系统的初始状态是处于一定时空条件和历史阶段的相对平衡状态,如果有外界动力机制的作用,就会与外界系统发生物质、能量和信息的交换;在系统内外条件都具备的情况下,这些物质、能量和信息的地理要素会进入到系统的运行过程中,而这些影响系统运动的枢纽的法则是系统内外所具备的条件即系统运行的过程机制。在运行机制的作用下,系统内部各个要素会与外部输入的各个要素发生相互作用,影响系统的稳定性;通过要素之间的转换机制和协调机制能维系系统的稳定性,建立要素之间新的联系方式和内容,这种联系可能有两个方向:系统的衰退或强化;如果转换机制和协调机制不能维系系统的稳定性,要素之间会通过变异机制,使得旧的系统崩溃,建立适应新的要素联系机制的系统。系统是通过这种过程机制体系实现运动发展的。

都市区作为经济地理事物或现象,本身是一个巨系统。它的地理过程机制是对其人地相关地域系统运动过程枢纽有重大或决定性影响的法则体系,包括动力机制、运行机制、转换和协调机制、变异机制四个部分(图3-3)。

(二)动力机制

动力机制是都市区人地相关地域系统运动的根源。不同的社会经济发展阶段,不同时空地域,都市区动力因素是不同的。但是,纵观都市区形成发展的历程,人类的需求机制和创新机制是都市区动

第三章 都市区形成发展机制

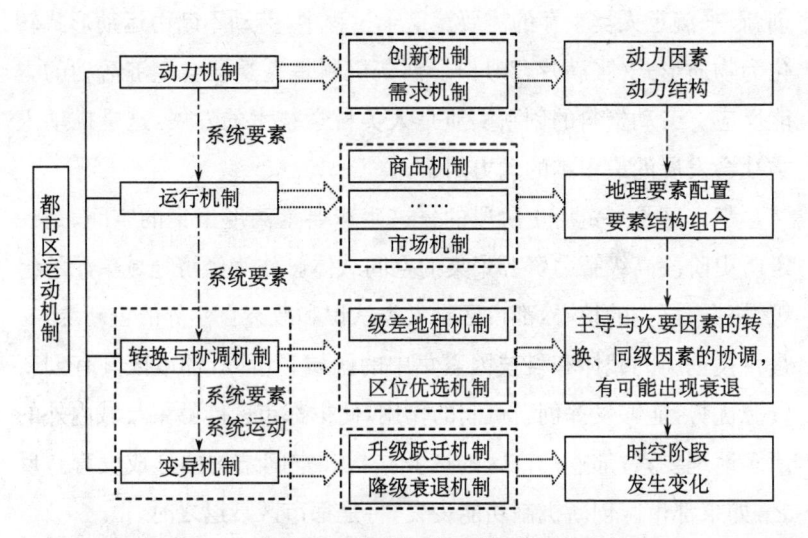

图 3-3 都市区形成演化的运动机制框架分析

力机制的核心,产业中若存在需求约束,企业创新策略的得益便会随着创新策略采用者的增多而减少(刘志迎、范云、晋盛武,2007)。由于不同历史阶段的需求质量和创新水平存在差异,导致了不同历史阶段的都市区动力因素存在较大差异。地球表层系统的诸多地理要素的赋存,是一种静态的差异联系,这些地理要素本身不能原发性地推动人地矛盾的运动发展,而是通过人类的创新和需求机制,来激活这些地理要素,使之发生地域分异和组合,成为推动都市区形成发展的动力因素。

1. 创新机制

人类为了适应自然界,认识自然界,利用自然界,必然会利用高于其他动物的智慧的本能,进行创新活动。首先是通过劳动资料的创新,来满足人类生存的需要。这个过程中,劳动不断由运动形式转化为物质形式(张满月,2011)。创新机制是人类社会经济活动的本能反应。劳动资料的创新实质是人类科学技术的发展,这是推动人类社会发展的最根本的动力因素。

都市区是一定历史阶段的先进生产要素高度聚集的空间,是一定历史阶段高级智力资源聚集的空间载体。作为经济地域单元的组织、协调、调控的核心,都市区是人类认识和改造自然界的创新源泉,是科技创新的载体和科技因素集中的区域。所以,都市区具有创新资源优势,能够发挥创新机制的作用,使得都市区能够聚集域内外的诸多地理要素,加速都市区的产业结构和空间结构的形成发育。反之,如果都市区创新机制功能丧失,将是都市区衰退之时。

2. 需求机制

人类社会日益增长的物质需求和落后社会生产力之间的矛盾是推动人地矛盾不断发展的根本动力。在不同的历史发展阶段,人类对物质需求的内容、形式、性质、层次等都各不相同。但是,人本身的否定特质使人的物质需求成为一种无限度、无止境的渴求(易小明,2009),特定历史阶段的较高的物质需求总是滞后于特定历史阶段的生产力水平,一方面,保障了人类创新机制功能的连续;另一方面,推动了人地矛盾的不断发展。需求机制也是人类社会生存发展的又一本能反应。

都市区是人类社会先进生产力和生产关系的空间载体,也是人类高层次需求诞生的发源地,同时也是人类对高层次需求的主体生产和消费空间。更为重要的是,都市区是一定历史阶段、一定空间范围的经济中心,是满足以都市区为核心的经济地域体系的各种物质需求的生产空间载体。所以，以人类物质需求为基础，通过需求机制与地域分异和组合机制，激活域内外的各种地理要素对都市区人地矛盾系统运动的影响干预，促进这些地理要素在都市区的高度聚集，从而推动都市区形成发展。

(三) 运行机制

运行机制是都市区人地相关地域系统的各个要素或构成单元如何配置的法则。通过动力机制的作用，使得诸多地理要素聚集到都市区空间，进入到都市区的人地矛盾运动的系统循环。那么，这些要素是通过什么配置机制参与都市区的人地矛盾运动？不同社会经济发展阶段，对社会经济各要素的配置机制是不一样的。纵观人类社会经济发展历史轨迹，先后经历了自给自足、商品、市场等三种要素配置机制。

1. 商品机制

商品机制是工业经济前中期社会都市区社会经济地理要素配置的基本法则。商品是用来交换，满足他人或社会需求（汤琦，2012）。通过商品机制，创新和需求不是满足自身的需要，而是满足一定区域范围内的所有人类生存的需要，甚至扩展到全球人类的生存需要。聚集到都市区的诸多地理要素是在更大区域范围的地域分异和组合，所以，形成了较大规模的经济中心，形成了专门化生产的部门结构和专业化的空间结构。

2. 市场机制

市场机制是工业经济中后期社会及信息社会的都市区社会经济

地理要素配置的基本法则,通过各构成的相互关系实现人类资源配置目的(蒲志仲,2009)。通过市场机制,创新和需求是根据市场来发展的。确定相应的市场区域,这样能在一定范围内克服商品机制运行之后所产生的经济危机的弊端。通过市场来配置诸多地理要素的空间流动,影响或决定这些要素空间联系的性质、内容和方向等,导致了都市区城市功能的扩散,形成了控制全球性或跨区域性的核心都市区,形成了全球产业水平分工体系和空间垂直分工体系的产业空间经济格局。

总的来说,商品机制向市场机制的跨越,是都市区地理要素聚集空间经济优化的跨越。如果先进配置机制对落后配置机制的改造速度较慢,意味着都市区开始步入衰退;反之,意味着都市区在新的配置机制功能作用下被继续激活,成为具有历史文脉的都市区。

(四) 转换和协调机制

转换和协调机制是都市区人地相关地域系统的各个地理要素之间相互作用的法则。在都市区人地相关地域系统运动过程中,每个阶段都存在当前的主导因素和未来的潜在的主导因素。当内外界系统条件都具备的条件下,会发生主导因素与次要因素之间的转换,次要因素跃迁为主导因素,从而推动都市区特定阶段内一定时间尺度的升级跨越,为都市区大尺度的阶段性跃迁跨越进行量变的累积过程;同时,在主导因素不发生变化的情况下,通过各地理要素之间的协调,维持都市区结构和功能的稳定性,这只是低能量的量变累积过程,但又是质变的必备过程。

在都市区人地相关地域系统的诸多地理要素的转换和协调过程中,影响或决定这些地理要素之间转换和协调的根本法则是级差地租机制和区位机制。

1. 级差地租机制

级差地租机制是影响或决定都市区诸多地理要素转换和协调的重要法则。级差地租是诸多地理要素综合作用于某个空间范围而具有特定地理环境所反映出的土地价格,这个土地价格影响或决定着诸多地理条件的地域分异和组合、转换和协调。当诸多地理要素进入到都市区社会经济系统运动之后,会由赋存条件变成了生产要素,生产要素进入到商品生产过程会转化为资本要素,成为商品成本的构成部分。

当诸多地理要素在某个空间范围进行地域组合之后所产生的聚集经济效益,如果能够接受级差地租的机制作用,也就是说,能够盈利,那么,这些地理要素会进行相互转换和协调,能够承担级差地租的因素转变为主导因素,不能承担的转变为次要因素或者退出要素,主导因素的转换必然导致各地理要素之间的重新协调,从而推动都市区社会经济系统的运动;反之,这些地理要素将会脱离这个空间范围而出现分异,而到适应这些地理要素的其他空间范围进行组合,与那里的地理要素进行转换和协调,进而推动了都市区城市功能地域的扩散和辐射。

由于都市区具备高昂的级差地租,使用特殊资源的较小资本能够提供较大的边际资本生产的产量(朱奎,2007),空间组合的地理要素都是高附加值、高效益的,从而决定了都市区社会经济系统是高等级的,产业结构功能也是高能量的。如果丧失级差地租机制,那么,将会导致都市区高等级功能性质的丧失,也是都市区衰退的开始。

2. 区位优选机制

区位机制与级差地租机制是一个问题的两个不同的认识角度,级差地租机制是从土地经济价值的角度来认识,而区位机制是从区域空间成本价值最低的角度认识。地理区位指示了地理事物存在的内在地域规律(彭建、赵鹏军、刘忠伟等,2002),区位机制是影响或决定都市区诸多地理要素相互之间转换和协调空间位置过程的法则。人类社会经济活动的经济规律是通过生产要素的最低成本投入,获得最大的经济利益。把经济规律折射到人地矛盾系统地域空间上是区位选择的过程。

都市区是各种地理要素聚集经济效益最高的空间载体,但是,都市区的空间资源是有限的,人类所有的社会经济活动不可能都在都市区范围内完成。当诸多地理要素进入都市区之后,通过区位机制功能作用,这些地理要素必然会各得其所,与都市区相应空间的要素相互作用,新的主导因素占据原来的区位,必然导致各地理要素之间的重新协调,从而形成新的区位环境,促进都市区社会经济系统的运动。

同样道理,都市区具备优越的高价值的区位条件,必然会吸引先进生产要素,形成先进的产业经济体系,率先发挥先进产业结构所发挥的功能作用,从而带动都市区形成发展。

总的来说,都市区诸多要素的转换和协调,主要是通过级差地租机制和区位机制实现的。

（五）变异机制

变异机制是都市区人地相关地域系统发生阶段性跃迁或衰退的、结构和功能发生质变的运动法则。变异机制存在两种方向：一是升级跃迁，二是降级衰退。

通过转换和协调机制，如果诸多地理要素在都市区空间范围内不能相互作用整合，也没有出现空间分异和组合。那么，预示着有两种可能：一是都市区必然存在某个或几个地理要素强行干扰都市区人地相关地域系统的运动过程，必然会导致这些地理要素空间组合的变异，必然会形成具有新的系统结构、功能的都市区，必然会发生都市区结构和功能的阶段性跃迁，这是升级跃迁变异运动；二是都市区结构和功能体系出现了衰退，这些地理要素在现有结构功能作用下很难进行转换和协调，那么，都市区只能降低系统的等级才能维持"都市区"系统的稳定性，这意味着原有都市区的功能已经被其他都市区所替代，自身已经退出了都市区体系，进入到了一般城市体系，这是降级衰退变异运动。

然而，这些强行干扰的地理要素，有可能发生在低层次的城市，激活具有潜在的适应新的历史阶段变化的地理要素，快速形成新兴的产业结构和新型的空间结构体系，不断出现适应新的历史阶段的都市区。所以，只要城市内外条件都具备的情况下，在特定的历史发展阶段，一般城市也有可能跃迁为都市区体系，这也是升级跃迁变异的运动。

只有通过变异机制，集聚发展达到一定程度、扩散发展具有相当规模的大都市才开始由集聚为主的阶段转向扩散为主（谢守红、宁越敏，2005），才能重新使都市区内部结构从无序到有序，区域才能重新保障新系统的稳定性。

综上所述,都市区形成发展的运动是一系列机制综合集成的产物,动力是原因,运行是平台,转换和协调、变异是手段,其中,转换和协调机制是都市区渐进的量变机制,变异机制是都市区突变机制,渐变和突变都是与动力机制和运行机制的特定历史阶段相适应的。在这些机制中,都市区的形成发展过程是一个螺旋式上升的过程。

第三节 都市区产业与空间结构演变机制

从区域经济地理学研究的角度,产业与空间结构是都市区的核心结构,也是都市区所在经济地域单元或经济地域系统的核心物质内容。产业结构演变机制和空间结构演变机制,是研究都市区产业结构和空间结构的类型、特征、形态、功能、发展趋势的基础前提。产业结构演化和高度化会不断对都市区结构和组织模式提出新的要求(沈玉芳,2008)。所以,以都市区人地相关地域系统的产业结构与空间结构两个子系统为对象,研究系统运动机制是非常有必要的。

一、都市区产业结构演变机制

随着城市向都市区形态的推进,产业将不断"软化",产业结构不断升级(林刚,2011)。都市区产业结构的形成演变过程,包括产业要素、产业成本、产业形态、产业组织等四个侧面。因此,演变机制的研究也从这四个方面来论述(图3-4)。

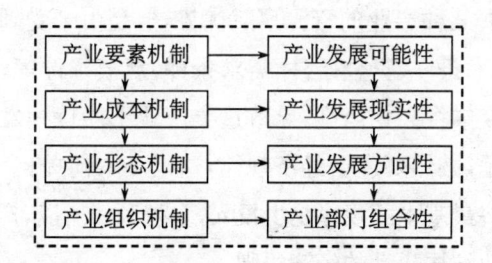

```
产业要素机制  →  产业发展可能性
     ↓
产业成本机制  →  产业发展现实性
     ↓
产业形态机制  →  产业发展方向性
     ↓
产业组织机制  →  产业部门组合性
```

图 3-4 都市区产业结构演变机制分析

（一）产业要素机制

都市区产业结构形成发展的初始动力因素是都市区所在区域的资源禀赋情况，包括自然资源、区位人文资源、人口劳动力资源、科技资源、金融商务信息资源、政策资源等，它是推动都市区产业结构演变的动力源泉，主要解决都市区产业发展的可能性问题。资源禀赋差异进入到都市区产业结构运动过程，将会转化为都市区产业发展的比较优势。因此，资源禀赋差异的比较优势机制是都市区产业结构演变的原始动力机制。

一般来说，在一定历史发展阶段，都市区具备什么资源优势，必会形成以这种资源优势为主导的产业结构。譬如，区位人文资源具有优势的都市区，会形成以现代加工制造业和现代服务业为主导的产业结构；煤炭资源具有优势的都市区，会形成以煤化工业、电力工业为主导的产业结构。

（二）产业成本机制

产业成本机制主要是解决都市区产业发展的现实性问题。若都市区具备发展某种产业的资源禀赋优势,但是由于受到历史条件的限制,譬如技术条件、资金条件、需求条件、规模条件等。那么,发展这种产业的成本将会相当高,导致这类产业不能持续发展。产业发展是经济过程,必然要遵循经济规律,这是基本前提。一般来说,企业及产业经济最基本的规律是少投入,多盈利。所以,产业成本机制是都市区产业结构运动的经济法则。

在农业社会,由于大规模开发工矿资源的成本较高,所以,不能形成工矿型的工业都市区,只能是低成本运行的前街后坊式的手工业聚集的城镇。在工业社会,由于前后三次产业革命,科技水平的急剧提高,大大降低了工矿资源开发的成本,使得社会化大生产成为了可能,所以,形成一批工矿型的工业都市区,第二产业的轻纺工业、煤炭工业、钢铁工业、机械工业、石化工业等成为都市区产业结构的核心主体;但是,受工业社会各种条件的限制,科技信息产业开发成本较高,未能成为工业都市区产业结构的主体产业。在信息社会,随着人类生活需求的提升,工业传统结构的老化,急需进行高技术、信息化改造,使得科技信息产业需求市场规模急剧上升,科技信息产业开发成本急剧降低,所以,科技信息产业化成为可能,科技信息产业成为了信息社会都市区的产业结构的核心产业。

因此,在一定程度上,不同产业发展的成本机制演变过程实质上是都市区产业结构运动演变过程。

(三)产业形态机制

产业形态是产业存在发展的外部形式,包括产业结构状态、产业链生态、产业活动质态以及产业发展业态等(王国平,2009)。产业形态机制主要是解决都市区产业结构演变的方向性问题。不同社会历史时期,都市区产业结构的主导产业形态是不一样的。产业形态机制进入到都市区产业结构运动过程中,表征为产业化经济运动,譬如工业化、信息化、服务化等,以推动都市区的形成发展。

在工业化社会,伴随着18世纪中叶工业革命而发生的工业化浪潮,都市区作为工业经济社会发展的主要载体空间,也以前所未有的速度和规模向前发展,城市性质、规模、功能等基本属性日趋异质化,第二产业成为都市区的主导产业形态方向。

在工业化中后期即20世纪下半叶,计算机技术、通信光纤技术、微电子技术等技术群以前所未有的技术创新速度向前飞速发展,从而引发了信息化革命的浪潮,标志着以信息经济、知识经济为基础的后工业化社会的到来。全球载体系统也在信息化的过程中发生了时空层面的演变,形成了以信息产业为主导的产业结构,信息产业成为都市区产业结构的主导方向。

与此同时,服务产业特别是现代服务业是后工业化社会的主导产业,是都市区经济的主体部分。以制造业为主体的第二产业而形成的都市区产业结构已明显不适应新时期信息化时代的要求,高层次服务产业,诸如金融、保险、证券、研发、管理等,迫使都市区进行结构重组、升级,让服务经济功能取代工业经济功能,从而占据都市区中心城市的主体空间。

(四)产业组织机制

都市区是一定地域范围内非农产业高度聚集的空间,这些非农产业部门如何在空间载体上进行组织,才能发挥产业集群的优势,适应特定历史发展阶段的客观要求?产业组织机制主要解决都市区产业结构各个产业部门空间组合关系问题,并且这种组合关系应该是能够发挥产业集群优势的,在某种程度上又是一种产业发展的资源优势。都市区是高层次产业部门高度聚集的空间,那么,应该有高效率的产业组织机制作为保障。纵观都市区产业结构运动发展历程,主要经历了工业区组织机制、经济群落(张金锁、康凯,1998)组织机制两个不同历史发展阶段。

在工业经济社会,工业区组织机制是工业化都市区产业组织的基本法则,主要以一个或几个大中型工业企业(含联合企业)为骨干,由若干大中小型企业组成的工业企业群体,这些企业之间在生产、工艺技术和经济上协作配套关系密切,并有共同的市政工程设施(杨万钟,1999)。这是与社会化大生产的工业商品经济相适应的。

在信息经济社会,随着经济全球化和区域经济集团化的发展,集团化公司和跨国化公司相继出现,这些公司实质上是产业部门的集群化。同类或相关的具有分工性质的企业为了完成某种产品生产在特定的区域集聚,形成区域企业群落(蔡绍洪、徐和平、汪劲松,2007)。因此,经济群落组织机制是信息化都市区产业组织的基本法则。美国斯坦福国际咨询研究院(SRI)对经济群落的概念作了如下说明:"经济群落是相关产业中相互依赖、相互合作、相互竞争的企业在地理上的集中。"一个典型的经济群落包括出口为导向的公司(其产品销往区域之外)和支持性、关联性的公司,后者为经济群落提供部件、原料和支持性服务。现代产业组织机制必须具有积极的企业驱动力和灵敏的经济基础,积极的企业驱动力包括企业类型多样化、国际联系广泛性、企业灵活性大、企业之间关联程度高、供应渠道良好等,灵敏的经济基础包括人力、技术资源、金融设施、基础环境、税收环境等(张金锁、康凯,1998),这是现代信息经济和市场经济的客观要求。因此,经济群落机制功能必然是跨区域的、可持续发展的、信息化的产业组织法则,这为都市区空间结构演变奠定了物质基础。

综上所述(表 3-1),都市区的产业结构演变机制是一个非常复杂的综合性问题。随着社会经济制度的更替变革,都市区产业结构演变机制也随之发生变化,从而推动都市区产业结构的更新改造,促进都市区产业结构的阶段性跃迁。

表 3-1 都市区产业结构演变机制对比

演变机制	工业社会	信息社会
产业要素机制	工矿资源要素	社会资源要素
产业成本机制	社会大生产式的工矿产业聚集	生态式科技信息产业聚集
产业形态机制	第二次产业	第三次产业
产业组织机制	工业区组织机制	经济群落组织机制

二、都市区空间结构演变机制

空间结构是都市区人地相关地域系统在运动上的外在表现。都市区空间结构演变机制主要从空间扩展、空间职能组合、空间联系、地域形态演变等四个层次论述(图 3-5)。

(一)空间扩展机制

空间扩展机制是都市区土地空间资源扩张的法则。土地空间资源是都市区社会经济活动的主要空间载体,随着都市区的形成发展壮大,支撑社会经济系统运动所需要的土地空间资源的数量、质量的组合水平等必然会提高;在空间运动上,表现为城市空间规模的扩张。都市区空间扩展机制主要包括区域哺育机制、城市化机制、产业

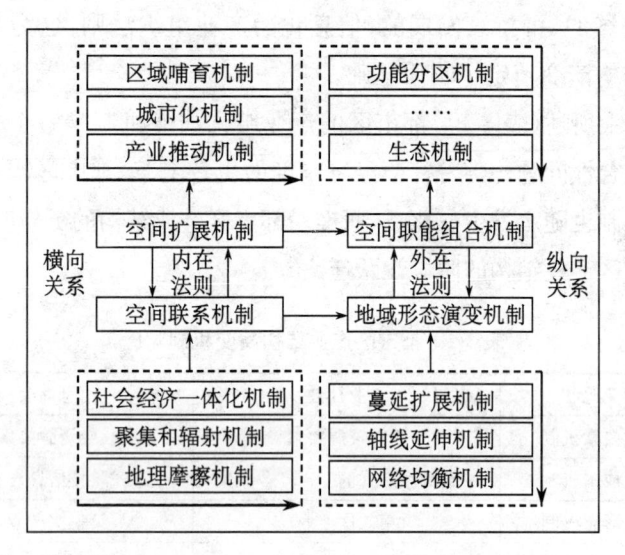

图 3-5 都市区空间结构演变机制分析框架

推动机制等三个方面。

1. 区域哺育机制

城市是区域的核心和"心脏",区域是城市的"母体"和依托,城市扩展的动力来自于区域,区域发展是城市扩展的原动力。都市区是城市体系中首位度最高的城市,是城市体系的"龙头"城市。因此,都市区的空间扩展原动力来自于区域,区域是都市区空间扩展演变的"母体"基质。区域哺育机制是都市区空间扩展的根本法则。

首先,区域具备都市区社会经济发展必需的诸多地理要素,包括自然-环境条件、产业—经济条件、社会—人文条件等,这些地理要素是都市区社会经济系统运动发展的自然、生态、经济、社会物质基础,

第三章 都市区形成发展机制

是都市区空间成长的背景、本底和依托,制约影响着城市的发展(汤茂林、姚士谋,2000)。

另外,区域发展的不同历史阶段,都市区空间扩展都有不同的动力结构。工业经济时期,区域工业化发展的创新和需求,是都市区空间扩展的核心动力;信息经济时期,跨区域性或全球性信息化和现代服务业的创新和需求,是都市区空间扩展的核心推动力。

总的来说,都市区的空间扩展的原始机制来自于区域哺育机制,区域的发展是都市区空间扩展机制的原始动力基因。

2. 城市化机制

城市化机制是都市区空间扩展运动的直接的外在表现法则,即把乡村地域转变为都市区地域,直接表现为都市区空间规模的扩大过程。

当诸多地理要素聚集到都市区有限的空间范围时,首先是用都市区的发展模式同化这些地理要素,纳入都市区人地矛盾运动系统,譬如农村人口转化为城市人口、农产品转化为工业产品、农村生活生产方式转化为城市生活生产方式、域外初级工业制品转化为精细加工的终端产品等,必然导致原来都市区空间资源的不足。因此,必然会带来都市区空间扩展,以支撑这些地理要素的工业化、信息化等过程。在工业革命的引导下,作为城市化发展基本动力的产业空间集聚因素也成为城市空间扩展的直接动力(杨荣南、张雪莲,1997)。都市区的空间扩展过程是空间城市化过程,它是工业化、信息化等过程的伴随现象,是人口城市化、产业城市化、生活方式城市化的空间城市化的外在表现。在世界范围内,19世纪初的城市化水平仅有5%左右,到20世纪90年代已超过40%,而世界前100位大城市的平均人口规模也从19世纪初的不足20万人到1990年的超过500万人。因此,工业化是世界都市形成发展的核心动力,大城市、超大城市、都市区以及大城市圈(或称大城市区域)的出现是工业化经济发展的客观要求,同时也是城市化发展的必然结果。

3. 产业推动机制

产业推动机制是都市区空间扩展在社会经济系统运动上的外在表现法则,是都市区空间扩展的直接动力机制(杨荣南、张雪莲,1997),直接关系到都市区空间扩展的速度、规模、强度、方式和水平。

都市区产业经济增长的速度、规模、方式直接影响都市区的空间扩展的速度、规模、方式,产业与空间是互动关联过程。当产业经济增长缓慢,都市区空间扩展规模会较小,速度会放慢,空间扩展方式可能选择近域推进;当产业经济增长较快,都市区空间扩展规模会较大,速度会放快,空间扩展方式可能选择轴线扩展、网络扩展推进。

另外,在不同历史发展阶段,主导产业形态也各异,不同产业形态对特定历史时期的都市区空间扩展作用也是不同的。

在工业经济社会,以工业资源为依托的大工业、大服务业产业经济系统,产业经济增长总量较大,关联性强。因此,对都市区空间扩展的推动力量较强,空间扩展规模较大,速度非常快。

在信息经济社会,以知识信息资源为依托的现代信息产业经济系统,拉动了第二、三产业经济快速增长,形成现代信息产业和现代服务业,整个产业经济增长较快,对都市区空间扩展的推动力量更强,出现了网络化空间扩展趋势。大城市,尤其是特大城市在信息经济时代具有明显的优势,一方面,要求工业化时代的各种产业经济要素向外扩散,另一方面,要求信息化时代的各种高层次经济要素向中心城市聚集,推动了城市结构的更新和重塑,从而加剧了都市区的演化进程。服务产业的崛起,必然会拉动中心城市功能的有序扩散,从而带动中心城市周边城镇经济的发展,为都市区经济空间的形成奠定了产业基石。

（二）空间职能组合机制

当域内外的诸多地理要素聚集到都市区之后,形成相应的产业部门,这些部门聚集到一起形成功能各异的空间单元,这些空间单元的组合形成了都市区空间实体。所以,空间职能组合机制主要是都市区内部各个空间结构单元之间的组合关系法则,实质上是都市区土地空间资源高效利用机制和功能分区机制,既要满足城市功能地域的需要,又要满足空间资源高效利用的经济规律。

纵观都市区形成演化过程,空间职能组合机制主要经历了功能分区机制、生态机制等两个地理空间过程。

在工业经济社会,工业社会化大生产需要城市各种辅助性服务功能的协调配合,譬如道路、仓储、交通、商贸、市政、金融、行政等。所以,封闭的街坊式空间职能组合机制已经不能适应工业社会化大生产的客观要求,必然会诞生新的空间职能组合机制实现都市区空间功能分工组合,这个机制是开放的功能分区机制,即都市区由工业区、商贸区、行政区、文化区、居住区、交通枢纽等各个有机联系的城市功能区组成。

在信息经济社会,随着IT产业技术的飞速发展,人类生活质量水平的急剧提高,地域空间地理摩擦的迅速缩小,导致了原来工业社会高度密集、经济效益高但生态质量极差的都市区空间职能组合机制已经不能适应信息经济社会发展的客观规律,急需建立一个新的地域空间职能组合机制。目前,学术界正在探讨之中,还没有统一的认识。笔者认为,可持续发展是信息经济社会都市区空间发展的主旋律,都市区空间职能组合必然要体现高效的社会经济规律,同时也要体现高质量的生态规律。由于高科技的发展,缩小了产业空间成本,对都市区地域职能组合距离的拉大奠定了技术和经济基础前提。所以,信息经济社会的都市区地域空间职能组合应该以生态机制为核心,在生态功能分区的框架之内组合都市区的各个职能地域,使之成为有机联系的整体,实质上是都市区地域职能空间组合的网络化机制。

(三) 空间联系机制

空间联系机制是都市区空间结构与外界城市和区域系统相互影响、相互制约、相互关联的法则。从本质上说,都市区空间联系主要是社会经济联系的内容,主要是通过都市区功能的辐射和要素的聚集以及社会经济一体化机制实现。

1. 社会经济一体化机制

纵观都市区空间联系发展历史的过程,主要经历了商品贸易一体化联系、经济一体化联系等运动阶段。

在工业经济社会,由于工业化社会大生产的商品主要是为域外服务的。所以,商品贸易联系机制成为了都市区空间联系的主导机制方向,当然,还有政治、交通、文化等方面的地域联系。在都市区辐射范围内,商品贸易一体化是都市区空间联系的核心内容和形式。

在信息经济社会,由于信息、高新技术产业经济的快速发展,推动了传统产业的改造和空间转移,导致了传统产业生产要素投资的整体跨区域性或国际性地域流动,所以,以生产投资贸易为核心内容的经济区域一体化和全球一体化机制成为都市区空间联系的主导机制方向,它是在工业经济社会都市区空间联系上的继承和发展,由此出现了全球性都市区、跨区域性都市区、全球城市、世界城市等。

2. 集聚和辐射机制

中心城与外围地区在经济社会方面的相互作用越来越强烈,功能联系越来越紧密,从而形成由中心城和外围地区共同组成并以中心城为核心的都市区(王兴平,2002)。纵观都市区空间联系的发展历程,存在两个共性机制过程:集聚机制和辐射机制,二者是相互对立统一的互动有机整体,是都市区空间联系的两个关键性认识视角。

集聚机制是域外诸多地理要素、资源和各种社会经济活动向都市区集群的过程,是区域物质、能量、信息等向都市区输入的运动,这一运动折射出了都市区与区域之间的空间产业经济联系的实质性内容和形式。分析当今世界经济活动的空间格局会发现,具有国际竞争力的产业大多倾向于在某一特定区域集中,全球经济格局中最具有活力的地区恰恰也是产业集聚的地区(张辉,2003)。

随着交通基础设施和相关技术的发展,可达性提高,交通费用下降,许多原依赖于一定的劳力、资源与市场等区位因素的经济活动可在任何接近高效的交通系统的区位分布,从而引发了经济活动空间分布的扩散过程(徐永健、许学强、闫小培,2000)。辐射机制是都市区诸多地理要素、资源和社会经济活动向域外扩散的过程,是都市区物质、能量、信息等向区域输出的运动,这一运动折射出了都市区对区域的反哺作用,反映了都市区与区域之间的空间功能联系的内容和形式。

在不同社会经济发展阶段,集聚机制和辐射机制对都市区空间联系的强度、方向、内容、形式等都是有差异的。在一定程度上,集聚机制和辐射机制的演变过程能够反映都市区空间结构运动的演变过程,更能反映出都市区空间联系的运动。

3. 地理摩擦机制

地理摩擦是经济活动空间移动要克服空间摩擦,要付出时间、费用、劳动成本(李小建,2006)。地理摩擦机制是社会经济一体化机制、集聚机制和辐射机制的障碍作用机制,三者同时客观存在,共同影响和制约着都市区空间联系的方向、内容、规模、性质、层次等。地理摩擦机制是障碍或制约都市区空间联系的法则,是准确判断都市区形成发育运动的重要机制。

通过地理摩擦机制,客观存在着影响或决定都市区空间联系的一系列障碍或制约因素,包括自然因素、技术因素、交通因素、经济因素、环境因素等。在不同历史阶段,地理摩擦机制的作用功能、作用因素、作用强度等都是不同的。但是,纵观都市区空间联系历史,地理摩擦机制逐步在衰减,社会经济一体化机制、辐射和集聚机制在逐步增强,这是都市区空间联系的基本规律和趋势。

在工业经济社会,随着第一次、二次科技革命,人类对自然界的认识能力有了极大的提高,科技技术水平逐步上升,生产力逐步先进,人类可以克服许多地理障碍因素,尤其是以公路、铁路、航运等为主体的交通技术的突破,彻底改变了制约都市区空间联系的方式,极大地扩大了都市区空间联系的范围、内容,使得都市区形成发展有了更大的空间区域"营养"。

在信息经济社会,信息科学技术的革命,带来了空间联系的机制革命,地理摩擦机制功能逐步弱化,城市与城市之间几乎缩小为零,人类可以克服大量的地理障碍因素,扩大都市区空间联系的范围空间,并以生产、投资、贸易一体化的方式与外界发生联系。所以,信息经济时代的都市区,是跨区域性或全球性的空间联系,而不是属于自身空间的。

(四)地域形态演变机制

地域形态演变机制是影响或决定都市区空间结构在地域空间上的外在形态的平面投影发展变化的法则。都市区地域形态演变机制主要有蔓延扩展机制、轴线延伸机制、网络均衡机制三种类型的运动。

1. 蔓延扩展机制

蔓延扩展机制是都市区表现为同心环状扩展的运动法则。我国绝大部分城市都是从单核心结构模式发展起来的,同心圆式的集中发展模式仍占据主导,即使组团式和带状发展的城市,中心城区也呈现出同心圆式向外蔓延的特点(刁琳琳,2010)。蔓延扩展机制主要在都市区形成发展初期容易发挥作用,主要原因是产业经济增长较慢,产业用地空间较少,基础设施较集中且空间范围不大,同时交通设施因素也是均质赋存的。通过蔓延扩展机制,都市区地域形态将会呈现团状、饼状的外表空间投影特征。

2. 轴线延伸机制

轴线延伸机制是都市区表现为放射状扩展的运动法则。在城市成长的早期,交通干线发挥了重要的作用,城市在由内向外发展过程中,总是沿着交通可达性相对较高的城市交通干线延伸(何宁、顾保南,1998)。轴线延伸机制主要是在都市区产业经济增长快速时期容易发挥作用,主要原因是交通沿线的区域和城镇具有工业化较好的基础设施条件。通过轴线延伸机制,都市区地域形态将会呈现指状、星状、带状等外表空间投影特征。

3. 网络均衡机制

网络均衡机制是都市区表现为网状交织扩展的运动法则。网络均衡机制主要是在都市区产业经济系统发展较成熟稳定时期容易发挥作用,主要是因为产业经济高速增长实现了都市区发展的原始资本的积累,经济实力明显增强,都市区有财力、物力、人力来加快区域网络基础设施建设,为都市区产业经济发展预留更大的空间范围。通过网络均衡机制,都市区地域形态将会呈现棋盘网状的外表空间投影特征(程连生,1998)。

在都市区的空间结构运动过程中,蔓延扩展、轴线延伸、网络均衡机制都在发生作用。但是,在不同的历史阶段,各自发挥机制功能作用的深度、广度等不一样,三者之间存在内在关联的阶段性更替规律。

第四章 都市区结构和功能

结构和功能是在现代科学和实践条件下形成的认识论范畴。这对范畴揭示着事物内部的构成方式和事物同环境相互作用的动态过程,并要求从结构和功能的相互关系上去考察事物。结构和功能范畴以及结构—功能方法对于把握复杂事物的运动过程具有重要意义和作用(李秀林、王于、李淮春,1995)。人地系统、地理环境和区域一直是地理学的研究客体,主要以地理事物的空间分布、空间关系为出发点,以区域综合性和地域差异性为学科特点,着重研究人类活动与区域环境的关系及变化规律。但是,在研究方法上,古代地理学、近代地理学都采用传统的地理学方法,譬如描述法、观察法、推理法等。第二次世界大战以后,随着系统论、控制论、信息论、耗散结构理论、趋同论、协调论、突变论、混沌论等一系列现代思维理论方法的诞生和发展以及对地理学研究的渗透和运用,地理学的理论和方法得到了前所未有的推进,地理学被改造成为了地理科学,地理科学的重要标志就是地球表层系统研究对象的建立和发展。通过这些现代思维理论方法,尤其是系统论,原来地理学理论体系得到理顺和发展。因此,系统论的结构和功能范畴也成为了地理科学研究人地系统、区域系统的重要概念范畴。

从区域经济地理学发展历史来看,由于受传统地理学影响较深刻,区域经济地理学始终研究经济地理事物的地理分布及其与空间环境的关系。目前,通过系统论等现代思维方法理论的改造,区域经济地理学已经实现了从研究人地关系、生产发展条件、生产力分布或生产配置、地域生产综合体等片面误区向经济地域及其系统的转化，经济地域及其系统是一种客观存在物质，并以系统方式存在。无论从哲学层次，还是从地理科学层次上，经济地域及其系统的提出，是区域经济地理学学科发展的质的飞跃（陈才，2001）。

都市区既是经济地域系统子系统，又是人地相关地域系统的子系统，是若干特定属性的地理要素经过特定的地理关系或机制而构成具有特定地理结构和功能的有机整体。所以，对都市区的研究，结构和功能范畴是都市区理论和实践研究的重点内容。都市区结构包括政治、经济、社会、文化、观念、生态等各个方面，对于区域经济地理学来说，经济结构是研究重点内容；然而，在经济结构中，产业部门结构和产业空间结构又是重中之重。因此，本章节重点研究都市区的产业部门结构和产业空间结构的理论体系。

第一节　都市区产业部门结构

产业部门结构是区域经济学和区域经济地理学共同研究的领域，区域经济学主要侧重于产业部门结构与经济增长、产业部门结构优化、产业部门结构转型、产业部门发展政策等方面的研究；区域经济地理学主要侧重于产业部门结构形成发展条件、产业部门结构地域组合类型、产业部门结构演变规律、产业部门结构的产业关联、主导产业选择等方面的研究。区域经济学研究产业部门结构是为了实现区域经济总量增长，区域经济地理学研究产业部门结构是为了实现区域生产力空间布局的高效合理。从区域经济地理学角度，都市区产业部门结构重点研究其地域性的本质,也就是都市区产业部门结构的地域差异个性。

一、产业部门结构系统论研究的基本范畴

都市区产业部门结构是决定都市区经济功能、性质的内在因素,影响或决定着产业空间分布组合。都市区产业部门结构系统的运动变迁,直接影响着都市区功能的兴衰、经济的涨落、运动阶段的波动。在一定程度上,产业部门结构的周期性反映了都市区形成发展历史轨迹的缩影。

(一)区域经济地理学认识思维

研究产业部门结构问题,区域经济地理学有自身学科独特的思维方法和理论思维,主要包括地域性思维、时空发展思维、系统联系思维、人地矛盾思维等(图4-1)。上述思维理论方法对于研究都市区产业部门结构的地域组合类型和演变规律,具有重要的指导意义。

1. 地域差异思维

合理的产业结构是区域健康发展的前提,有利于充分利用区域资源,发挥区域优势,提高区域产业经济效益,增强区域经济(胡萍,2007)。都市区产业部门结构的形成发展是与具体的经济地域系统相联系的;也就是说,都市区产业部门结构孕育于经济地域系统,客观存在于经济地域系统,演化于经济地域系统;脱离了具体的经济地域系统,都市区产业部门结构的形成发展就失去了"母体"基质和"营养",这必然导致枯竭或消亡。然而,经济地域系统是具有鲜明的地

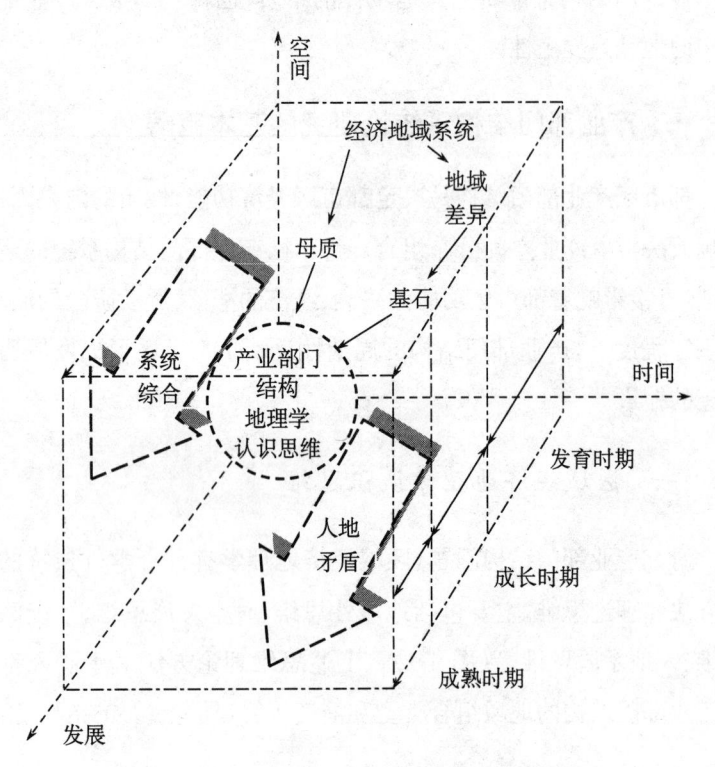

图 4-1 都市区产业部门结构研究的地理思维方法

域差异性特征,具有自身的区域地理条件和要素。都市区产业部门结构的形成和发展与这些区域地理条件和要素存在密切的关系。所以,区域经济地理学的地域差异性是研究都市区产业部门结构的基石。相对于高层次的经济地域体系,都市区是一个子系统,相对于本身,都市区自身就是一个复杂的经济地域体系。都市区产业部门结构的地域差异性是都市区具有不同类型、功能、结构、规模的本质所在。

2. 时空发展思维

时空发展思维是区域经济地理学观察问题的基本视角。地球科学中的研究对象都存在于一定时间和空间中,并且是在特定的时空中演化、发展和消亡(叶云招、肖婷、刘永桃,2009)。任何客观事物是运动的,时间和空间确定客观事物的存在形式。产业部门结构是客观存在的经济现象,都市区产业部门结构也是客观存在的经济现象。在都市区产业部门结构运动过程中,在一定的时间尺度上必然会有一定空间地域上产业部门结构的外在反映和实质内容,把这些外在反映和实质内容进行综合集成以后,可透视和总结都市区产业部门结构的时空发展规律。区域经济地理学的时空运动发展思维是研究都市区产业部门结构形成发展的主线。

3. 系统综合思维

系统综合思维是区域经济地理学研究经济地理事物的基本方法论。都市区产业部门结构系统,包括门类繁杂、成千上万的各个物质生产和社会生活部门,系统要素较多。而且各要素之间还存在密切的联系,是一个有机联系的整体,不是简单机械累加的整体。都市区产业部门结构系统是各种特定联系和关系的总和,这些关系可以是数量关系、时间关系、地域组合关系,但更重要的是要素之间的相互作用关系;前述关系都是相互作用关系的外在表现,立足于相互作用的结构分析阐明系统的数量、时间、地域组合关系,这是都市区产业部门结构系统综合思维的核心。要研究这个复杂的巨系统及其关系,需要系统综合思维方法,对整个系统进行综合分析,对各要素综合之后,化解组成为几个简单的分类系统,然后再综合不同层次子系统的特征、规律。经济地理学必须用系统的、整体的观点,才能解释各种经济地理现象(李小建、罗庆、祝英丽,2012)。只有这样,才能分析出都市区产业部门结构系统的本质联系和动态变化过程。

4. 人地矛盾思维

人地矛盾是地理学的基本矛盾,包括人地经济矛盾、人地社会矛盾和人地生态矛盾等。在城市化进程加速与城市发展空间不断扩大的情况下,城市人口增长和经济发展对土地的需求日益增长,城市化快速发展过程中人地矛盾将日益突出(郭其友,2003)。经济地域系统是人地矛盾相互作用的产物,是人地矛盾相关地域系统的一个子系统,人地矛盾是经济地域系统运动的原始基因。人地矛盾思维是区域经济地理学学科思维的红线。都市区是人地矛盾相互作用的产物,都市区产业部门结构的形成发展是人地矛盾相互作用在社会经济系统中的外在反映和本质内容,人地矛盾是推动都市区产业部门结构系统运动的地理推动力,人地矛盾相互作用的阶段性直接影响或决定着都市区产业部门结构演变的阶段性。

(二) 产业分类

1. 产业、部门、行业的概念辨析

产业(industry),原意是指生产制造的事业,简称"产业"。产业概念诞生之初,是指工业制造业;后来概念外延到所有的国民经济生产、服务的各个领域。质言之,产业革命是工业革命的内容,包括现代的信息产业革命实质上也是工业革命,是现代新兴产业的形成发展。

部门(department),原意是指机关企事业按照业务范围分设的单位,即分门别类、总体中的一部分,简称"部门"。部门不是从社会经济活动的发生学诞生的概念,而是一种分类的概念。后来,部门概念引申到产业经济研究领域,但仍然是分类的本质含义。

行业(trades and professions),原意是指职业、事业、专业,是从人类就业的角度来说的。

总的来说,产业是一个纯粹的经济学概念,是介于微观经济学的单个经济单位和宏观经济学的总体经济之间的一个"中观"层次的概念(李国强、陈明,1990)。部门和行业属于外来引入的概念,但目前产业部门结合在一起使用,部门行业结合在一起使用。所以,从这个意义上来说,产业部门结构、部门结构、部门行业结构仅仅是表达一个概念内容。

产业是指具有某种同一属性的社会经济活动单位的集合,也是全部经济活动以某一标准划分之后的一部分。所以,产业是产业部门结构系统的基本构成要素,企业又是产业的基本细胞。同一属性的企业的集合,构成产业(或部门或行业),譬如纺织产业、钢铁产业等。

2. 产业分类体系

(1) 一般产业分类体系

研究都市区产业部门结构,首先遇到的是产业分类问题。产业部门结构研究产业部门之间的比例关系及其组合关系,如果产业部门没有分门别类,也就是产业部门结构系统的构成单元没有弄清,那么就无法研究产业部门结构系统的比例关系、组合关系、关联关系等。目前,没有都市区单独的产业分类体系,只有一般的产业分类体系，主要有以下几种。

一是按照产业部门产业发展的历史和产业部门生产的不同特点而进行分类的三次产业分类法，即第一次产业、第二次产业、第三次产业。

二是按照统一经济统计口径为目的的标准产业分类法[①]，即把全部经济活动分为十大项，大、中、小、细四级，并且每级都规定有统一的编码。这是各国根据国际标准，结合各国经济发展水平、自然资源、气候等编制符合本国国情的产业分类体系（袁勤俭，2004）。

三是从社会再生产过程中的地位和性质为根据进行分类的生产结构产业分类法，即消费资料产业、资本资料产业、其他产业。

四是按照不同产业在生产过程中对资源的依赖程度的差异来分类的要素密集型分类法，即资本密集型产业、劳动密集型产业、技术密集型产业、知识密集型产业。

五是按照产品服务对象进行产业分类的轻重工业分类法。根据国家统计局对轻重工业的划分定义，重工业是指为国民经济各部门提供物质技术基础的主要生产资料的工业；轻工业是指主要提供生活消费品和制作手工工具的工业。在研究中，常将重工业和化学工业合称为重化工业。

六是按照产业功能来分类的产业功能分类法，即主导产业、关联产业、基础产业、支柱产业、潜导产业等。

---

① 联合国为了统一各国国民经济统计口径，于1971年颁布了"全部经济活动国际标准产业分类索引"，将全部经济活动分为十大类，在大类之下又分若干中类和小类。这十大类是：1. 农业、狩猎业、林业和渔业；2. 矿业和采石业；3. 制造业；4. 电力、煤气、供水业；5. 建筑业；6. 批发与零售业、餐馆与旅店业；7. 运输业、仓储业和邮电业；8. 金融业、不动产业、保险业及商业性服务业；9. 社会团体、社会及个人的服务；10. 不能分类的其他活动。

在上述各分类体系中,目前最常用的分类体系是三次产业分类体系。这种分类体系因反映了生产历史的大体发展顺序而被世界各国广泛接受,成为各国政府应用的分类方法。其他分类方法和体系经常用到分析具体问题之中。

(2) 都市区产业分类体系

都市区产业分类体系采用最常用的三次产业分类体系,因为都市区同样也存在这些产业部门,只不过产业比重不同而已。另外,它可以概括都市区产业经济运动的全部经济活动,可以较全面地反映都市区各个产业部门的经济地位和相互制约关系。

(三) 构成要素

1. 产业构成元素

社会经济活动单位是都市区产业部门结构系统基本构成元素和细胞,包括企业、政府、社会团体、社会组织等各个社会经济领域。这些社会经济活动单位按照某一种属性或联系进行综合后可归类为某一层面的产业部门;若再按照另一种属性或联系逐级向上进行组合分类,最后可归类成为第一次产业、第二次产业、第三次产业三个层次。所以,产业部门结构包括第一、二、三次产业之间的结构关系及各个产业内部的不同层次的结构关系。

2. 产业部门要素

对于都市区产业部门结构系统来说,主要是第一次产业系统的各个部门与其他城市或区域存在差异;第二次、第三次产业系统的部门要素和其他城市或区域的差异较小,只是各自的比重不同而已。

一般来说,广义的都市区空间概念,空间地域范围包括都市区核心区的外围近域辐射范围,而在这个范围内仍然还是有第一次产业系统的存在。所以,从部门要素存在角度,都市区产业部门结构系统的产业部门构成要素与区域没有本质区别。

但是,从狭义的都市区空间概念来说,空间地域范围仅包括都市区核心区及城乡接合部,而在这个范围内第一次产业系统部门要素有可能残缺不全,甚至没有。所以,都市区产业部门结构系统的产业部门构成要素有可能只有第二次、第三次产业,或者第一次产业系统所占比重极小。

(四)基本特征

都市区是一定区域范围内的社会经济系统的空间载体。都市区是一种特殊的经济地域类型,也是城市地域体系中的特殊群体。都市区产业部门结构不仅有区域产业部门结构和一般城市产业部门结构的共性特征,而且还有自身的独特的个性特征,这些具体个性特征具体包括以下几个方面。

外向性:随着经济全球化和生产国际化趋势的不断发展,区域间的经济贸易关系越来越紧密,相互依赖性也越来越强(李晓、张建平,2008)。从产业部门结构与外界经济地域的关系来说,都市区的产业部门结构具有很强的外向性,这是由都市区的本质功能所决定的。都市区对区域系统起到组织、协调、控制的调控作用,而这些功能作用的发挥,主要以都市区产业部门结构作为支撑,结构决定功能,有什么结构就会发挥什么性质的功能,所以,区域系统发展客观要求都市区的产业部门结构必须是外向性的。在一定程度上,都市区产业部门结构的外向性的程度,直接决定了都市区的腹地范围,直接决定了都市区的空间等级层次。

服务性:从产业部门结构的比例关系来说,都市区的产业部门结构应该是服务型产业占主导地位的结构关系。一般来说,在西方发达资本主义国家,都市区第三产业比重都达到了70%以上,发达国家的经济结构完成了从"工业经济"向"后工业经济"的转变,实现了从"产品经济"到"服务经济"的转变(赵英,2005;丹尼尔·贝尔,1986);在新兴发展中国家,都市区第三产业比重也达到了50%左右。都市区产业部门结构的外向性,必然要有发达的服务业系统作为支撑。都市区是一定地域范围内的经济、文化、商务、交通、教育、信息、经贸等中心,而这些功能的发挥需要有强大的服务业系统作为后盾。在一定程度上,都市区是服务业的大都市,是为区域、跨区域、全球区域服务的空间,若没有发达的服务业,称不上是都市区,仅仅是一般城市而已。

创新性:从产业部门结构的竞争力来说,都市区产业部门结构必须是具有创新能力的结构。也就是说,必须存在由创新能力的产业资源形成的科学研究、技术开发、产品研发等服务产业,这是都市区竞争力的根本所在。都市区是先进生产要素高度聚集的空间,居于经济地域系统核心的首位,担负着带动经济地域系统整体社会经济增长的重任。所以,都市区产业部门结构必须保持创新能力,才能带动产业部门结构的更新和改造,才能推动都市区社会经济不断向前运动发展;只有都市区自身产业部门结构的优化、转型,才能带动对区域的聚集和辐射功能的提升,才能有力地推动整个经济地域系统的运动发展。因此,创新性的产业部门结构是都市区永保区域竞争力的根源。可以说,创新的档次水平决定了都市区的产业部门结构等级层次,创新功能丧失之时,将是都市区产业部门结构运动发展停滞衰退或延缓的开始。

高层次性：从产业部门结构的层次性来说，都市区产业部门结构应由高层次性的产业部门组合而成。相对于一定范围的经济地域系统来说，都市区必须是高层次的产业部门聚集的空间载体，这是由都市区优越的地理条件环境所决定的。对于第一产业，都市区应该是生态农业、科技农业的生产试验、科研、服务咨询中心；对于第二产业，都市区应该是现代新兴产业的集中地域，因为新兴产业一般是"三耗"较低的技术密集型产业，附加值高，能够加速都市区经济总量的快速增长，产业部门结构体系的快速形成；对于第三产业，都市区不仅要有发达的传统服务业，譬如商贸业、交通运输业、宾馆餐饮业等，而且，更为重要的是，要有发达的现代服务业，譬如金融业、保险业、信息会计结算中介咨询业、科技研发教育产业、旅游业、房地产业、现代物流业等，这些现代服务业是保障都市区自身产业部门结构先进性的基础，更重要的是保障都市区核心功能地位的基础的基础。

综上所述，都市区产业部门结构，在对外经济关系上，是外向性的；在部门构成关系上，是服务性的；在区域竞争力关系上，是创新性的；在结构等级关系上，是高层次的。这四个特征都是都市区处于经济地域系统核心地位功能所赋予的，客观要求都市区必须有上述特征的产业部门结构，才能支撑核心地位，才能发挥核心功能作用，否则，就是一般意义的城市。

二、产业关联类型

都市区产业部门结构的各个产业要素之间是通过某种特定的关系或联系组合成为一个整体的。所以，要研究产业部门结构运动规律,首先要研究都市区产业部门结构各个产业要素之间的关系或联系的规律和特征。

(一) 产业关联的系统论诠释

1. 基本涵义

顾名思义,都市区产业关联是指都市区产业部门结构系统各个产业部门要素之间的相互促进、相互制约、相互影响、相互依赖的一种相互作用关系或联系,是各产业之间在投入和产出方面的相互联系和相互影响(李海伟,2008),这种相互作用的关系或联系,有可能通过数量结构关系、时间结构关系、空间结构关系等表征出来。所以,产业关联的相互作用关系或联系是都市区产业部门结构系统得以形成的主要杠杆。

2. 本质过程

研究产业关联(图4-2),实质上是透视都市区产业部门结构系统中整体与部分之间的关系,这是都市区产业关联研究的最终目的。整体与部分之间的矛盾、产业部门要素之间的矛盾是推动都市区产业部门结构系统运动的两个基本层次的矛盾,一个是纵向矛盾,一个是横向矛盾。

(1) 非线性的相干过程

系统整体与产业部门要素之间,主要是通过产业部门要素之间的线性相互作用方式或者非线性相互作用方式实现相互过渡。线性相互作用方式存在于都市区产业部门结构系统,但不是主要的作用关系;非线性相互作用方式是都市区产业部门结构系统横向矛盾的

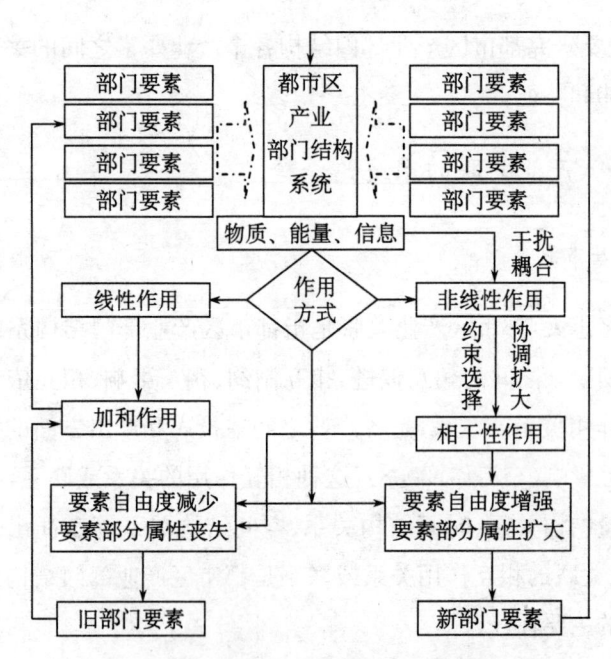

图 4-2　都市区产业关联系统的本质过程分析

主要运动存在方式。都市区产业部门结构系统是一个复杂的巨型系统，是社会经济系统，非线性相互作用方式能够表征产业部门要素新的属性的出现，能够表征系统与产业部门要素之间的质的差异；然而，这种新的属性和质的差异是都市区产业部门结构系统产业关联关系得以持续的根本原因。

为了实现产业部门结构系统整体与部分之间的相互过渡，在非线性相互作用过程中，都市区产业部门结构系统各个产业部门要素之间存在一种相干性过程，即各个产业部门要素之间相互干扰和耦合。在彼此交换物质、能量、信息的过程中实现彼此的约束和选择、协同和扩大，在相互约束和选择中各个产业部门要素原有的自由度减少乃至部分属性丧失,在协调和扩大过程中各个产业部门要素原有的自由度或属性拓宽和放大。这样,都市区产业部门结构系统的产业关联程度会提升,各个产业部门要素的属性能形成一个不可分割的有机整体,这个产业部门结构系统会非常稳定。

(2) 稳定关联过程

都市区产业部门结构系统运动的波动性、周期性和阶段性,主要决定于产业部门要素之间的产业关联的稳定性。系统稳定性相对应的概念是涨落,即系统出现了不稳定。稳定和涨落是系统中存在的一对基本矛盾关系。

影响都市区产业部门结构系统稳定性的因素有很多,既有自身产业发展环境的变化因素,譬如技术创新、政策创新、产品规模创新等,又有域外地理要素环境的干扰因素,譬如域外需求因素、技术因素、资金因素、管理因素等。运用耗散结构理论方法透视,都市区产业部门结构系统是一个耗散结构系统,这些影响因素的干扰和变化实质上是都市区产业部门结构系统与外界系统交换物质、能量和信息的过程,也是产业部门要素之间的非线性和相干性的相互作用的过程,也是系统运动做功的过程。都市区产业部门结构系统做功的能量,直接决定着产业关联关系的强化或瓦解,进而直接影响整个产业部门结构系统的稳定或涨落。所以,都市区产业部门结构系统的涨落和稳定归根结底来自于系统中产业关联的相互作用。

都市区是具有高层次产业部门结构系统的经济地域系统,之所以能够维系高等级的产业部门结构系统,主要是都市区产业部门要素之间的产业关联关系具有较高的稳定性,各个产业部门要素能够按照一定秩、一定的序、一定的层次、一定的阈排列成多维关联的产业部门结构系统。根据都市区地域分异和组合规律和形成发展的历史过程,把都市区产业部门结构的产业关联关系主要分为要素投资型产业关联、市场需求型产业关联、功能辐射型产业关联等三种基本类型。

(二) 要素投资型

要素投资型产业关联是指通过要素投资所引起的都市区产业部门结构的各个产业要素之间的产业关联关系。产业生产要素包括矿产、土地、劳动力、技术、政策等。投资规模的扩大有利于拉动经济增长(唐浩、王鹏、唐静,2010),在都市区集中投资的生产要素得到了协同和放大,形成了主导产业,而未得到集中投资的生产要素未能形成主导产业。也就是说,对都市区投资什么生产要素,就会有计划地引导都市区其他各生产要素的地域分异和组合,形成相互关联的产业部门系统,譬如东北地区的沈阳、大连、长春、哈尔滨等都市区,是典型的要素投资型产业关联的产业部门结构,主要依托东北丰富的工矿资源生产要素,国家集中投资了大量的资金、政策要素,形成了以机械加工、石油化工、冶金钢铁等为主导的重化产业部门。又譬如,珠江三角洲的深圳、广州等都市区,主要是依托丰富廉价的劳动力、土地等要素,国家政府集中投资政策、土地等生产要素,港澳台、欧美等外资企业集中投资资金、技术等先进的生产要素,发展了劳动、资金密集型的产业部门结构。

(三) 市场需求型

市场需求型产业关联是指由市场需求的紧密联系而引起的各个产业要素之间的关联关系。也就是说,都市区产业部门间的关联关系随着世界性或区域性的消费市场需求的变化而变化。在各个产业部门之间的相互作用过程中,具有跨区域或全球性市场消费需求的产业要素将会协同和扩大,形成主导产业,而不具有跨区域或全球性市场消费需求的产业要素难以形成主导产业,这种都市区产业关联是依托市场消费需求情况而形成的关联关系。譬如,日本东京都市区、阪神都市区、名古屋都市区等产业部门的内部产业关联,是典型的随着全球性市场消费需求变化而变化的关联关系,是从重化工产业到电子产业,从电子产业到信息产业的产业关联过程。

(四)功能辐射型

功能辐射型产业关联是指通过都市区的核心功能地位所引起的各个产业要素之间的关联关系。由于都市区是跨区域或全球性的核心城市,必然要为辐射区域提供各种服务,必然需要各种服务产业。若能够为跨区域或全球区域提供服务的产业要素将会被协调和扩大,形成主导产业,不能够为跨区域或全球提供服务的产业要素就难以形成主导产业。因此,这种产业关联是以功能辐射体现相互作用关系的,这种功能辐射包括生产、服务等各个方面。譬如美国的纽约都市区、英国伦敦都市区等依靠金融商务服务,聚集了各跨国公司的总部,形成了以金融商务产业为主导的产业关联关系及相应的产业部门结构系统。

三、层次结构类型

(一)层次结构的系统论诠释

系统理论包含着层次观念。透视层次结构关系是分析研究都市区产业部门结构运动发展的基础。

都市区产业部门结构产业要素之间的产业关联关系具有一定的层次性。层次结构指若干由要素经相干性关系构成的系统,再通过新的相干性关系而构成新系统的逐级构成的结构关系(国家教委社会科学研究与艺术教育司组,1989)。在这种关系中,低层系统对高层系统具有构成性关系,同一层次的系统之间存在着相干性关系。层次结构中的构成性关系是纵向关系,上下级系统之间是相互包含关系,是封闭式的关系;然而,相干性关系是横向关系,是产生新系统的动力,是同级系统要素构成高一级系统的动力。由于这种横向关系的存在,才导致了纵向层次之间质的差异。相干性关系所造成的新层次往往在自身结构上更简单一些,从而为低层系统能够进入高层次的活动创造条件。

在一定程度上,产业关联层次结构的变化也能反映都市区产业部门结构运动的历史轨迹。纵观都市区产业部门结构层次结构关系的运动历程,主要经历了构成性关系、相干性关系的产业关联等两个历史类型。

(二) 垂直性层次结构

从城市诞生一直到工业革命初期,都市区的产业部门结构形成发展都是以垂直性产业关联为基础的。具体来说,基层产业要素组合之后直接生产出商品,这些基层产业要素的大部分都是属于生产产业部门所有,并由自己完成产业要素的索取,这些生产要素没有经过产业化过程成为商品,就直接进入到企业生产领域(图4-3)。

由于这些生产要素直接进入生产产业部门,垂直关联产业溢出对企业效率有显著促进作用(周建华,2011),但是这些终端商品直接进入消费领域,生产要素之间、商品之间没有产业关联上的本质联

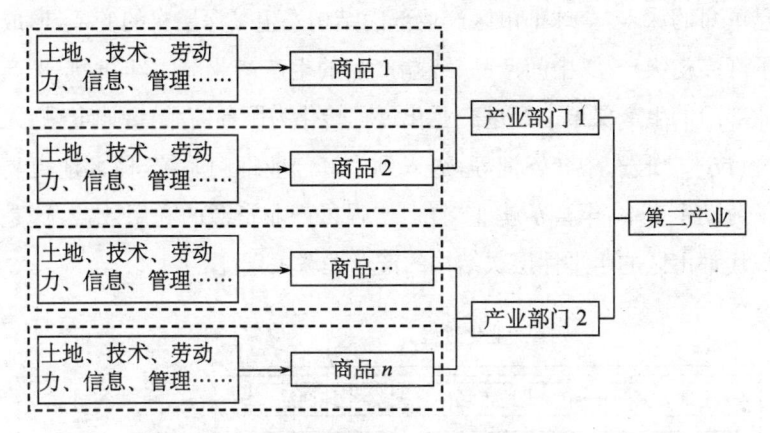

图 4-3 都市区产业部门结构垂直性层次结构分析(以第二产业为例)

系。所以,终端商品产业部门系统之间相干性关系很难发生,这种产业关联的层次结构是非常简单化的构成性关系,是非常机械独立的加和关系而非相干关系,很难通过相干性关系,产生纵向层次的质的差异,从而形成新的产业部门系统。所以,垂直性产业关联是一种自我封闭性的关联关系,社会产业链条资源没有被充分挖掘出来,同时还造成了产业要素组合的浪费和低效率运转。同时,垂直性产业关联把生产要素资源进行肢解,分散聚集在商品生产部门,低层次系统很难进入高层次系统的活动模式。

工业经济社会中期以前,都市区的产业部门结构的产业关联的层次结构大部分是垂直性的相互作用关系,诞生了许多专门化产业部门的工业化都市区,譬如美国的芝加哥、波士顿、底特律等。

(三) 水平性层次结构

第二次世界大战以来,随着国际产业地域分工的深化和细化,信息革命的深入,全球都市区产业部门结构发生了深层次的变革,形成了许多初级产品、中间产品、终端产品的生产产业部门,同时原来产业部门的生产要素也经过产业化过程转化为服务商品,譬如金融、人才、技术、研发、中介咨询等,进入到生产产业部门系统,极大地提高了劳动生产率,丰富了就业岗位,增强了产业资源的利用效益,这是现代都市区的水平性层次结构的产业关联关系(图4-4)。

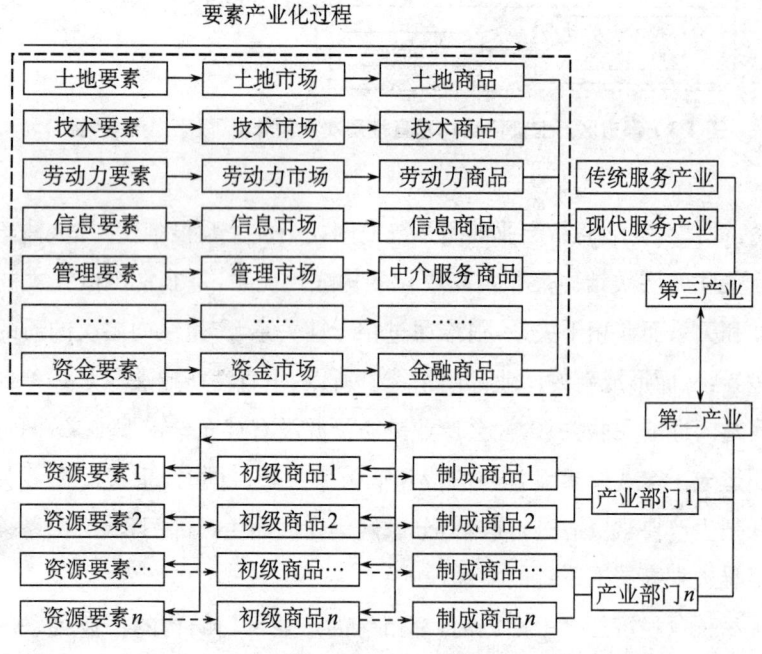

图 4-4　都市区产业部门结构水平性层次结构分析(以第二、三产业为例)

在这种层次结构关系中,都市区产业部门结构的纵向关系被拉长,形成了比垂直性产业关联还要多的层次;同时,横向关系跨度被拓宽,形成了互补性的产业关联层次。所以,这些门类众多的互补性的同一级产业部门就很容易发生相干性关系,产生新的系统,一方面导致了纵向层次之间质的差异,另一方面这个新系统进入到高一级系统,就导致高一级系统之间的相干性关系,又形成新系统,这样周而复始,每一个新产业层次的形成,将会有质的突现和新功能的问世。同时,都市区产业部门的水平性层次结构,还能够使庞杂的产业部门结构层次变得清晰,结构变得简单,功能变得多元,这为最基层的产业要素能够进入高层产业部门系统提供了平台。

水平性层次结构是开放式的有序的产业关联类型,是一种高效率运作的层次结构模式,是现代都市区产业部门结构产业关联的主要方式。都市区具有发达的水平性产业关联体系,这是都市区与其他城市产业部门结构的本质区别,也是都市区能够成为城市体系之"龙头"的根本所在和物质基础。

四、地域组合类型

目前,对于经济地域产业部门的地域组合类型的分类主要有两种:一是依据对生产力各要素的投入程度,可以划分为劳动密集型、资金密集型、能源密集型、知识密集型、技术密集型等类型;二是依据当地资源的拥有和利用程度,可以划分为资源型、加工型和资源—加工混合型等三种类型(陈才,2001)。

从资源拥有和利用的程度以及都市区形成发展的全过程来分类,本文将都市区产业部门的地域组合划分为四类:资源开发型、加工制造型、商务服务型和混合型产业部门结构地域类型(表 4-1、图 4-5)。

表 4-1 都市区产业部门地域组合类型特征对比

对比内容	资源开发型	加工制造型	商务服务型
资源利用	域内自然资源（工业农业资源）	域内外的自然资源（工业农业资源）	商务、金融、信息、研发资源
空间分布	自然资源赋存较丰富的地区，尤其是工矿资源丰富地区	当地：自然资源比较丰富的地区；异地：区位人文资源丰富地区；装配：市场人文资源丰富地区	世界经济密度最大、生产力最发达的经济地域，必须有大或巨型的跨国公司、集团公司作为支撑
发育阶段	初级阶段	成长壮大阶段	成熟稳定阶段
主导产业部门	传统农业、采掘业、原材料工业、能源工业等	机械、精细化工、汽车、农产品加工、电子、生物制药等	高科技产业、信息产业、现代服务业
主要产品形态	初级产品、半成品、中间产品	精、深、细工业制成品	高科技产品、信息产品、服务产品
社会经济单位	初级工业化、社会化企业	大规模的社会大生产的公司或工厂	集团化、跨国化的巨型规模的公司群落或集合，产业多元化并出现了捆绑式发展趋势
产业关联类型	要素投资型	市场消费型	功能辐射型
层次结构类型	典型的简单化的垂直性的层次结构	垂直性逐步转向水平性的层次结构	有序综合的水平性层次结构
数量等级状态	数量较少，未形成等级体系	数量较多，初步形成了等级体系	数量较多，形成完善的等级体系，呈现"金字塔"形

第四章 都市区结构和功能　　161

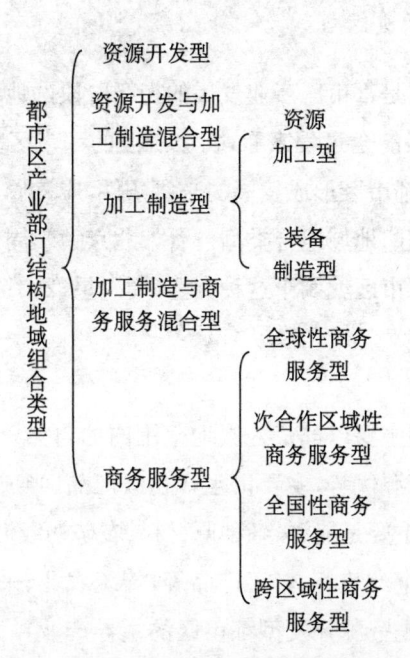

```
                    ┌ 资源开发型
                    │
                    │ 资源开发与加
                    │ 工制造混合型
都                  │                    ┌ 资源
市                  │                    │ 加工型
区                  │ 加工制造型 ─┤
产                  │                    │ 装备
业                  │                    └ 制造型
部                  │
门 ─┤               │ 加工制造与商
结                  │ 务服务混合型
构                  │
地                  │                    ┌ 全球性商务
域                  │                    │   服务型
组                  │                    │
合                  │                    │ 次合作区域性
类                  │                    │   商务服务型
型                  └ 商务服务型 ─┤
                                         │ 全国性商务
                                         │   服务型
                                         │
                                         └ 跨区域性商务
                                             服务型
```

图 4-5　都市区产业部门结构地域组合类型

（一）资源开发型

1. 概念释义和空间分布

资源开发型产业部门结构地域组合类型主要是指利用都市区腹地范围内的自然资源（包括工业资源和农业资源）进行初级加工而形成的地域组合类型（图 4-3）。

一般来说，资源开发型产业部门结构地域组合类型主要分布在自然资源赋存较丰富的地区，尤其是工矿资源丰富地区。

2. 形成发展阶段

资源开发型是都市区产业发展的初级阶段的地域组合类型。从都市区形成发展的全过程来看,初级阶段的都市区多属于资源开发型。但是,作为都市区形成发展的必要条件,应该属于都市区客观存在的一种产业部门地域组合类型。譬如北京大学周一星教授研究的"曲阜—济宁"都市区就属于这种类型(周一星,2001)。

3. 基本特征

资源开发型主要以都市区腹地范围内的自然资源开发为主,依靠当地的自然资源优势,主要以生产初级产品、半成品、中间产品为主,向外输出的主要是能源、各种原材料、农矿初级产品,输入的主要是高科技产品、生产装备、轻工产品等,传统农业、采掘业、原材料工业、能源工业等是资源开发型都市区的主导产业。社会经济活动单位经历了初级工业化和社会化企业阶段,生产规模小,产品单一。

资源开发型都市区产业部门结构属于要素投资型的产业关联关系,自然资源是产业关联的纽带,是形成产业部门结构的基础。所以,资源的波动将直接影响着都市区产业部门结构的稳定。因此,资源短缺、枯竭、再利用等问题,是资源开发型都市区产业部门结构可持续发展的重大问题。资源开发型投资通常表现为生态破坏和环境污染所产生的成本外溢,即社会成本大于私人成本(王言秋,2010),产业部门结构转型、升级、优化是资源开发型都市区实现阶段性跃迁的历史任务。

资源开发型都市区产业部门结构的层次较单一,横向层次产业要素较少,系统要素之间的相干性关系作用非常弱,导致难以形成新系统要素,难以进入高一级系统层次;同时纵向层次不多,很难与其他部门要素结合,形成新系统要素。所以,资源开发型都市区产业部门结构是典型的简单化的垂直性层次结构,这也是都市区形成发育初期必然的客观反映。

总之,在都市区初级阶段,资源开发型产业部门结构是先进的,但是,随着都市区逐步成长而进入高级发展阶段,这种产业部门结构是极其脆弱的,需要进行有序的调控,才能引导这种产业部门结构的转型升级。所以,对于这类都市区,必须重视资源开发的接续产业系统建设,否则,在现代产业经济社会中,就会逐步衰退,同时,也会逐步丧失都市区的地位作用,沦为一般性城市。

(二) 加工制造型

1. 概念释义和空间分布

加工制造型是指利用都市区地域内外的各种自然资源(包括工业资源和农业资源)进行精细深加工而形成的产业部门地域组合类型。根据都市区原材料来源的加工程度不同,把加工制造型都市区又分为两种:资源加工型和装备制造型(图 4-5)。

一般来说,资源加工型都市区主要存在于自然资源比较丰富的地区,尤其是工矿资源丰富的地区,譬如哈尔滨、长春等都市区;装备制造型都市区主要分布在区位人文资源比较丰富的地区,尤其是技术资源丰富的地区,譬如上海、日本的东京、大阪、名古屋等都市区。

2. 形成发展阶段

加工制造型产业结构是都市区产业结构系统成长壮大阶段的地

域组合类型和主要表现形式。从都市区形成发展的全过程来看,资源加工型都市区是资源开发型的转型、升级、继承、发展,是都市区成长时期的主要的地域组合类型;装备制造型是都市区外向化过程中形成的新兴的地域组合类型,是适应跨国公司和集团公司的需要而兴起的一种地域组合类型,这种类型可能与资源加工制造型都市区相重合,也有可能在其他低层次城市,激活产业要素,拉动低层次城市走向大都市发展。因此,资源加工型和装备制造型都是都市区处于成长过程的不同阶段上的地域组合类型。

3. 基本特征

资源加工型主要是利用自然资源,进行精细深度加工,主要以精、深、细工业制成品为主;向外输出多是工业制成品,包括高科技产品、机电产品、装备制造产品等,向内输入多是初级原材料产品、工矿资源产品等;主要以机械、精细化工、汽车、农产品精细深加工、电子、生物制药等为主导产业。装备制造型主要是依托优越的社会人文资源,或利用当地廉价的土地、劳动力资源,或利用当地国家的优惠政策,或利用当地国家的消费市场需求,进行组装装配加工制造,主要以零配件半成品、组装工业制成品为主,产品类型根据跨国公司或集团公司的经营方向而各异,主导产业也各异,有轻工工业,也有重化工业,还有电子工业等等;有的是出口加工基地,产品销往国际市场,有的是本国市场消费。社会经济活动单位出现了大规模的社会大生产的公司或工厂,产业单一,但产品结构变得复杂。

装备制造型结构属于市场消费型的产业关联关系,市场消费需求是产业关联的纽带,是形成产业部门结构的基础。所以,市场消费需求的波动,将会直接影响结构。因此,市场的开拓、产品的

第四章 都市区结构和功能

更新转型、技术的改造、企业的转产等问题,是装备制造型都市区可持续发展的重大问题。对于资源加工型结构,要素投资型和市场消费型产业关联关系并存,自身的自然资源是这类都市区发展的优势,市场消费需求的扩大是这类结构转型升级的机遇。所以,若资源开发型都市区能够把握机遇,通过引进技术、资金、管理、人才等先进生产要素,对原有的初级产品进行精深细加工,由粗加工向高加工度化升级,提高产品附加值;同时,通过制造业的逐步升级,提升产品质量档次,缩短产品开发周期,促进产品升级换代(万晖、饶勤武,2012),将能成功跃迁为装备制造型地域组合类型;反之,将会衰退或消亡,甚至出现"边缘化"现象。对于装备制造型都市区,实现现代工业制造产业向现代服务业、信息产业的转型升级,是都市区阶段性跃迁的根本性问题。那么,对于从资源开发型转型到加工制造型的都市区,将面临艰巨的多重的产业部门结构改造任务。

加工制造型的层次结构逐步变得复杂有序,横向层次产业部门系统要素明显增多,系统要素之间的相干性关系明显增强,易形成新系统要素,易于进入高一级系统层次;同时纵向等级层次明显变多,导致系统部门纵向要素之间链条拉长,这样,通过相干性过程形成的新系统容易导致纵向部门要素之间的质的差异,重新形成新系统要素。所以,加工制造型都市区产业部门结构正处于垂直性逐步向水平性转型的层次结构过程中,这也是都市区成长壮大时期的必然客观反映。

总之,加工制造型是目前世界发展中国家、西方发达国家都市区普遍存在的一种地域组合类型。往往是都市区产业地域类型的主体部分。当然,不是所有的加工制造型都市区都能发育成为商务服务型的地域组合类型。所以,对于有条件发展成为商务服务型的加工制造型都市区,应该积极培育现代服务产业、信息产业,为阶段性跨越奠定基础;对于没有条件发展的,应该注重技术装备的更新、产品创新、人才培养、融资创新、产品转型等问题,为稳定发达的工业化的加工制造型地域组合类型奠定基础。

(三) 商务服务型

1. 概念释义和空间分布

商务服务型是指利用都市区的商务资源、金融资源、信息资源、研发资源等进行跨区域或全球性服务而形成的产业部门地域类型。根据商务服务的空间腹地不同,商务服务型还可分为全球性商务服务型、次合作区域性商务服务型、全国性商务服务型、跨区域性商务服务型等四个层次(图4-5)。

一般来说,商务服务型主要分布在世界经济密度最大、生产力最发达的经济地域,必须有大或巨型的跨国公司、集团公司作为支撑,也必须有发达的制造业作为支撑。譬如全球性商务服务型都市区有美国的纽约、日本的东京、英国的伦敦。美国纽约都市区腹地范围是美国工业化时期的重化工业制造业基地,日本东京都市区腹地范围是日本工业化时期最发达的重化工业制造业带,英国伦敦都市区腹地范围是世界工业化的摇篮,这三个经济地域是世界工业化的核心工业地区或地带,是世界工业化进程的引擎,形成了众多世界名牌的跨国公司和制造业"大王"。再譬如,次合作区域性商务服务型都市区有首尔、新加坡、香港等;全国性商务服务型都市区有北京、上海、曼谷、吉隆坡、加尔各答、巴黎、柏林、莫斯科等;跨区域性商务服务型都市区有广州、沈阳、芝加哥、大阪、利物浦、波恩等。

2. 形成发展阶段

商务服务型是都市区产业部门结构成熟稳定阶段的地域组合类型和主要表现形式,是加工制造型和资源开发型都市区形成发展的方向和目标,是都市区产业部门地域组合类型发展的高级阶段。从都市区形成发展的全过程来看,商务服务型是新国际地域产业分工所形成的产业地域组合类型,目前全球性大都市已经成为商务服务型的产业结构地域类型,次合作区域性大都市正在形成发育之中,全国性和跨区域性的大都市正处于工业化的加工制造型和信息化的商务服务型都市区并存的发展阶段。随着新一轮国际地域产业分工的全面深入,发达国家成熟的都市区,把原来的加工制造业转向第三世界发展中国家,推动了各国都市区加工制造型产业地域类型的形成发展;更为重要的是,把控制这些加工制造产业的金融资源、技术资源、研发资源、管理资源、信息资源、中介服务资源等从大产业中游离出来并保留下来,就地进行资源整合,形成现代服务业,这些现代服务业与那些扩散的加工制造业以跨国公司为纽带仍然是一个完整的有机整体,那些加工制造业扩散到哪儿,这些现代服务业就辐射到哪儿。所以,通过产业分工、扩散、重组、升级,加工制造业中心转变成为了商务服务业中心、生产管理控制中心、生产研究开发中心、创新中心,原来加工制造型都市区跃迁为商务服务型都市区,商务服务型地域类型的形成发展是加工制造型都市区产业部门结构的继承性转型、分工性重组、创新性发展。也就是说,没有发达的加工制造型产业部门结构,就难以有现在的商务服务型地域类型的诞生和发展。

3. 基本特征

商务服务型都市区主要以高科技产品、信息产品、服务产品为主,以技术贸易、服务贸易的形式向外提供产品;主要以高科技产业、信息产业、现代服务业为主导产业。向外输出的是高科技产品、信息产品、服务产品等,向内输入的是工农业制成品。所以,从这个意义上说,商务服务型都市区是"数字型"都市区。社会经济活动单位出现了集团化、跨国化的巨型规模的公司群落或集合,产业多元化并出现了捆绑式发展趋势,产品结构变得异常复杂。商务服务业是生产性服务业的主要组成部分,对其他产业有很强的乘数效应和拉动作用,该产业不仅能推动生产企业的进步,促进服务业的升级改造,提高经济效益,还能产生积极的示范效应,在整个经济区域内实现合作共赢的可持续发展(薛玉立,2008)。

商务服务型都市区产业属于功能辐射型的产业关联关系,功能辐射是产业关联的纽带,是商务服务型地域类型形成发展的基础。所以,功能辐射区域的范围大小、需求量的规模等,都将直接影响着都市区产业的状况。因此,功能辐射区域的生产力发展水平、全球经济发展水平、社会物质需求、战争、疾病、各种自然人文灾害等问题,是影响商务服务型都市区可持续发展的重大问题。

在新国际产业地域分工的推动下,商务服务型的层次结构属于典型的水平性产业关联结构,原来蕴藏在加工制造产业部门的资金、技术、信息、研发、管理等生产要素资源都脱胎出来,成为独立的产业化生产部门,成为与加工制造产业部门同级的系统要素。所以,横向层次产业部门系统要素急剧增加,增加了相互之间的相干性机会和过程,容易形成新系统要素,同时也能导致纵向层次之间的质的差异;容易经过相干性过程之后形成新系统要素进入到高一级系统,高一级系统要素的增加,在高一级层次的横向关系中的相干性机会和过程同样也能增多。这样,都市区产业部门结构运动是一个创新的运动过程,产业资源要素的转换、协调、变异等过程直接导致新产品的诞生和发展。从产业部门结构的层次结构关系来说,如果资源开发型到加工制造型产业部门结构地域组合类型是量变的累积,那么,加工制造型到商务服务型产业部门结构地域组合类型是质变的跃迁。所以,水平性层次结构是商务服务型都市区产业部门结构地域类型的本质根源和内涵,是现代都市区形成发展的必然客观要求。

总之,商务服务型是目前世界都市区最高级的产业部门结构地域类型,是城镇体系的核心和"龙头",是处于城镇体系的第一层次,一般数目不多。对于商务服务型都市区,全球政治经济的发展与合作建设、经济一体化建设、全球可持续发展建设等是现代商务服务型都市区产业部门结构发展需要解决的根本性问题。

(四)混合型

混合型主要存在两种:资源开发与加工制造混合型和加工制造与商务服务混合型,由于资源开发与商务服务混合型的产业部门结构地域类型存在的可能性不大,这里不做分类。

资源开发与加工制造混合型是都市区从初级阶段向成长阶段、高级阶段的过渡地域组合类型,既有资源开发产业,又有加工制造产业,二者同时并存,这种类型主要分布在发展中国家。

加工制造与商务服务混合型是都市区从成长阶段向高级阶段过渡的地域组合类型,既有发达的加工制造产业,又有一定的商务服务产业基础,二者同时并存,这种类型主要分布在新兴崛起的发展中国家、新兴工业化国家及发达国家的一些工业化都市区。

五、对都市区产业部门结构演变规律的认识

综上所述,都市区产业部门结构存在着自身的规律。概括起来,主要有三次产业演变规律、产业关联演变规律、层次结构演变规律、地域组合类型演变规律等(表4-2)。

表 4-2 都市区产业部门结构演变规律

演变规律	孕育阶段	成长阶段	成熟阶段	发展趋势
三次产业	低层次的传统的第三产业	以传统加工制造业为主的第二产业	现代第三产业、现代新兴工业、信息产业	生态经济产业、社会人文服务产业
产业关联	要素投资型	市场需求型	功能辐射型	生态人文型
层次结构	开放程度较低的垂直性关系	半开放式的垂直性关系	全方位开放式的水平性关系	以水平性层次结构为主导的镶嵌式层次结构
地域组合类型	资源开发型	加工制造型	商务服务型和发达的加工制造型同时并存	生态人文型区域化复合型都市区群体集合群落

(一)三次产业演变规律

对于一个国家或地区来说,产业部门结构的三次产业更替的一般规律是:从就业人口在一、二、三次产业间比重的变化看,存在着由第一次产业向第二次产业,再向第三次产业转移的趋势;从国民收入

比重变化来看,存在着第一次产业实现的国民收入相对比重下降,而第二次、三次产业实现的国民收入所占比重呈现上升趋势。对于广义的都市区来说,符合英国经济学家克拉克提出的就业人口在三次产业间变化的情况,也符合美国经济学家库茨涅茨关于三次产业占国民收入比重变化的看法(王婧,2011)。然而,对于狭义的都市区来说,也是都市区城区及城乡结合部范围内,是从传统第三产业、传统第二产业再到现代第三产业和现代新兴工业、信息产业等三个阶段的更替演变规律。

具体来说,在城镇孕育时期,低层次的传统的第三产业比重占有较大比重,主要以农副产品的商业流通贸易业为主。

在都市区形成初期,随着工业革命的全面展开,第二产业比重跃居到核心地位,占有较大比重,主要以传统加工制造业为主,先后经历了轻纺工业、煤炭冶金工业、电力机械石油化工工业等更替。

在都市区成熟时期,随着信息科技革命的逐步深入,传统第二产业发展速度相对较慢,随之相对比重逐步下降,现代第三产业、现代新兴工业、信息产业发展迅速,快速赶超了传统第二产业,相对比重急剧上升,并占据优势地位,主要以现代生产性服务业、电子工业、宇航工业、有机合成工业、自动化设备、新材料工业、新能源工业、智能产业、信息产业等为主。

(二)产业关联演变规律

产业关联演变规律是反映都市区各个产业要素相互作用关系的诱导因子的演变规律。

在都市区形成发展初期,主要以要素投资产业关联为主,促进区域生产要素的地域分异和组合,推动产业部门结构的运动发展。工业化初期,产业要素投资是自发的;但是,工业化中前期,产业要素投资是有计划的。

在都市区成长壮大时期,主要以市场需求产业关联为主,通过市场消费需求,促进诸多地理要素的地域分异和组合,拉动都市区产业部门结构的形成发育。

在都市区成熟稳定时期,主要以功能辐射产业关联为主,通过都市区的功能辐射,促进更大范围内诸多地理要素的地域分异和组合,带动都市区产业部门结构的转型、升级和完善。

从产业关联演变规律可以看出,产业要素一次比一次自由,但是,产业部门结构内部的产业关联一次比一次紧密。也就是说,产业要素诱导因子不同,它的地域分异和组合的自由度和活性也不同;每上升一个阶段,产业要素的自由度和活性就越强,被动进入变成了主动参与,能够发挥产业要素关联的效益,为都市区产业部门结构提供创新的源泉,并能保持都市区的持续稳定发展。

(三) 层次结构演变规律

层次结构演变规律是都市区产业部门结构演进的关键性环节。都市区产业层次结构关系的变化,直接影响都市区形成发展的类型、结构和功能。

在都市区形成发展初期,产业部门的层次结构主要以开放程度较低的垂直性关系为主,产业链条短,产业关联关系不强,产业部门不多。

在都市区成长壮大时期,产业部门的层次结构主要以半开放式的垂直性关系为主,产业链条逐步延伸,产业关联关系逐步增强,产业部门逐步增多,都市区产业经济增长的活力显著提升,极大地促进了都市区的成长发育。

在都市区成熟稳定时期,产业部门的层次结构主要以全方位开放式的水平性关系为主,产业链条急剧延长,公司按照各自竞争优势分置于产业价值链的不同位置上,共同组成一个以价值增值链为纽带的国际一体化生产体系(潘悦,2002),产业关联关系急剧变得复杂而有序,产业部门显著增多且非常细化,都市区产业经济增长活力急剧膨胀放大,极大地促进了都市区产业部门结构的转型升级,推动了都市区阶段性跨越。

从内外半开放式的垂直性层次结构到全方位开放式水平性层次结构,是都市区产业部门结构运动发展的客观规律和必然。

(四)地域组合类型演变规律

地域组合类型演变规律是都市区产业部门结构地域性运动规律的客观反映。

在都市区形成发展初期,产业部门的地域组合类型主要是资源开发型。资源开发型产业部门结构是自然资源的初级开发利用。由于人与自然的矛盾主要是生存利益冲突,导致了人类对自然资源的掠夺式开发。所以,资源开发型产业部门结构是非持续性的。都市区初期是高级阶段的必要条件而非充分条件。

在都市区成长壮大时期,产业部门的地域组合类型主要是加工制造型。由于人类对自然认识水平的提高,人与自然的矛盾主要是经济利益的冲突,导致了人类前所未有的大规模的掠夺式开发,在满足经济利益需求的同时,导致了生态环境的严重失态。所以,加工制造型产业部门结构也是非持续性的,以此为物质基础形成的都市区是"黑色文明"的都市区。在这一阶段,都市区的数量、规模上都有了较大的发展,出现了较大的地域差异,有的快速形成了聚集规模经济而在竞争中得以成长,有的难以形成聚集规模经济而在竞争中逐步衰退。

在都市区成熟稳定时期,产业部门主要是商务服务型和发达的加工制造型同时并存的地域组合类型。商务服务型产业部门结构特点是主要从事社会人文资源的深度加工利用。由于人类对自然认识水平的质的提高,人与自然的矛盾主要是生态人文利益的冲突,导致人类必须走可持续发展的道路。所以,商务服务型都市区产业部门结构承担着对工业化时期"黑色"产业部门结构类型的绿色生态改造。一方面,商务服务型产业部门结构自身是环保型产业;另一方面,商务服务型产业部门结构还要对工业化的加工制造型产业部门结构进行高技术、生态绿色改造,推动绿色生态加工制造型产业部门结构的形成发展。因此,商务服务型产业部门结构是社会经济系统的核心,这个载体是商务服务型都市区。但是,不是所有的工业化加工制造型都市区都能演变为商务服务型都市区,因而商务服务型都市区的数目是较少的,且具有一定等级层次的要求;然而,经过商务服务型都市区绿色生态改造之后的加工制造型都市区,仍然是都市区体系的主体部分,是商务服务型都市区体系的物质支撑。所以,都市区成熟稳定时期是商务服务型和生态绿色加工制造型都市区共生的阶段;其中,商务服务型都市区是"龙头",生态绿色加工制造型都市区是主体,整体上是"金字塔"形的等级体系结构。

六、演化趋势

随着经济全球化和区域经济集团化的进一步深入和发展,政治多极化格局的发展,改变了诸多地理要素开发利用的地理环境,这必然会带动这些要素的新一轮地域分异和组合过程,都市区的产业部门结构将会发生相应的变化。

(一)产业形态演化趋势:生态经济和社会人文服务产业

人类前后经历了农业革命、工业革命、信息革命三次产业革命,同时相应地推进了产业结构的转型、升级和发展。人类发展到21世纪下叶以后,随着信息革命的深化,将会推动人类生活质量的迅速提高、消费观念的变革,导致人类公共利益的扩大,从而引导社会向集体化方向发展,客观上要求整体性的、安全性的公众消费需求,这种公众消费需求主要体现在两个方面:一是对生态健康的需求;二是对人文社会服务的需求。生态健康的需求将会形成生态经济产业,一方面是生态环境空间经济,为人类提供绿色健康的生活环境;另一方面是生态绿色健康商品经济,为人类提供绿色健康的生活物质;人文社会服务的需求将会形成规模经济、高质量的社会人文服务产业,直接进行人与人之间、集团与集团之间、国家与国家之间的关系协调,从而改变地域利益冲突、改变人与人之间的社会冲突。因此,生态经济产业和社会人文服务产业是继信息经济产业和现代生产性服务业之后的未来都市区产业部门结构的主导产业群。

(二)产业关联演化趋势

1. 生态人文型关联类型的地位将呈上升趋势

生态人文型是未来都市区产业关联的主要类型,主要以生态标准约束和选择产业要素进入社会经济活动,以人文公众需求为标准组织社会生产,以绿色健康的标准衡量生产产品合格性。因此,上述要求将成为约束未来都市区产业要素分异与组合的重要机制,形成一个既是生态绿色又能符合人类公众需求的产业部门结构。也就是说,生态人文因子是未来都市区各个产业要素关联组合的动力基因,符合生态人文要求的产业要素在相干过程中会协同、扩大,形成新产业要素,反之,会被约束和选择,最终会被淘汰。

2. 镶嵌式层次结构将成为基本类型

目前,在经济全球化和区域经济集团化过程中,在一个跨国公司或集团公司内部,产业部门横跨第一次、二次、三次产业,产业链条纵贯初级产品、中间产品、终端产品等各个层次。都市区已经呈现了以水平性层次结构为主导的镶嵌式层次结构。因此,未来都市区产业部门结构将会以镶嵌式层次结构为主要基本类型。

(三)地域组合类型演化趋势:生态人文型

随着产业部门结构向前运动,生态人文型产业关联成为产业部门系统形成的主导过程,生态经济产业和社会人文服务产业成为了主导产业部门。由于生态经济产业和社会人文服务产业功能的公众性,决定了这类产业不是仅属于都市区,而是属于整个人类社会。所以,生态经济产业和社会人文服务产业的区域化将是一个必然趋势。生态经济产业和社会人文服务产业都是属于高科技、高信息量、高投入的产业,必然要求有发达的商务服务型的都市区为核心,它的发展是建立在发达的商务服务型都市区基础之上的。所以,未来的都市区产业部门结构必然是生态人文型的地域组合类型。

生态人文型的地域组合类型是一个以生态人文产业为主线、以商务服务型大都市为核心、以生态绿色的加工制造型大都市为支撑、以发达的城乡聚落为腹地的区域化复合型的都市区群体。

第二节 都市区产业空间结构

研究产业结构问题,区域经济地理学与区域经济学的本质区别在于是否研究产业空间结构。区域经济学仅仅研究产业部门结构的经济运行规律,而区域经济地理学以独特的地理思维研究产业部门结构之后,接着要研究产业空间结构。可以说,研究产业空间结构是区域经济地理学学科本质的内容特征。整个研究贯穿了一个地理学思想:从地域中来,还要回到地域中去。产业结构主要包括产业部门结构和产业空间结构,二者是一对完整的经济地理学概念,产业部门结构主要是从地域要素中研究产业部门结构形成的特征与规律,而产业空间结构主要是为这些产业部门进行科学空间定位,使这些产业部门又能回归于地域空间,前者解决产业的部门分工问题,后者解决的是产业地域分工问题,这是研究产业结构过程的两个不可分割的侧面。

一、产业空间结构系统论研究的基本范畴

(一)对空间概念的解释

空间是一个非常通俗而常用的概念,不同的学科有不同的认识。

1. 相关学科对空间概念的认识

哲学是从物质运动的存在形式认识空间概念的。空间是运动着的物质的广延性,这种广延性表现为物体彼此之间的并存关系和分离状态,物体的体积、形态、位置和排列次序等等;时间和空间作为运动着的物质的存在形式,它们同物质运动是不可分割的(李秀林、王于、李淮春,1995)。

经济学是从成本利益的区位论认识空间概念,空间是事物存在的一种形式和重要的一种资源,认为空间既是负担又是资产(曼纽尔·卡斯特,2001),由此诞生了区位论体系,认为空间是区位,区位是事物运行成本最低的空间。所以,经济学区位空间带有深刻的成本学派的经济思维的影子。

建筑学是从房屋建筑的几何空间尺度认识空间概念,空间是房屋建筑形态的几何要素,包括长、宽、高以及由此延伸的面积、高度、景观、功能、形态、美学等。后来,城市规划学的诞生,建筑空间概念又引入了城市规划理论和实践,主要是城市空间功能分区、景观空间、形象空间等;但是,还是带有浓厚的空间美学的形象思维的烙印和痕迹。

社会学是从社会实践的角度认识空间概念,空间是共享时间之社会实践的物质支持(辛晓晖,1998)。

2. 地理学对空间概念的解释

近代地理学明确地引入了空间概念,并成为地理学的主要专业用语。近代地理学家李特尔说:"地理学就是地上事物对地球空间的填充。"赫特纳认为,空间本身是一种观念形式,只有通过它的内容才

第四章 都市区结构和功能

能获得实在的意义;空间即位置和扩展范围;空间包括地点、地方、地区、大陆、地球表面等层次(王建,2001)。因此,地理学是从区域的角度认识空间概念,空间是存在于地球表层系统的地理事物所占据的位置和扩展范围。地理学认识空间概念主要有如下特征内涵。

第一,空间是地理事物客观存在的差异性的反映,也就是说,地理事物在地球表层上的位置和扩展范围是唯一的,地球上没有两个完全一样的空间实体。因为空间不仅是地理位置和地理范围,更为重要的是在这个地理位置和地理范围内,存在着诸多的地理条件等物质内容,地理条件的差异也决定了空间差异性。这是地理学认识空间概念的精髓和灵魂。

第二,空间是客观存在的,不是像经济学抽象概括的虚拟的概念,也不是像建筑学形象构造的几何的概念,而是现实中客观存在的。它与时间是物质运动的存在形式。

第三,空间的本质内涵是区域。简单来说,区域是一定范围的地理空间,是人类社会经济活动所占据的空间范围(李小建,1999)。区域是地理学研究的核心。

第四,空间有范围大小、级别之分,也就是说,空间具有尺度的概念。不同尺度的空间的大小、级别是不一样的,相应的结构、功能也是有差异的。

第五,空间是各种地理事物或现象的载体,同一空间的各个地理事物或现象是相互联系、相互依赖、相互作用的有机整体,不同空间的地理事物或现象是存在差异联系的,相互之间互为地理环境。

综上所述,空间具有特定的地理内涵,是以哲学空间概念为基础建立的,远远超出了经济学、建筑学、社会学的空间概念,地理学给空间赋予了丰富的内容。

3. 相关空间概念的系统层次辨析

对区位、位置、地缘、空间的概念,在前述章节已经作了阐述。学术界对于区域的概念存在不同的争议。但是有一个共同的观点:区域是一定范围的地理空间,是具有一定结构和功能的地域单元。在这里,主要是论述空间、区域、区位、位置、地缘之间的系统层次关系(图 4-6)。

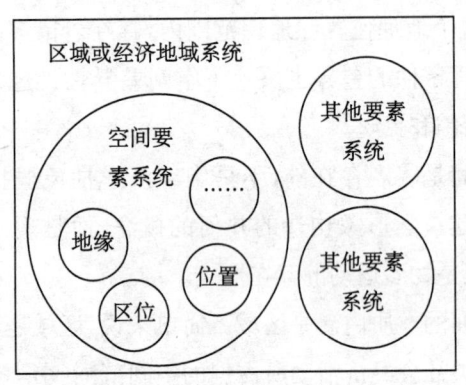

图 4-6 相关空间概念的关系

空间是经济地域系统的客观存在的基本要素,即空间要素是经济地域系统的组成要素系统。经济地域系统是区域的本质内容,区域是经济地域系统的外在表现形式,二者是表里关系。从这个意义上说,空间是区域客观存在的基本要素,空间要素是区域或区域系统的组成要素系统。

在空间要素系统中,区位、位置、地缘条件又是基本的构成要素;也就是说,区位、位置、地缘条件要素是空间要素系统的子系统,是经济地域系统空间要素系统的本质内容。

（二）概念特征

产业空间结构将直接影响着都市区人地矛盾相互作用的强度，直接影响着都市区功能的发挥水平，直接影响着都市区社会经济系统运行的效率。

1. 概念内涵

简言之，都市区产业空间结构是指一定的历史发展阶段都市区的各个产业要素与结构单元在空间上的组合形式（赵改栋、赵花兰，2002），这种组合形式是经过地域分异和组合形成的，是都市区各个产业要素在空间运动上的客观反映。具体来说，都市区产业空间结构系统具有以下几个方面的概念内涵：

都市区产业空间结构属于历史范畴，必须与时间要素统一认识判断，以透视都市区空间结构的本质内涵。不同的时间跨度，有不同的空间结构形态、类型、功能。脱离了时间要素，探讨都市区空间结构问题是不完整的。

都市区产业空间结构属于社会经济范畴，是社会经济活动的行为空间，而不是地理要素的赋存地理空间。社会经济活动的行为空间存在空间结构的优化组合问题。都市区产业空间结构应是空间组合效率最高的地域。

都市区产业空间结构属于区域范畴，区域性是都市区产业空间结构的本质属性。都市区产业空间结构诞生于区域，也回归于区域。

都市区产业空间结构属于系统范畴，系统性是都市区空间结构存在的哲学属性，也是其运动的本质机制。系统性决定了都市区产业空间结构具有层次性、整体性、综合性等特征内涵。

对都市区产业空间结构的认识主要是定性认识和判断,包括各个产业部门与要素之间的空间分布状态、空间相互关系、地域组合形式等三个方面的内容。

2. 一般特征

都市区产业空间结构主要包括如下四个方面。

(1) 枢纽化特征

枢纽化是都市区产业空间结构最本质的空间特征,是都市区作为一定地域范围内经济地域系统首位核心城市的空间结构的基本标志。一般来说,都市区是一定地域范围内的交通枢纽、经济枢纽、文化枢纽、信息枢纽等,是经济地域系统的最关键、最核心、最大的空间节点。在一定程度上来说,枢纽化是衡量都市区的充分条件。

(2) 多中心特征

多中心是都市区产业空间结构的标志性特征。通常,一般城市的空间格局是单中心的;但是,成熟的都市区大部分是多中心的,因为它空间负荷太大,必须有多中心的空间结构作为支撑。多中心是都市区产业空间结构发育完善的重要标志。

(3) 空间一体化特征

空间一体化是都市区产业空间结构的整体性特征。一般城市与其外围区域空间差异较明显,空间一体化进程步伐较慢。但是,都市区是城市与区域系统空间一体化程度最高的地域,城市区域和区域城市已经成为了成熟都市区的最基本的空间结构特征,对外界区域联系不仅仅是都市区的核心区,而是整个大都市地域都有紧密的内在社会经济、生态联系。对外界区域的联系具有体现都市区一体化的显著特征。空间一体化的程度是衡量都市区产业空间结构是否成熟稳定的重要标志和条件。

(4) 空间层次网络特征

空间层次网络性是都市区产业空间结构和形态的重要表征。都市区在发展过程中呈现出层次化的演进方式,是由于各个城镇在融入全球化的过程中,出现了空间的快速蔓延和均质化以及功能结构等级化的双重倾向,生产空间的大规模转移同服务职能的快速集聚并存,这使得各地区除了围绕中心城市形成以市域为基本单元的都市区之外,还依据各城镇之间的功能结构关系形成跨区域的大尺度都市区(刘雨平、耿磊、陈眉舞,2009)。一般来说,城市与腹地区域的低层次节点之间的联系基本上通过一条交通线路进行,具有点轴联系的特征,呈放射状的空间结构。但是,都市区是空间层次网络性程度最高的地域,成熟的都市区产业空间结构都有发达的高速公路、高速城市铁路、轻轨、地铁等立体化的都市内部交通系统作为支撑,这些发达的交通网络系统把都市区的多中心节点与外围的卫星镇、新区、新城、组团等节点联成一个具有不同层次的网络化的空间结构。所以,空间层次网络性是都市区产业结构运动的重要纽带。

(三) 组成要素

根据空间的物质内容属性的不同,都市区产业空间结构的组成要素相应也有较大差异。

从行政空间来说,都市区产业空间结构的载体系统包括各个区、县(市)的行政区。譬如,广义的长春都市区,包括朝阳区、宽城区、绿园区、二道区、南关区、双阳区、九台市、德惠市、榆树市、农安县等要素;狭义的长春都市区只包括各个城区,即市区范围。

从功能来说,狭义的都市区产业空间类型包括工业区、行政区、文化教育区、商贸区、CBD、生态区、体育、流通区、居住区等；广义的都市区产业空间类型系统包括城市和农村两个功能空间系统。

从网络空间来说，狭义的都市区产业空间结构包括中心、交通网络系统、市区三个要素；广义的都市区产业空间结构包括核心区、一级聚集区、二级聚集区、边缘组团或新区或卫星镇、外围区域、交通网络系统等要素。

二、地域组合类型

都市区产业空间的地域组合类型实质是对都市区空间结构相似性、差异性的综合。不同的综合角度将会有不同的地域组合类型。从区域经济地理学角度，主要从空间分布特征、空间结构相互作用关系、城镇空间组合形式、产业空间聚集形态等方面认识都市区产业空间的地域组合类型。

（一）根据空间分布特征划分

根据都市区产业空间结构的空间分布特征，可以从空间形态分布和区位分布两个角度认识。

1. 空间形态分布类型

由于受诸多地理条件和社会经济发展阶段的差异影响，都市区产业空间形态分布特征也存在较大差异，这些差异概括起来主要有点扩展型、点轴辐射型、网络组团型等几种类型（牟凤云、张增祥，2008）（图4-7）。

（1）点扩展型

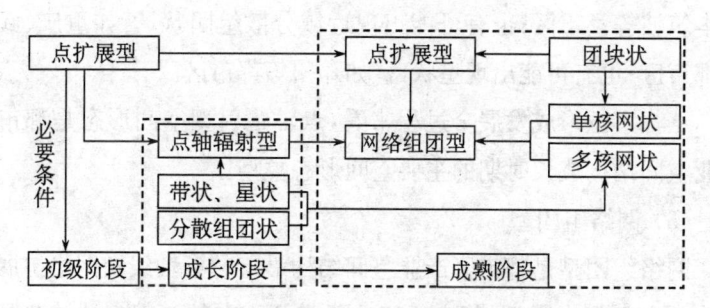

图 4-7 都市区空间形态分布类型形成演化关系

点扩展型是都市区产业空间结构始终在核心区运动的形态类型,都市区产业要素一直都向核心区高度聚集,周边城镇始终没有得到较快发展,都市地域呈现同心圆状向外扩展,空间形态上呈现出团块状。从都市区形成发展的全过程来看,点扩展型形态类型是都市区产业空间结构形成发展的初期形式,任何都市区空间形态都是从点扩展型开始的。高层次的都市区产业空间也有点扩展型空间形态类型。当处于初级阶段的点扩展型都市区成长到一定空间规模时,有两种可能:一是点扩展型得到了强化和巩固,譬如长春、哈尔滨、沈阳、北京等都市区;二是点扩展型得到了弱化,新空间形态地域组合类型形成,譬如广州、上海、深圳等都市区。

(2) 点轴辐射型

点轴辐射型是都市区产业空间结构沿着交通轴线延伸扩展、跳跃核心区发展的空间形态类型。随着都市区产业经济的快速增长,都市区产业空间规模急剧上升,导致原来点状核心区的急剧膨胀,带来许多城市病。所以,都市区产业空间开始轴向运动,第二次产业要素开始向核心区外围沿线城镇聚集,周边城镇开始崛起。由于受到不同自然地理条件的约束,空间形态上有可能出现带状,譬如兰州、日本筑波等都市区;也有可能出现近域分散组团状,譬如重庆、武汉等都市区;也有可能出现星状,譬如郑州等都市区。

从都市区形成发展全过程来看,点轴辐射型空间形态是都市区产业空间结构成长时期的主要空间形态类型。

(3) 网络组团型

网络组团型是都市区产业空间结构沿着数条轴线向网络扩展而形成的空间形态类型,都市区产业要素开始向整个都市地域范围进行空间配置,以其所具有的产业组织功能而提高生产效率(余斌、冯娟、曾菊新,2007),空间形态上开始呈现网状,有的是点扩展型发展的网状,有的是点轴辐射型发展的网状。所以,网络组团型空间形态是既有单核、又有多核连接的网状。

从都市区形成发育全过程来看,网络组团型空间形态是都市区产业空间结构成熟时期的主要空间形态类型。

2. 区位分布类型

根据区位特征不同,可以将都市区产业空间形态划分为政治区位型、经济区位型、交通区位型等三种基本的地域组合类型。

(1) 政治区位型

政治区位型是指都市区处于全国的政治中心的一种产业空间结构形态类型,譬如中国北京、法国巴黎、英国伦敦、日本东京等都市区。

(2) 经济区位型

经济区位型是指都市区处于全球、全国或区域范围内经济中心或发达地区的一种产业空间结构形态类型,譬如上海、广州等都市区。

(3) 交通区位型

交通区位型是指都市区处于全球、全国或区域范围内交通枢纽中心的一种产业空间结构形态类型。根据交通性质、层次不同,又可以分为国际性交通区位型(譬如新加坡、纽约)、国内性交通区位型(譬如武汉、郑州)、区域性交通区位型(譬如长春、西安)等三种主要类型。

(二) 根据空间相互作用关系划分

根据都市区各个空间单元之间相互作用的方向和范围,从都市区空间成长的全过程来认识,将都市区产业空间结构划分为三种基本地域组合类型:地方空间型、跨区域空间型、数字空间型。

1. 地方空间型

地方空间型是指都市区各个空间单元要素之间相互作用主要发生在腹地范围之内、并以聚集作用为主导动力而形成发育的一种类型。这里"地方"的内涵是都市区自身区域范围之内(图 4-8)。

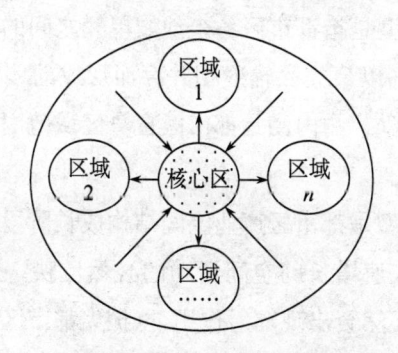

图 4-8 都市区地方空间型地域组合类型

虽然地方空间型是一般城市发育的基本地域组合类型,但是,从都市区形成发展的全过程认识,地方空间型又是都市区产业空间系统形成的必要条件而非充分条件。目前,地方空间型已经不是现代高级层次都市区产业空间结构的地域组合类型,而是一般城市或低层次城镇形成发育的空间结构地域组合类型,成为整个城市体系末梢发育的基层地域组合类型。但是,在经济全球化和区域经济集团化进程中,若有外界因素的干扰和触媒,并纳入核心都市区的强辐射范围,一般城市有可能被激活而发育成为工业化都市区,形成跨区域空间型的产业空间结构,譬如佛山、中山、深圳等。另外,它也是一定历史阶段的城市体系地域组合类型的客观反映,即在城市体系发育的初级阶段,受区域生产力水平的限制,必然是地方空间型占据主导,同时也形成了这一时期最辉煌的首位核心城市,即工业化中期以前的都市区。所以,地方空间型是都市区产业空间结构形成发育初期的主要地域组合类型,是都市区产业空间结构运动发展的必经阶段。

2. 跨区域空间型

跨区域空间型是指都市区各个地域单元之间的相互作用在跨区域尺度上进行、并以聚集和辐射相并存而形成的一种产业空间结构类型。这里"跨区域"的内涵是都市区自身区域范围以及相邻的区域范围(图 4-9)。

跨区域空间型是都市区产业空间结构成长阶段的主要地域组合类型,是都市区快速增长的空间运动的必然反映。当都市区聚集到一定规模以后,必然会出现辐射作用,以扩大都市区各个空间单元的相互作用的空间尺度。跨区域空间型是都市区跃迁到数字空间型产业空间结构的必要条件和必经阶段,跨区域空间型产业空间结构是数字空间型都市区形成的物质基础。

第四章 都市区结构和功能

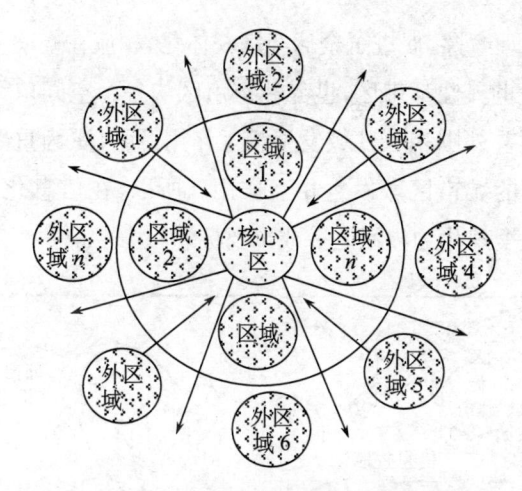

图 4-9 都市区跨区域空间型地域组合类型

目前,大部分处于工业化中期、城市化快速增长时期的都市区,都属于跨区域空间型的产业空间结构,表现为区域性的大都市,譬如沈阳都市区是东北亚地区的国际性大都市;上海都市区是亚洲地区的国际性大都市等。

3. 数字空间型

城市数字化是利用现代化的信息技术、电脑技术、网络技术、通信技术和多媒体技术,将城市活动中的众多信息孤岛,通过城市的现代化的通信基础设施——"信息高速公路"连接起来,以达到信息资源采集、加工、融合和共享,提高城市的生活和管理素质(许欣、胡伟,2007)。数字空间型是指都市区各个空间单元之间的相互作用通过数字化在全球尺度上进行、并以辐射作用为主导动力而形成的一种产业空间结构类型(图 4-10)。这里的"数字"的内涵是都市区数字化缩小了地理摩擦,促进了全球经济一体化,相应在空间上也出现了全球城市即世界性都市区,世界性都市区的各个空间单元不仅与自身腹地范围及外围相邻区域发生相互作用,而且更为重要的是与全球各个层次的城市区域发生相互作用。所以,在信息化经济社会,"数字化"是全球化的内涵之一或重要标志。

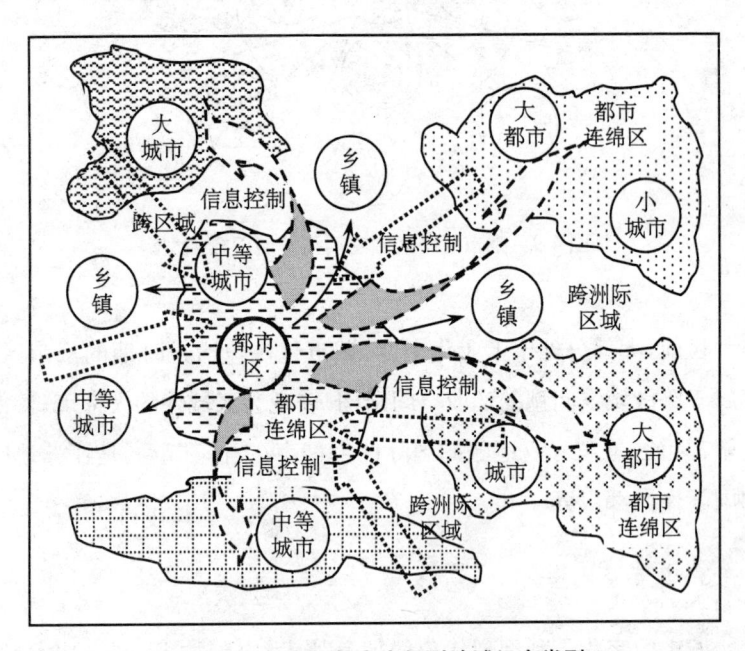

图 4-10　都市区数字空间型地域组合类型

数字空间型是都市区产业空间结构成熟时期的主要空间组合类型,是现代高层次都市区的产业空间结构的表现形式,是都市区信息化空间运动的必然反映。信息科技革命的成功为现代国际产业分工提供了保障,为全球经济一体化提供了可能,以数字化拉动而形成的现代服务业的崛起,推动了发达都市区的产业经济的国际性梯度转移,而新地域与原地域产业空间之间是以数字化的现代服务业为纽带向外围区域进行辐射的。所以,数字空间是现代高层次都市区产业空间结构的基本构成要素,数字空间型是与信息化阶段相适应的都市区产业空间结构的主导地域组合类型。

目前,处于成熟时期的商务服务型都市区基本属于数字空间型地域组合类型,譬如纽约、东京、伦敦等都市区,都属于世界性的数字化金融中心。处于快速增长时期的商务服务型都市区属于由跨区域型向数字型过渡的产业空间结构的地域组合类型,这也是发展中国家都市区在信息社会所必须肩负的多重功能,既要完成工业化进程,又要推进信息化进程,譬如上海、广州都市区。

(三) 根据城镇空间组合形式划分

根据都市区地域范围内的城镇空间组合形式以及城市化的地域表征,将都市区产业空间结构划分为单核集成型、双核整合型、多核群落型三种地域组合类型。

1. 单核集成型

单核集成型是指在都市区区域范围内以大都市为单一核心、集成域内外诸多地理要素于大都市核心区、并与第二位城市存在较大差异的一种产业空间结构类型(图 4-11)。在初级阶段,以极化空间状态主导,极化域内外诸多地理要素于大都市单核,功能仅辐射区域范围之内;在成长阶段,得到强化和延续的单核继续极化域内外的诸多地理要素于大都市单核,但是功能辐射开始超出自身区域而服务于外围区域,且辐射效应开始超过极化效应,逐步提升了单核区域功能。所以,单核集成型是都市区极化与辐射功能效应高度集成于单核空间的地域组合类型。

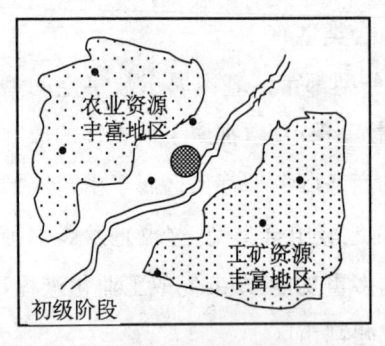

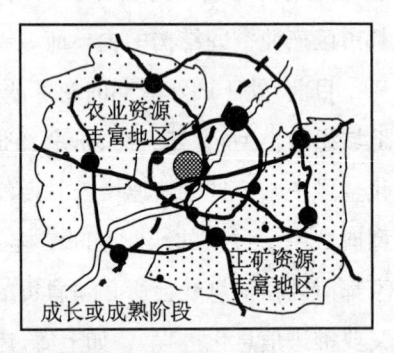

图 4-11 都市区单核集成型地域组合类型

在都市区形成发展全过程中,都市区产业空间结构孕育时期必然是单核集成型空间组合类型,单核集成型地域组合类型向高一级空间结构类型跨越,存在两种可能:一是单核集成型地域组合类型得到了强化和延续,譬如武汉、哈尔滨等都市区;二是单核集成型地域组合类型得到了分解和重组,形成双核、多核群雄并起的空间格局,譬如广州都市区与后起的深圳、佛山、珠海等都市区。所以,单核集成型是都市区产业空间结构形成发育初级阶段的必要条件而非充分条件,都市区产业空间结构的高一级阶段也有单核集成型的地域组合类型。

若处于工业化中期以前的单核集成型都市区没有得到转型升级,就沦为了一般城市。目前客观存在的单核集成型都市区在发展中国家、发达国家都有分布,譬如泰国曼谷、韩国首尔、法国巴黎等都市区。

2. 双核整合型

双核整合型是指以近域内已经客观存在两个大都市或者远期有可能发展成为两个大都市的都市区为双核、整合互补性资源和共享性资源而形成发展的产业空间结构类型(图 4-12)。

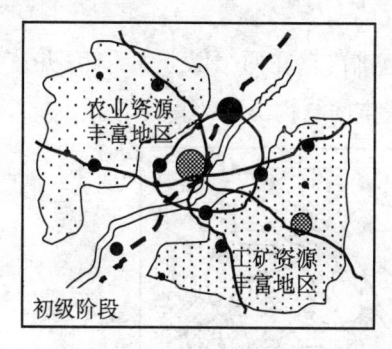

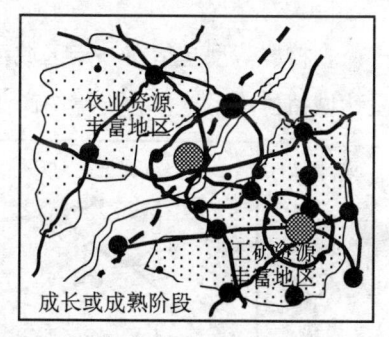

图 4-12　都市区双核整合型地域组合类型

双核整合型是都市区产业空间结构形成时期的过渡性地域组合类型。在区域发育初期，由于资源开发利用方向的转变，导致了新工业城市的诞生，这是出现双核、多核的一个重要原因。双核整合型也不是都市区产业空间结构成长阶段唯一的空间组合类型；但是，它诞生于都市区成长阶段。它向高一级空间结构类型跨越，有两种可能：一是双核整合型得到了强化和发展，譬如北京与天津、长春与吉林等；二是双核整合型得到了补充和发展，形成了多核空间结构，譬如沈阳与大连双核整合型空间结构发展成为沈阳、大连、鞍山、本溪、抚顺、辽阳等辽中南多核空间结构。

从都市区形成发展的全过程来看，对于一般城市的空间组合，存在形成双核整合型空间结构的可能，并且有可能发育成为双核整合型的都市区,这需要进行有规律的调控。譬如周一星教授研究的曲阜与济宁都市区,就属于这种类型(周一星,2001)。

目前,双核整合型空间组合类型主要分布在发展中国家,因为正处于工业化时期,城市核心较易诞生。

3. 多核群落型

多核群落型是指在一定区域范围内存在两个以上大都市、并有发达城镇群落系统作为支撑的产业空间结构类型(图4-13)。

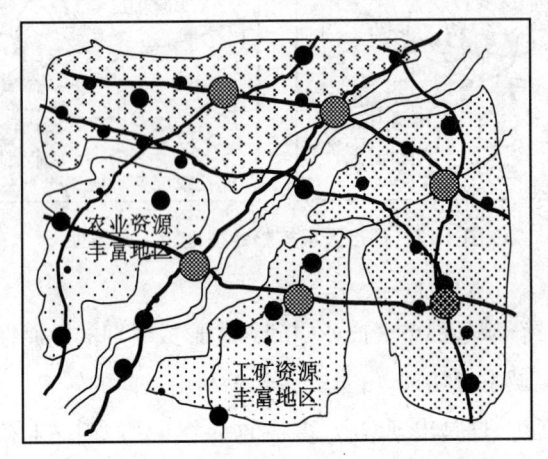

图4-13 都市区多核群落型地域组合类型

多核群落型是都市区产业空间结构成熟稳定阶段的一种地域组合类型。当两个以上相邻或地域毗邻的都市区辐射空间范围出现相互干扰和重叠时,必然会走向多核协调、城镇群落一体化融合的空间结构。所以,多核群落型是工业化中后期都市区产业空间结构形成发展的重要趋势,是以发达的经济区作为支撑的、以完善有序的城镇群落作为保障的产业空间结构。多核群落型都市区实质上是一个大都市密集区或城市连绵区,都市区是这个城市连绵区的核心城市地域。

多核群落型产业空间结构是诞生商务服务型都市区的社会经济基础,商务服务型都市区必须依托多核群落型产业空间结构孕育。目前,全球性商务服务都市区都产生于发达的多核群落型的产业空间结构,其他区域层次的大部分商务服务型都市区都孕育于发达加工制造型都市区集中的空间地域。

目前,多核群落型都市区产业空间结构主要分布在世界各国家的经济发达地区,有的形成全球性商务服务型都市区,譬如美国五大湖地区;有的形成了全国性商务服务型都市区,譬如长江三角洲地区等。

(四) 根据产业空间聚集形态划分

根据都市区产业空间聚集形态的历史进程,可以划分为工业枢纽型、信息枢纽型两种基本产业空间地域组合类型。

1. 工业枢纽型

(1) 基本概念和形成机制

工业枢纽型是指都市区各个部门要素按照产业部门的区域成本分工协作的要求进行空间结构组织而形成的产业空间聚集类型(图4-14)。工业枢纽型都市区产业空间结构的形成发展原理主要有四个方面。

一是科学技术的推动,形成了新的产业部门。在工业化进程中,不断地诞生新的产业部门,而这些部门主要是工业部门,这些部门必然会进行分工协作,形成工业聚集区,工业聚集区发展到一定规模后成长为工业枢纽。

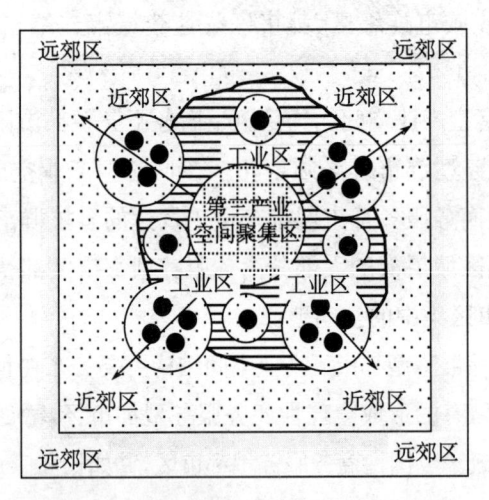

图 4-14　都市区工业枢纽型地域组合类型

二是新的产业部门需要一个成长过程,处于原始资本积累时期,就地发展是最好的发展模式,还没有进行异地扩张的资金、技术等实力,需要协作组合资源,凝聚各种社会经济力量,尽最大可能减少成本。因而,形成工业聚集区是当时最好的选择。

三是工业化时期工业聚集的理论依据主要是工业区位、交通运输区位等成本区位理论,核心思想是以减少成本追求最大利润,形成了区位指向、原材料指向、市场指向、劳动力指向等各种工业聚集方向。当各自工业部门按照各自的指向聚集到一起时,必然会形成工业聚集区,并且是同一类型指向的工业聚集区。

四是大规模社会化大生产理论。它是工业枢纽型都市区形成发展的重要理论支撑。从工场工业到工厂工业,家庭化小生产到社会化大生产的飞跃,表现在地域空间运动上是大规模的工业空间,这些大规模的工业空间的有机组合和聚集是工业枢纽。

(2) 基本组织图式

工业枢纽型都市区第二次产业空间结构的基本构成要素是工业点，由若干工业点构成工业区，由若干工业区构成工业枢纽，形成一个分工合作、协作配套的第二次产业空间结构。一般来说，工业点是都市区一个基层部门经济单元的空间聚集区，是主导产业部门的零配件产业或配套协作产业的聚集区，是产业空间系统的基层细胞。工业区是都市区主导产业部门经济系统的空间聚集区，由若干相关的工业点组成，形成资源整合和资源共享优势，促进主导产业要素的规模聚集。工业枢纽是都市区主导产业群体空间聚集而形成的大型工业聚集区，由若干个工业区组成，具备众多主导产业部门的大型企业集团，以主导产业部门为基础的工业部门门类比较齐全，主导产业部门辐射和聚集的枢纽功能非常强。

工业枢纽型都市区第一次产业空间结构系统的基本构成空间单元有苗圃、菜地、水域、草地、稻田等，主要为都市区提供蔬菜、家禽、肉类、牛奶、果类、鱼类等农副产品。空间上形成近郊区、远郊区的外围第一次产业圈层。

工业枢纽型都市区第三次产业空间结构系统的基本构成空间单元有居住用地、公共设施用地、对外交通用地、道路广场用地、市政设施用地、生态公园用地、仓储物流用地等，这些用地都是按照为传统工业发展服务的思路进行功能分类的。

工业枢纽型都市区的核心组成部分是第二次产业空间结构系统，其他商贸区、行政区、文化区等第三产业聚集空间都受传统工业枢纽的深刻影响，主要是为传统工业枢纽服务。所以，工业枢纽型都市区是一个封闭的产业空间结构系统类型，为传统工业枢纽服务的各个辅助产业部门经济系统都聚集在都市区核心区范围之内，各个都市区之间的联系主要是商品贸易互补性,而不是服务贸易互补性,相对于外围区域和都市区来说,这是典型的水平空间分工体系,同时也是与工业化社会经济系统相适应的产业空间分工体系。

(3) 基本特征

很显然,工业枢纽型是工业化的必然产物,是工业化都市区形成发展的基础。工业枢纽型是都市区产业空间结构成长时期的主要地域组合类型,是工业化时期都市区快速成长的"发动机"。

工业枢纽型都市区主要分布在工业资源禀赋丰富地区,譬如大型煤田、油田、铁矿资源所在地,并且是地理位置尤其是交通地理位置优越、政治、文化、经济、教育、文化中心等相互重合的区域核心城市。所以,工业枢纽型都市区是一定区域范围内的综合性大都市;否则,就是一般的工业城市。目前,工业枢纽型都市区主要分布在发展中国家,并且继续成长壮大;发达国家的工业枢纽型都市区多已处于成熟时期。

工业枢纽型地域组合类型,可以分为专业性和综合性两种基本类型。一般来说,专业性工业枢纽型是地方性的工业都市区,发展成为综合性工业枢纽型都市区可能性不大。发达的经济区是综合性工业枢纽型都市区形成发展的区域基础和支撑。综合性工业枢纽型是信息枢纽型都市区产业空间结构的必要条件,也是自身跃迁到高一级都市区的产业空间基础。

工业枢纽型都市区的集群是大都市密集区、城市群地区、城市连绵区。它是信息枢纽型都市区诞生的空间物质基础。

2. 信息枢纽型

(1) 基本概念和形成机制

第四章　都市区结构和功能

信息枢纽型是指都市区各个产业按照全球性市场信息服务资源地域分工要求进行空间组织的产业空间聚集类型。根据信息枢纽型都市区功能服务腹地范围的不同，信息枢纽型地域组合类型可以分为全球性、次合作区域性、全国性、跨区域性等四个空间层次。其产业空间结构形成原理主要有以下几个。

一是现代信息科学技术的推动，主要表现在：第一，缩小了地理摩擦，各个不同区域之间的联系变得更为便捷；第二，推动了新兴产业和信息产业的崛起，促进了传统产业的经济扩张，拉动了产业空间区位的变迁；第三，带动了新一轮国际产业分工革命，加速了国际地域产业分工的细化和深化。

二是工业化后期传统产业的原始资本积累已经完成，并存在大量的多余产业资源，尤其是附属在产业部门内的资金、技术、管理等资源，这为传统产业集团公司的横向发展提供了可能，尤其是发展现代服务业为新一轮国际产业分工提供了物质基础。

三是随着传统产业的经济扩张和现代产业的崛起，原来静态的成本区位论已经不能适应信息化时代经济发展的客观规律，现代市场区位论成为都市区产业空间结构形成发展的理论指导；核心思想是根据市场动态需求配置资源，进行空间组织，在全球范围内追求成本最低、利润最大。

四是信息化社会的经济发展方向呈现个性化，弹性需求成为了社会生产商品的基本客观要求。然而，弹性需求的调控只有通过信息网络系统的载体才能实现。所以，谁控制了生产需求的信息，谁就成了市场的主宰，控制信息资源的空间聚集区是信息枢纽型都市区。

（2）组织图式

信息枢纽型都市区实质上是以信息为纽带、以创新为动力、以经济群落为内容、以各个生产装配组装基地为载体而形成的空间群落综合体。这个空间群落综合体的核心是综合性工业枢纽型都市区的转型空间体，即跨越为信息枢纽型都市区；基层细胞是分布在外围区域的各个生产装配组装基地，它们可能是工业枢纽型都市区，也可能是一般城市；但是，它们都已经被纳入到了全球经济空间垂直分工体系，原来的工业枢纽型都市区也变得更为开放，第一次产业空间结构纳入了全球农副产品循环之中，农业性郊区空间概念逐步消失；第二、三次产业被纳入到了最高级生产管理控制中心枢纽体系(图 4-15)。

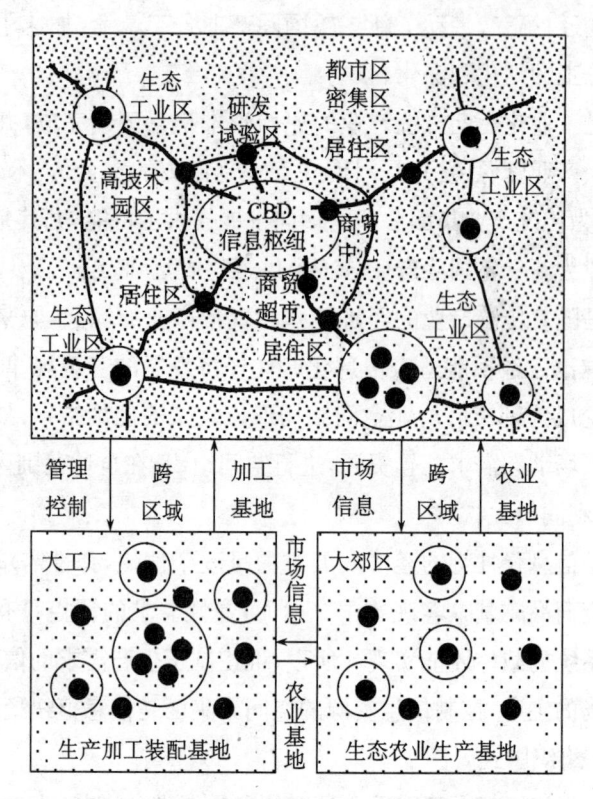

图 4-15　都市区信息枢纽型地域组合类型

信息枢纽型都市区第二次产业空间结构扩散到都市区核心区的外围区域、甚至全球。若超出都市区自身范围,一般与异地的工业枢纽型都市区或城市相结合分布,异地的工业枢纽型都市区或城市成为了信息枢纽型都市区的工业制造加工基地、生产装配组装基地,受到信息枢纽型都市区的组织、协调、管理、控制。

信息枢纽型都市区第三次产业空间结构的各个部门进行了重组性的聚集。生产性要素高度聚集在核心区形成了CBD,形成现代服务业空间聚集区,成为全球性或跨区域性的生产管理控制中心枢纽;原来大型商贸中心开始郊区化,在交通便捷的出入口形成大型的仓储超市;在都市区核心区近域范围内,聚集各种智力资源要素,形成科学研发聚集区,譬如科学园、高技术园区、科学城、技术研发园区、创新园区等,成为信息枢纽型都市区的创新源泉,是信息枢纽型都市区具有发展活力的保障。

信息枢纽型都市区第一次产业空间结构的部分或全部产业要素都已经扩散到外围区域甚至全球区域,都市区可以消费全球范围内的绿色生态农副产品,这些农副产品生产基地成为了全球各个都市区共同的"大郊区",因而原来为工业化都市区提供农副产品的郊区概念已经大为淡化。

综上所述,信息枢纽型都市区已经完全突破了工业化时期的水平空间分工体系,变成了信息化时期的更为开放的垂直空间分工体系,这与信息化时期的新一轮国际产业地域分工规律是相适应的。信息枢纽型都市区产业空间结构是以服务贸易为基础的,商品货物贸易退居到了第二层次。

(3) 基本特征

很显然,信息枢纽型都市区是信息化发展的必然产物,是信息经济社会发展的"龙头"。信息枢纽型是都市区产业空间结构成熟时期的主要地域组合类型，是信息化社会经济快速发展的"孵化器"。

信息枢纽型都市区产业空间结构的形成发展，带动了既有的工业枢纽型都市区的高技术改造和信息化改造，推动了工业枢纽型都市区向现代工业枢纽型都市区的跨越升级。信息枢纽型形成发展是综合性工业枢纽型都市区产业空间结构的重组、转型和升级，是综合性工业枢纽型都市区的继承和发展，并且以发达的现代工业枢纽型大都市密集区作为支撑。

信息枢纽型都市区产业空间结构实质上是"虚实"地域实体结合的空间群落综合体，是跨区域空间尺度的都市区集群或都市区与一般城市的集群。原来工业枢纽型都市区或一般城市作为信息枢纽型都市区的一个空间节点、产业基地、空间链条的一环，被纳入到了信息枢纽型都市区空间结构体系。从土地利用来说，实质上是原来综合性工业枢纽型都市区工业用地的外迁和扩散，腾出来的工业用地发展其他高层次的第三产业。虽然产业结构呈现空间分离状态，但是产业经济联系仍是一个整体，只是把原来的产业空间的时空距离扩大而已。所以，信息枢纽型都市区是商务服务型、加工制造型、一般城镇等不同层次的城市区域和区域城市有机共存的空间，这个商务服务型的核心都市区是"垄断"都市区。

三、对都市区产业空间结构演变规律的认识

（一）空间聚集扩散演变规律

在都市区初级阶段，都市区产业空间运动以聚集为主导，呈现地方空间型的地域组合类型，主要是近域扩散；主要以点扩展型空间形

态为主。在成长阶段,聚集和扩散并重,呈现跨区域空间型的地域组合类型,主要是邻域扩散;点扩展型、点轴辐射型空间形态同时并存。在成熟阶段,扩散作用占据主导,呈现数字空间型的地域组合类型,主要是广域扩散;主要以网络组团型空间形态为主,点扩展型、点轴辐射型也存在(表4-3)。

表4-3 都市区产业空间结构演变规律特征分析

演变规律类型	初级阶段	成长阶段	成熟阶段
空间聚集扩散	聚集作用为主导 近域扩散地方空间型	聚集作用和扩散作用并重,邻域扩散跨区域空间型	扩散作用为主导 广域扩散数字空间型
空间形态分布	点扩展型	点扩展型、点轴辐射型	网络组团型为主 点扩展型、点轴辐射型也存在
空间节点组合形式	单核集成型	单核集成型、双核整合型	单核集成型、双核整合型、多核群落型
产业空间聚集形态	工业枢纽型	工业枢纽型、信息枢纽型	信息枢纽型

(二)空间节点组合形式演变规律

在都市区初级阶段,都市区产业空间组合以单核集成型为主要空间节点组合形式。在成长阶段,单核集成型、双核整合型并存。在成熟阶段,单核集成型、双核整合型、多核群落型并存。其中,相同类型都是前一阶段类型的强化和提升,在空间节点整体组合水平上都有提高。

(三) 产业空间聚集形态演变规律

在都市区形成发育初级、成长阶段,都市区产业空间结构主要以工业枢纽型产业空间聚集形态为主;在成熟阶段,主要以信息枢纽产业空间聚集形态为主。

四、演化趋势

(一) 全球城市或世界城市

美国学者弗里德曼(Friedmann)等人在20世纪80年代提出了世界城市体系假说。科恩(R. B. Cohen)在分析新的国际分工、跨国公司和城市等级之间的关系时提出了全球城市的概念。从信息化社会都市区产业空间结构演化态势来看,数字空间型、多核群落型、信息枢纽型等地域组合类型都是都市区迈向全球城市或世界城市的空间物质基础,全球城市或世界城市的出现是未来都市区产业空间结构演化的必然趋势。

(二) 巨型城市:大都市带或大都市连绵区

美国社会学家曼纽尔·卡斯特在《网络社会的崛起》一书中提出了巨型城市的观点,认为巨型城市是未来都市化的新空间形式,是全球经济的焦点,集中了全世界的指挥、生产与管理的上层功能和媒体控制、真实的政治权力,以及创造和传播信息的象征能力(曼纽尔·卡斯特,2001)。巨型城市实质上是大都市密集区在更宏观区域尺度的高度概括,它是以都市区群落为核心的城镇群或集合体,有的称之为大都市带、大都市连绵区等。总的来说,以都市区群落为核心的巨型城市(群)是未来都市区的新型空间形式。

(三) 信息化与生态化耦合的数字化都市

随着信息化进程的加快,人类生态绿色需求的提升,未来都市区产业空间结构必须走向信息化与生态化耦合的可持续发展道路,建立一个新型的都市化形式,即数字化都市。数字化都市并不是建设硅谷都市,而是以信息枢纽型都市区为核心、以知识智力资源配置为基础、以全球网络为平台的数字空间型都市区,它的核心都市是稳定的,但是其他空间节点是流动的,随时组合的。所以,它是一个虚实结合的都市形式,这种都市形式是那些流动空间节点的组织优化过程的外在反映。

第三节 都市区功能体系

结构决定功能,功能反作用于结构,二者是对立统一的辩证关系。区域经济地理学一般侧重于城市和区域的性质、职能的研究,其实质是对功能的研究,但它不是建立在系统论基础上的。系统论引入到区域经济地理学之后,对城市和区域性质、职能的研究,必须建立在城市和区域结构的基础上,这样城市和区域的功能才会有稳定的基石。

一、功能系统论研究的基本范畴

(一) 基本概念内涵

1. 概念诠释

功能是事物作用于他物的能力,即系统作用于环境的能力。都市区功能是都市区作用于外围经济地域系统的能力,是都市区内部关系和外部关系中所表现出来的特性和能力,是都市区对外联系的作用能力。都市区功能孕育于区域,同时,又反馈于区域,这是区域经济地理学研究都市区功能的基本地理学思想。

2. 基本属性

都市区功能属于历史范畴,与特定的历史发展阶段相对应。不同的历史发展阶段,都市区的功能大小、类型、强弱等都存在较大差异。都市区功能的激活和衰退、丧失都是特定历史阶段的必然结果。

都市区功能属于社会经济范畴,与特定的产业空间结构系统运动相适应。不同的产业空间结构系统,决定着都市区功能的类型、体系结构等,直接影响着都市区的形成与发展。

都市区功能是一种系统属性,它不是都市区某个要素的属性,也不是某个组成部分的属性,而是都市区整体的属性。功能是都市区结构整体对外界地理环境的作用能力。

都市区功能具有层次性,不同等级层次的都市区,功能层次也是不一样的。

3. 功能、职能、性质的概念辨析

城市职能是指城市对外围区域在政治、经济、文化等方面所起的作用。这是国内地理学界对城市职能的一种普遍看法,着重强调城市与区域之间的关系。城市性质是指城市在一定时期内的主要职能和发展方向,它是城市的总纲(艾德加·M. 胡佛,1995)。

都市区功能与职能没有本质区别,功能是从系统的角度认识,职能是从分工的角度认识,二者是一个问题的两个不同的认识角度。都市区性质是功能或职能的高度概括,是具有区际意义以上的功能或职能的集合,它是实践理论性问题,主要运用于区域规划、城市规划实践中。

(二) 对功能场的认识

1. "场"的哲学解释

"场"本是人口聚集的地方之意,后来引申为客观事物所存在的空间。随着人类认识物质结构水平的提高,"场"又被引申为实物之间相互作用的一种物质形态,譬如引力场、电磁场、介子场等。

哲学上,把自然界所有物质形态归结为两种基本的物质形态——实物和"场",实物是以间断形式存在的物质形态,"场"是以连续形式存在的物质形态(国家教委社会科学研究与艺术教育司组,1989)。"场"实质上是物质存在的影响空间。

2. 都市区功能场的概念

都市区、经济地域系统、城市、区域等都是客观存在的地理事物

或现象,都市区与外围区域之间的作用又是通过各自的功能发挥实现的。因此,都市区功能场是客观存在的。都市区功能场是指都市区作用于外围经济地域系统的能力所波及的空间。

一般来说,都市区功能场的场强越大,对外界区域的作用能力会越大,作用的空间范围会越广;反之,场强越小,对外界区域的作用能力会越小,作用的空间范围会越窄。所以,都市区场强的大小决定了都市区的功能等级地位,高一层次的都市区功能场场强远远大于低一层次都市区,上下级都市区功能场场强的大小不是线性递增、递减关系,而是非线性递增、递减关系。

二、功能支撑机理

(一) 耗散结构理论对功能的解释

1969年,比利时布鲁塞尔学派领头人普利高津等吸收了一般系统理论的基本思想,建立了耗散结构理论,认为:对一个处于非平衡态的开放系统,在不断与外界环境进行物质和能量交换的条件下,当外界环境的变化达到一定的阈值时,量变能导致质变,系统可以从原来的混沌的无序状态变为一种在时间、空间和功能上均稳定的有序状态,这种新的稳定有序的结构称之为"耗散结构"(辛晓晖,1998;王建,2001)。

都市区是一个开放的复杂的巨系统,非线性机制是都市区各个要素之间相互作用的主要法则。都市区系统平衡是相对的、瞬间的,不平衡是绝对的。所以,都市区是一个典型的耗散结构系统。

在都市区发挥功能的过程中会产生都市区与外界区域的相互作用,同时会有物质、能量、信息的交换,都市区系统内部会从外界区域环境中输入新的物质、能量、信息,即"负熵流",都市区系统会从无序逐步向有序演化,当这种"负熵流"增加到一定程度时,会超出系统自身的"熵增加",会使有序性克服无序性,从而促使都市区原有的结构向更有序的方向发展。反过来,若都市区系统的"熵增加"超出"负熵流"时,这时,都市区系统内部会发挥自组织功能,在与外界区域交换物质、能量、信息的过程中,维持着自身系统的稳定性,并在环境发生变化的情况下,形成新的平衡结构,从而解决熵与信息、无序与有序、简单与复杂、平衡与不平衡之间的矛盾。因此,耗散结构系统的变化过程是都市区功能发挥的过程;耗散结构系统熵值大小是都市区功能作用强度的标志值。

(二)功能支撑机理

1. 形成机理

纵观世界各国各地区的经济发展史和当今世界经济的发展态势,不平衡发展(即非均衡发展)是经济地域系统运动的总趋势和总规律(陈才,2001)。不平衡发展规律是支撑都市区功能的根本性原理(图4-13)。具体包括以下几个方面。

第一,地域条件的差异是支撑都市区功能的物质基础。差异性导致了地域上的联系,都市区与外围区域之间的相互作用的可能性;对各方差异性的地理条件的需求是支撑都市区功能的原始动力。交通区位和技术条件对城市形成发展影响较大,也影响了城市功能的发挥。都市区拥有优越的交通地理区位,尤其是港口枢纽、铁路枢纽、航空枢纽等,另外,都市区拥有的丰富的智力资源是区域技术创新的发源地。然而,这些社会人文、产业经济资源远远比自然资源的作用大得多。所以,都市区先天的地域条件的优越性是支撑都市区功能的物质基础。

第二,地域条件差异性导致了经济系统的互补性。通过各自的地域分异和组合,形成了互补性的经济结构,即形成了各具特色的具有产业层次的经济结构,这是支撑都市区功能的经济基础。都市区具有现代的技术、雄厚的资金、高级的人才等先进生产要素,与外围区域的丰富资源要素进行地域组合,将会形成加工制造业;反过来,外围区域的资源输出,形成了资源型的开发基地,形成了具有产业结构层次的经济结构。

第三,经济发展阶段和水平的差异是支撑都市区功能的核心支柱。都市区是一定地域范围内的经济中心,是区域先进生产要素高度聚集、经济发展水平最高的空间聚集区。然而,一般城市的经济发展阶段和水平要比都市区低。所以,都市区经济发展阶段和水平的先天优越性,是支撑都市区功能的核心支柱。

2. 功能能量的类型

既然都市区与外围区域之间存在差异性和互补性,那么,差异性和互补性的地域运动必然会产生能量。由于差异性和互补性的客体不同,所以,这些能量的类型也不同。具体来说,主要有要素互补能、经济结构能、阶段等级能、制度差异能等四种基本类型,这些靠都市区自身的功能地位所产生的能量,可以称之为"地理势能"(图4-16)。

(1) 要素互补能

要素互补能是指都市区与外围城市或区域之间存在诸多地理条件与要素之间的地域互补性在运动过程中所产生的能量。在都市区

第四章 都市区结构和功能

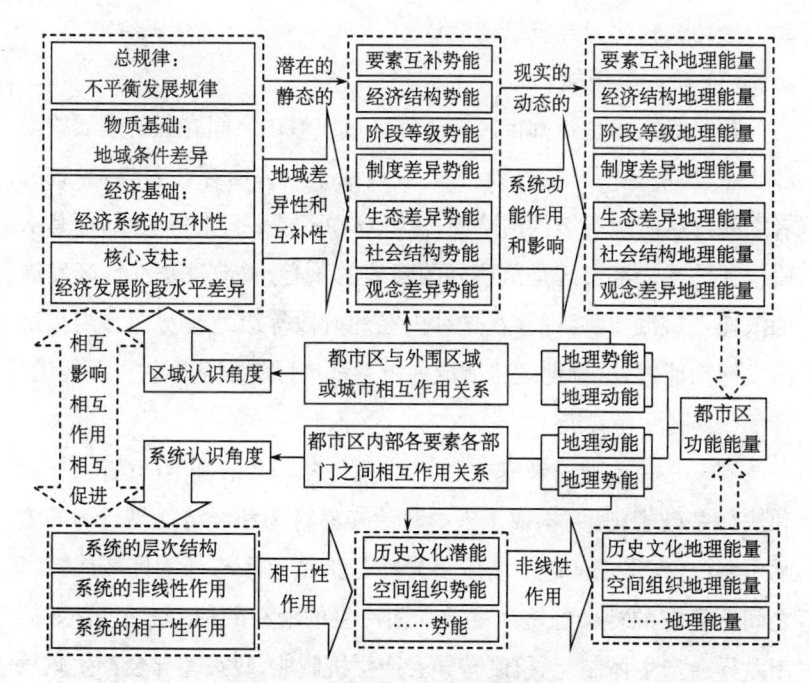

图 4-16 都市区功能支撑机理框架

与外围区域或城市之间没有发生功能作用之前,要素互补能处于地理势能状态;一旦发生相互之间的功能作用,要素互补能就变成了推动都市区功能发挥的地理能量。

(2)经济结构能

经济结构能是指都市区与外围城市或区域之间在经济结构尤其是产业结构的层次、类型、内容、形式等方面存在差异,导致二者之间的结构上的互补性,使得双方都存在对各自经济发展的服务需求。经济结构之间的差异成为都市区向外围区域或城市提供商品和服务的主要推动力和潜在的地理势能,当都市区发挥功能作用时,这种推动力做功就转化为经济结构能量。

(3) 阶段等级能

阶段等级能是指都市区与外围区域或城市之间在经济发展阶段和状态、经济规模总量等级、人均发展水平等方面存在差异,导致二者之间发展阶段等级的递阶性,使得双方不是平行对等关系,而是从属包含关系。都市区是这些外围腹地的核心,腹地又是都市区发展的依托,二者之间客观存在这种内在的阶段等级地理势能。当都市区发挥功能时,这种地理势能成为维系都市区腹地范围的主要能量。

(4) 制度差异能

制度是一系列用来建立生产、交换分配基础的基本的政治、社会和法律基础规则,它构成了人类政治交易行为和经济交易行为的激励机制(肖作平,2009)。制度差异能是指都市区与外围区域或城市之间所存在的社会经济制度差异而产生的潜在的地理势能,譬如体制差异会产生体制能、机制差异会产生机制能、政策差异会产生政策能等,这些社会经济制度环境综合形成了发展社会经济的软环境。一般来说,都市区是社会经济发展较优越的区位,综合投资环境要比外围区域或城市优越得多。所以,当都市区发挥功能时,制度差异地理势能会成为都市区功能集成的催化剂。

当然,除了要素互补能、经济结构能、阶段等级能、制度差异能等主要功能能量类型之外,还会存在其他的各种功能能量类型,譬如生态差异能、社会结构能、观念差异能等。一般来说,若二者之间的互补性越大,差异性越大,地理势能会越大,做功的能量会越高,对都市区功能体系的支撑会越牢固。

另外,除了地理势能以外,还存在地理动能,即外界区域要素的强行介入或新的要素的出现等给都市区系统输入的能量。譬如在经济全球化和区域经济集团化进程中,发达资本主义国家的传统产业技术、资金等国际性转移,将会出现地理动能,外界因素的机遇性介入,给都市区系统注入能量。

综上所述(图4-16),以上能量类型都是从都市区与外围区域或城市的相互作用的关系上认识的。当然,在都市区系统内部还存在诸多自身的地理势能和地理动能,譬如历史文化潜能、空间组织能、能人精英作用能等。地理势能是都市区本质的、内在的发展能量,而地理动能是都市区外在的发展能量。对于地理势能,应该继续强化和提升;对于地理动能,应该及时地把握机遇,引入到都市区系统,以支撑和巩固都市区功能体系。

3. 功能能量的存在形式

都市区地理势能主要存在于功能场之中,并以共生功能键的形式相互依存。地理势能是都市区与外围区域或城市二者之间共同所有,而不是单方所有的,二者之间是一种共生、共存、共亡的关系。所以,二者之间客观存在着一种功能键维系地理势能的存在,即共生功能键。若二者之间的差异性和互补性越大,都市区功能场场强会越强,共生功能键会越牢固,都市区功能会持续发挥作用。当都市区发挥功能时,把这种地理势能变成能量的功能作用力是辐射力和凝聚力的同时作用。因此,都市区地理势能的存在主要靠共生功能键而维系,地理功能能量的产生主要靠辐射力和凝聚力做功(图4-17)。

在都市区形成发育的不同历史阶段,维系地理势能存在的因子是不一样的。都市区初级阶段,地理势能主要靠工业商品服务维系;所以,主要以近域、邻域的地理势能存在为主导,这也是与都市区产业部门结构的垂直分工和产业空间结构水平分工体系相适应的;都

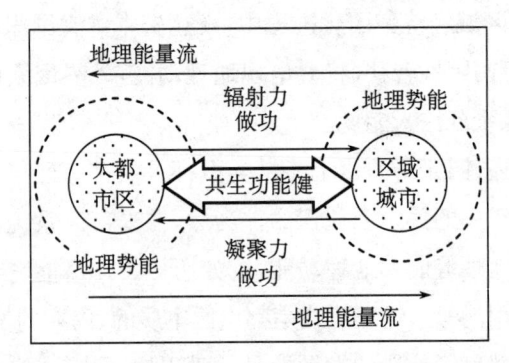

图 4-17　都市区地理势能、功能能量存在形式分析

市区高级阶段,地理势能主要靠信息、管理、控制、研发枢纽等数字空间联系维系;所以,主要以广域的地理势能为主导,这也是与都市区产业部门结构的水平分工和产业空间结构的垂直分工体系相适应的(表 4-4)。

表 4-4　都市区功能能量存在形式的相关特征演化规律

相关特征内容	工业化时期	信息化时期
维系地理因子	工业商品、功能服务	信息、管理、控制、研发
地理势能空间范围	近域、邻域	广域、全球
分工体系	产业垂直分工 空间水平分工	产业水平分工 空间垂直分工
地理动能	多样化,来自于外部区域或城市或高一级经济地域系统随机的、不确定的,受市场因素等外界干扰较大	

都市区地理动能能量的存在形式是多样化的,主要来自于外部城市或高一级经济地域系统。若没有相关因素的作用,将难以产生对都市区形成发展的推动力,也很难产生地理动能能量。因此,都市

区地理动能能量的存在形式是随机的,不确定的,受市场因素等外界干扰较大。譬如依靠第二次世界大战需求的地理动能能量,美国都市区得到了前所未有的推动和发展。

三、功能体系及地域组合类型

(一)功能体系

1. 对已有城市职能(功能)体系理论的评述

城市职能分类研究是经济地理学对城市研究的重要领域。城市职能分类研究始于 20 世纪 20 年代(艾德加·M. 胡佛,1995)。目前,学术界已经形成了多种角度的城市职能分类体系,主要有奥隆索、哈里斯、纳尔逊、马克斯韦尔、成俊镛、董泓鉴、周一星等地理学家、建筑学家、经济学家的城市职能分类体系。总的来说,这些城市职能分类体系都是从某一个视角分类的,譬如区位、部门、主导职能、专业化和专门化、用地结构、工业职能等方面,这种城市职能分类体系是与工业化社会的城市发展规律相适应的,是工业化经济社会产业垂直分工和空间水平分工的必然耦合。然而,在工业化后期或信息化时期,城市和区域人地相关地域系统已经出现了产业水平分工和空间垂直分工的产业空间结构体系,这种工业化思维的城市职能分类体系已经不适应信息化社会的城市发展规律。这需要重新审视城市职能(功能)分类体系。

另外,上述城市职能分类体系没有从城市系统的角度透视(职能)功能的整体性。城市作为一个开放性的经济地域系统,是由特定属性的要素按照特定的相互作用关系而组成的具有特定的结构和特定功能的有机整体。所以,城市功能体系应该从系统的整体角度认识和概括。也就是说,城市作为一个系统存在,不是系统某一个要素的元功能,也不是系统要素元功能的叠加而产生的本功能,而是经过系统要素非线性的相互作用之后产生的构功能。

都市区是城市的高级发展空间形式,是城市体系中发达的核心城市。所以,都市区应该具备城市所有的功能,同时,也应该具备一般城市所没有的高级功能。

2. 新分类体系

从系统论思维出发综合考虑,城市功能体系主要分为经济、管理、生态、创新等四大类。经济功能、管理功能、创新功能、生态功能的水平和能力的高低,综合决定了城市的等级地位。若在一定地域范围内,某个城市功能体系的综合水平和能力最强或较强,那么,这个城市有可能是都市区,只是所处的发育阶段不同,或者是初期,或者是成长时期,或者是成熟时期。

(1) 经济功能

这里的经济,主要是指工业化时期即旧产业分工体系的经济涵义,即商品经济的涵义,包括农业经济、工业经济、交通运输经济、商业经济等,不包括未经产业化的生产性管理、社会性管理、政治性管理等现代经济涵义的外延。经济功能是城市系统的基本功能,也是与外界区域或城市系统相互作用的主要内容,也是城市功能发挥的主要载体。经济功能包括生产功能、流通功能、消费功能等。

生产功能是经济功能体系的核心。都市区是先进的生产要素高度聚集区,它与域外资源要素进行地域组合之后,会发挥强大的生产功能。

流通功能是经济体系的基础,是生产功能和消费功能正常发挥的保障。正因为都市区具有比一般城市较完善、较先进的流通功能，保障了都市区生产功能和消费功能的正常运转，形成了经济功能发挥的良性循环。

消费功能是经济功能体系的重要补充。消费功能之所以成为一项经济功能，是因为它能拉动城市经济增长。对于城市自身是消费功能，对于外界区域或城市是消费市场资源。都市区的生产功能不仅比一般城市大得多，而且消费功能也比一般城市大得多。所以，都市区具有强大的经济功能。

(2) 管理功能

管理功能是城市系统的又一基本功能，是衡量一个城市等级的重要标志。管理功能主要包括生产性管理控制功能、社会性管理控制功能、政治性管理控制功能等。

在都市区初级阶段，生产性管理控制功能附属于经济功能内部，是产业垂直分工的必然结果。所以，对外界区域没有凸现出来，而是通过商品服务间接发挥。但是，在都市区高级阶段，生产性管理控制功能从经济功能内部脱胎出来，经过产业化过程之后，形成了产业结构中的主要构成要素，从而成为城市一个非常重要的功能，成为衡量城市等级功能层次的一个核心标志，这是信息化产业水平分工的必然产物。目前，都市区与一般城市功能的本质区别是生产性管理控制功能的差异，都市区是一定经济地域范围的生产管理控制中心，对外围区域或城市具有生产性管理控制功能。

社会性管理控制功能是城市对外围区域进行社会公共服务的一项主要功能。目前，人们对这项功能还不够重视。社会性管理控制功能实质上是城市的社会服务与公共安全功能，包括社会保障功能、社会文化功能、社会医疗健康功能、社会体育服务功能、生活居住功能、基础设施功能等。都市区是社会性管理控制系统最先进、最完善的城市地域,也是社会性管理控制功能发挥较好的城市地域。未来社会是以人与人之间、集团与集团之间、国家与国家之间等矛盾为主导,社会性管理控制功能将是未来社会都市区的主导功能。

政治性管理控制功能是城市管理功能体系中历史最悠久的功能,自城市诞生以来,就具备了这项功能。随着城市经济的发展,政治性管理控制功能逐步得到了强化,但是,功能地位逐步在下降。对于不同政治经济体制的国家,在政治性管理与经济性管理的地域结合上存在较大差异,对城市发展的推动力也存在较大差异,譬如美国是分离的,对城市的功能作用不是很强;中国是合一的,对城市的功能作用较明显。都市区是经济发达地区,对于政治经济地域合一的国家,政治中心容易选择在都市区,政治性管理控制功能对都市区成长推动力较大,譬如北京、巴黎等;对于政治经济地域分离的国家,政治中心不容易选择在都市区,政治性管理控制功能对都市区成长难以形成推动力,譬如华盛顿。

(3) 创新功能

创新功能是城市系统功能体系的保障,是城市经济功能、管理功能持续发挥的动力源泉。创新功能包括经济、社会、制度、文化、环境、技术、知识、信息等各个方面。工业化社会仅仅注重产品技术的创新,而信息化社会注重全方位的创新,是一个创新氛围的社会空间。城市是创新要素高度聚集的空间,城市创新功能是社会经济持续发展的动力。都市区是社会经济最发达的区域,也是智力科技人文资源高度聚集的区域。所以,都市区创新功能是城市体系中最强的,这也是与一般城市的本质区别之一。未来的都市区是"创新氛围"的都市区,创新功能是衡量都市区功能等级的核心标志之一。

(4) 生态功能

生态功能是都市区功能体系的基础,包括生态产业功能、生态环境功能、生态调控功能等。都市区是生态问题较集中的空间,其影响波及范围较广。在经济功能和管理功能快速提升时,往往忽视生态功能的培育。生态功能的衰退和丧失是都市区发育初期的必然产物,或者说,工业化对外围区域或城市是发挥负面作用的生态功能。然而,在都市区高级阶段,人类意识到生态问题对人类的生存威胁,提出了生态安全保障和可持续发展观念。所以,信息化都市区必须有生态功能,对外围区域或城市必须发挥正向作用的生态功能。生态功能培育的目标是要发展生态城市、绿色城市、园林城市、可持续发展城市,而这些又需要信息产业、生态产业、绿色产业、环保产业等绿色经济功能作为保障。都市区是城市经济最发达的经济地域,也是生态问题最突出的经济地域。所以,都市区生态功能的培育和发挥,会直接影响到与外围区域或城市相互作用的关系。

综上所述,都市区功能体系主要包括上述四个方面。其中,经济功能是根本,管理功能是标志,创新功能是动力,生态功能是保障,四者构成一个相互关联的完整的功能系统(图 4-18)。

(二) 地域组合类型

都市区功能地域组合类型是指都市区功能系统的地域分异和组合中所形成的地域单元类型。功能在地域运动上的作用过程会形成功能场,不同性质的功能作用形成的功能场,其场强是不一样的,给都市区结构的反作用力也是不一样的。从都市区形成发展的全过程来看,都市区功能地域组合类型主要有主导功能集成系统和综合功能集成系统两种地域组合类型。

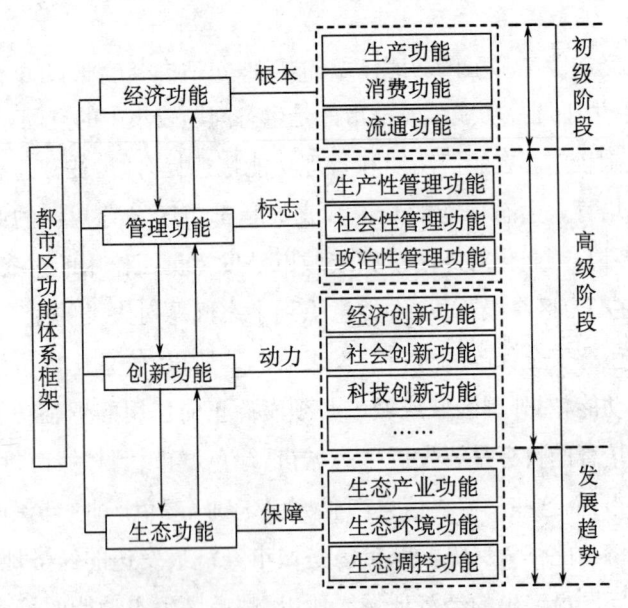

图 4-18 都市区功能体系(系统)框架

1. 主导功能集成系统

主导功能集成系统是指都市区由某一个主导功能为核心而形成的功能集成系统的地域组合类型,主要包括工业生产功能集成系统、商贸流通功能集成系统、生产性管理控制功能集成系统、社会性管理控制功能集成系统、政治性管理控制功能集成系统、创新研发功能集成系统等地域组合类型(图 4-19)。

在都市区发育初期,工业生产功能集成系统、商贸流通功能集成系统等地域组合类型占据主导地位,形成了一批工业经济都市区、商贸流通经济都市区,譬如英国曼彻斯特、利物浦、德国的汉诺威等是

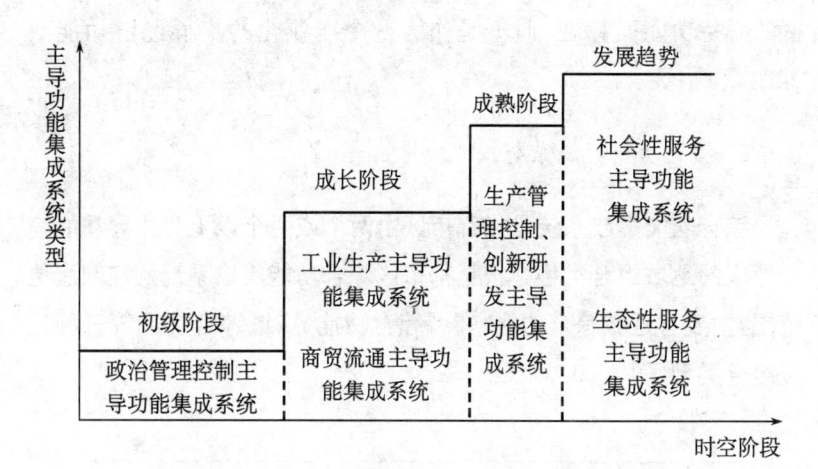

图 4-19 都市区主导功能集成系统地域组合类型演化

典型的工业都市区,美国纽约、中国香港、新加坡等是典型的商贸流通产业都市区。在都市区高级阶段,随着新国际产业地域分工的深入,逐渐形成了生产性管理控制功能集成系统、创新研发功能集成系统等地域组合类型,并占据了主导地位,譬如纽约、东京、伦敦等演变成了生产性管理控制功能集成系统的都市区,美国、日本、英国等国家的硅谷城市演变成为了创新研发功能集成系统的都市区。

无论在初级阶段还是高级阶段,对于政治性管理控制功能集成系统的地域组合类型,根据各国的政治经济体制不同而不同。譬如华盛顿、巴伐利亚等是典型的政治性管理控制功能集成系统的都市区,而伦敦、巴黎、柏林等是典型的政治经济合一的都市区。

目前,跨区域或全球性的社会公共性服务产业在空间上仍没有呈现集群趋势,社会公共管理部门系统主要是服务于都市区自身的核心区,扩散辐射到近域、邻域的腹地范围;也就是说,它是作为都市区的必备功能而存在,而不是作为一个产业化的集群经济功能而存在。

2. 综合功能集成系统

综合功能集成系统是指都市区由两个或两个以上为主导功能综合形成的地域组合类型。根据都市区综合功能集成系统的空间腹地范围,主要有近域综合功能、邻域综合功能、广域综合功能等三种地域组合类型(图 4-20)。

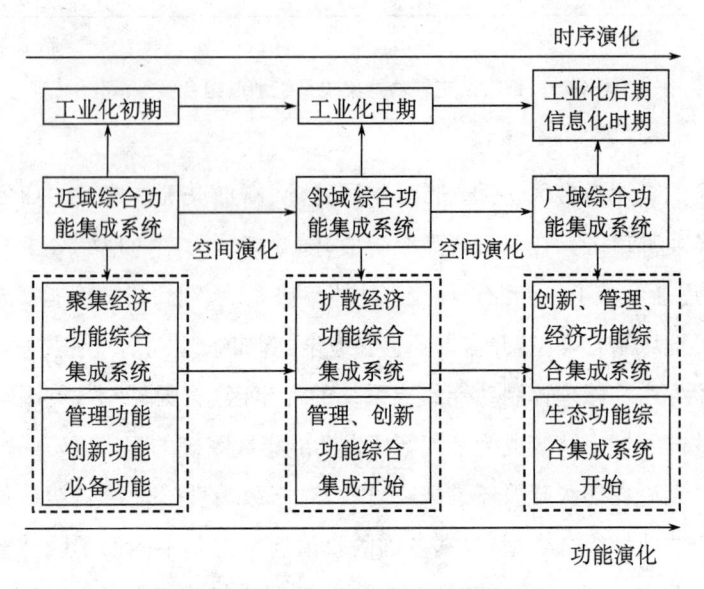

图 4-20 都市区综合功能集成系统演化

近域综合功能集成系统地域组合类型主要形成于都市区初期。都市区的经济、管理、创新等功能主要是为近域腹地提供服务(包红玉,2005)。这一时期的功能综合主要是经济功能内部的各个产业聚集功能的综合,管理、创新功能只是作为都市区的必备功能向近域辐射扩散。

邻域综合功能集成系统地域组合类型主要形成于都市区成长时期。都市区工业化已经进入快速增长时期,经济功能开始膨胀,经济功能开始向邻域腹地范围扩散辐射,但是管理、创新功能仍然以近域腹地为主。这一时期的功能综合也是经济功能内部各个系统的综合,但是功能链条有较大幅度的延伸,整个经济功能系统的能量快速增长,从而扩大的功能辐射的范围,同时也带动了管理、创新功能的产业化过程,管理、创新功能有较大的提升,逐步由必备功能向产业功能转变,从而带动了功能辐射范围的扩大。

广域综合功能集成系统主要形成于都市区成熟时期。都市区的经济、管理、创新、生态等功能开始跨区域、全球性扩散辐射。这一时期的功能综合开始跨部门系统之间进行组合,经济、管理、创新、生态等功能已经上升到同一层次系统,整个系统的功能链条开始非线性延伸,功能能量开始乘数效应加速增长,从而迅速提升了都市区功能集成的辐射扩大能力,都市区功能集成系统开始向广域空间辐射扩散。这一时期的都市区形成了生态经济产业系统,生态功能的发挥有了产业结构上的依托和支撑,生态功能开始进入到功能集成系统,开始影响或决定整个都市区功能体系的地域分异和组合过程。

四、功能演化规律

(一)功能集成系统演化规律

在都市区初级阶段,主要以经济主导功能集成系统为主,反作用于都市区结构系统,并促进其发育、成长和完善,推进都市区的成长过程。随着都市区自身的成长壮大，一方面提升了都市区的整体功能集成系统，另一方面也强化了主导经济功能，培育了新经济功能。

在都市区成长阶段，主要是经济综合功能集成系统为主，反作用于都市区结构系统，潜在的经济主导功能系统上升到主导地位，原来的经济主导功能系统退居到次要地位，但它是整个功能系统的支柱，从而推动了都市区社会经济系统的多元化结构，多元化结构的形成发展决定着多元化经济综合功能集成系统的形成发育。

在都市区成熟阶段，主要以管理创新生态综合功能集成系统为主，反作用于都市区结构系统。原来都市区必备的功能系统开始步入产业化进程，形成了现代社会经济结构系统，成为了原来经济功能系统运动的控制枢纽，从而扩大了都市区功能集成系统扩散辐射的空间尺度和时间跨度。

(二) 功能空间演化规律

在都市区初级阶段，主要以近域经济主导功能集成系统的地域空间运动为主。

在都市区成长阶段，主要以邻域经济、管理、创新综合功能集成系统的地域空间运动为主。

在都市区成熟阶段，有两种类型：一是以广域经济主导功能集成系统的地域空间运动为主，二是以广域管理创新生态综合功能集成系统的地域空间运动为主。

第五章 都市区调控原理

近代地理学的发展主要侧重于地理事物或地理现象的形成发展条件、分布等规律性的理论研究,而忽视了认识理论性规律之后的实践调控规律的研究。然而,现代系统论认为,当低层次系统向高层次系统转化发展时,有多种方向或方案可以选择。人类认识了系统的运动规律之后,目的是对系统进行合乎规律性的调控,使之可持续发展。因此,系统论、信息控制论、耗散结构论、突变论、协同论等横断思维科学诞生之后,逐步渗透到地理学研究中,并把近代地理学改造成为了现代地理学。其中,把地球表层系统的调控规律研究纳入到了地理学的研究领域。20世纪90年代,我国著名经济地理学家吴传钧院士提出了人地关系地域系统优化调控的概念(吴传钧,1991)。所以,调控研究是现代地理学研究的重点前沿领域。

第一节 都市区调控的概念与范畴

认识了都市区形成发展条件、资源、环境、机制、结构、功能等人地相关地域系统的运动规律之后,对都市区实施合乎人地相关地域系统运动客观规律的调控,使之按照客观规律发展,发挥人地矛盾的正向效应,提升都市区的整体功能,促进都市区结构的完善,最终走向可持续发展之路。

一、基本概念

(一) 概念内涵

调控,简言之,是协调、控制之意。具体来说,调控是指根据事物发展的必要性和系统运行的状态,采用各种手段和方法,按照系统运动的规律,对系统进行干预,使之走向有序运行的过程。因此,调控是一个人为主观干预系统的过程。

1. 狭义的调控概念

质言之,都市区调控是指对都市区人地相关地域系统进行调控的过程;具体来说,在都市区人地矛盾运动过程中,根据人地矛盾相互作用的阶段和状态及时空发育背景,通过利益机制,采用经济、法律、必要的行政等手段,对都市区人地相关地域系统运动进行有效的和有目的性的干预和影响,以实现都市区要素与系统的有机耦合、条件环境与地域性的高效组合、结构和功能的相互促进、阶段与状态的高度统一、机制与过程的互动一致,最终按照都市区人地矛盾运动客观规律向前发展(图5-1)。

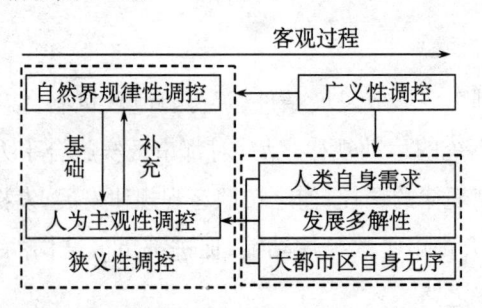

图 5-1 都市区调控概念关系

2. 广义的调控概念

从表面现象来看,都市区调控是人为的主观过程。但是,从内在本质来看,都市区调控是客观过程,包括规律的和人为的过程。所以,都市区调控包含三个方面:一是自然界各种规律自发地对都市区实施调控,这是都市区调控的主要部分,也就是说,都市区调控大部分是通过自然界各种规律自发进行的;二是在遵循规律的前提下,人类根据自身的需求对都市区实施调控,这是都市区调控的重要补充部分;三是都市区向前发展的结构与类型等是多解的,很有可能不按照合乎人类需求的方向发展,或者都市区没有按照客观规律发展,出现了无序混乱的状态。所以,人类必然要对都市区做出合乎人地矛盾运动客观规律的调控,这是都市区调控的补充部分的核心(图5-1)。

(二) 相关学科认识思维

1. 系统论的认识思维

协调性和整体性是系统论的基本观点,也是都市区调控的基本认识视角。对都市区调控的过程是建立人地系统相互协调统一的过程。同时,都市区是一个复杂的巨系统,都市区调控应该有整体的、联系的、全面的观点,应着眼于都市区系统内的各要素之间的相互联系、相互影响和相互作用的关系。因此,系统论要求都市区调控应该从整体角度出发,协调各个要素之间的关系,使都市区结构更优,功能更强,从而实现预定调控目标。

2. 生态学的认识思维

都市区是生态环境系统的重要空间载体,是生态环境系统的子系统。生态环境系统调控是都市区调控的重要内容。因此,都市区调控应充分运用生态学的理论与方法,实施生态化的都市区调控系统。

3. 经济学的认识思维

协调人地经济矛盾过程是都市区调控的主要内容。对都市区实施调控时,要遵循经济客观规律,合理、有效、科学地开发利用都市区各种资源,把有限的资源要素高效地配置到都市区空间地域,调控组织结构、产业组织、发展模式等(林先扬、陈忠暖,2004),以持续发挥良好的经济效益,这是都市区调控的关键。

(三) 区域经济地理学认识思维

1. 地理哲学基础

从地球表层系统学出发,地理事物或地理现象空间分布的不平衡性规律和地域差异性规律是地理科学研究的基本平台,也是地理哲学的根基。都市区属于经济地理事物或现象。在人地相关地域系统运动过程中,都市区表现出了不同历史阶段性的形成发育条件、环境、资源、结构、功能、机制、类型等特征和规律;在人地相关地域系统的同一时空发展阶段上,又表现出了不同发育阶段、不同类型、不同结构、不同功能、不同层次的都市区同时并存的时空格局。在这种客

第五章 都市区调控原理

观环境中,单纯依靠都市区形成发展的机制体系及功能集成系统自发的协调都市区人地矛盾系统是远远不够的,甚至是不可能的;相反只会陷入机械的系统结构——功能主义。所以,必须对都市区人地矛盾系统运动实施合乎规律性的调控。地球表层系统的各地理要素、各组成部分之间的差异性和不平衡性是都市区调控的客观根源和地理哲学基础。

2. 经济地理出发点

都市区形成发展必然要经历初级阶段、成长阶段、成熟阶段等三个基本时间过程,每一时间过程必然都有相对应的空间过程特征和规律,这是区域经济地理学的时空关联性规律。时空关联性规律是都市区调控的社会历史背景和考虑问题的出发点,也是区域经济地理学认识调控、实施调控的红线。

都市区诞生于区域,成长于区域,稳定于区域,衰退或消亡于区域,区域是都市区的依托和基础。从区域系统运动中对都市区实施调控是区域经济地理学的根本出发点和精髓所在。

若不认识地理科学的地域不平衡性规律、地域差异性规律、时空关联性规律、区域运动发展规律等,都市区调控就会脱离实际,超越都市区人地相关地域系统运动的客观发展规律。同时,都市区调控必须从地域着手,又以地域为归宿,没有区域作为依托和支撑的都市区调控,是平面的、一维的、没有实际意义的。因此,都市区调控不是一个简单的系统干预和影响过程,而是一个复杂的科学信息综合决策集成的过程。也就是说,没有规律性信息作为支撑的调控,是无效的、无序的、无目的的调控。

二、基本范畴

(一) 调控的实质

都市区调控实质是协调人地相关地域系统在时空运动过程中出现的各种人地矛盾,而这种人地矛盾最为直接的外在表现形式是大都市社会经济发展与环境的冲突、都市区与外围区域或城市之间的利益冲突,包括经济利益冲突、社会利益冲突、生态环境利益冲突,其中经济利益冲突是最根本的、最原始的,社会利益冲突和生态环境利益冲突是以经济利益为基础的。经济利益关系是人地矛盾关系的集中表现(俞滨洋、徐效坡、曹传新,2000)。所以,人地矛盾是都市区调控的实质所在(图5-1)。

工业化革命将都市区推向了成长时期,都市区经济利益冲突以前所未有的速度膨胀。与此同时,都市区腹地区域范围的生态环境利益冲突也以前所未有的速度恶化,人地经济和生态矛盾同时并存。当人类意识到自然界丧失了部分调控能力、部分生态环境已经不能恢复之时,人类才开始对都市区的人地矛盾系统实施调控,并以各种区域性环境与生态整治措施、国土开发与整治等形式表现出来。

信息化革命继续将都市区推向成熟时期,在经济全球化和区域经济集团化进程中,都市区人文社会资源短缺开始出现,人与人、地区与地区、集团与集团等之间的社会利益矛盾冲突开始显现,人地经济利益矛盾、生态利益矛盾、社会利益矛盾同时并存。都市区人地系统的调控不仅仅是局部区域的调控,而是更大范围内、更高层次的综合调控。因此,都市区调控是人地矛盾发展变化的必然结果,并且以协调人地矛盾贯穿于都市区调控的始终,平衡人地矛盾利益是都市区调控过程的主线。利益是根本,矛盾是形式,二者是表里关系,都市区人地矛盾系统的调控实质是人地利益之间的调控。

(二) 调控主体与客体

1. 调控主体

都市区调控主体是人类社会,主要包括政府、社会组织团体、企业和个人等,其中,政府是都市区调控主体的核心,是都市区调控的决策者、掌舵者,决定着都市区调控的方向、性质、内容等基本宏观事项,主要是通过调控、法律、政策等的制定作为保障,属于都市区调控的宏观层面;公司企业、社会团体组织、个人等是都市区调控的参与者、实施者,主要是根据都市区的区域人文约束决策自身的社会经济活动行为,属于都市区调控的微观层面。

2. 调控客体

都市区调控客体是一个特殊的城市地域系统,即大都市经济地域系统,包括都市区核心区、外围腹地范围及可能辐射影响的空间。在实践中,表现为都市区。所以,都市区调控不是对系统中的某一环节、某一部分进行调控,而是对系统整体进行调控,否则,将会"头痛医头、脚痛医脚"。

(三) 调控层次体系

都市区调控层次体系主要有三个层次:宏观战略调控层次、总体综合调控层次、单元与要素调控层次等(图 5-2)。

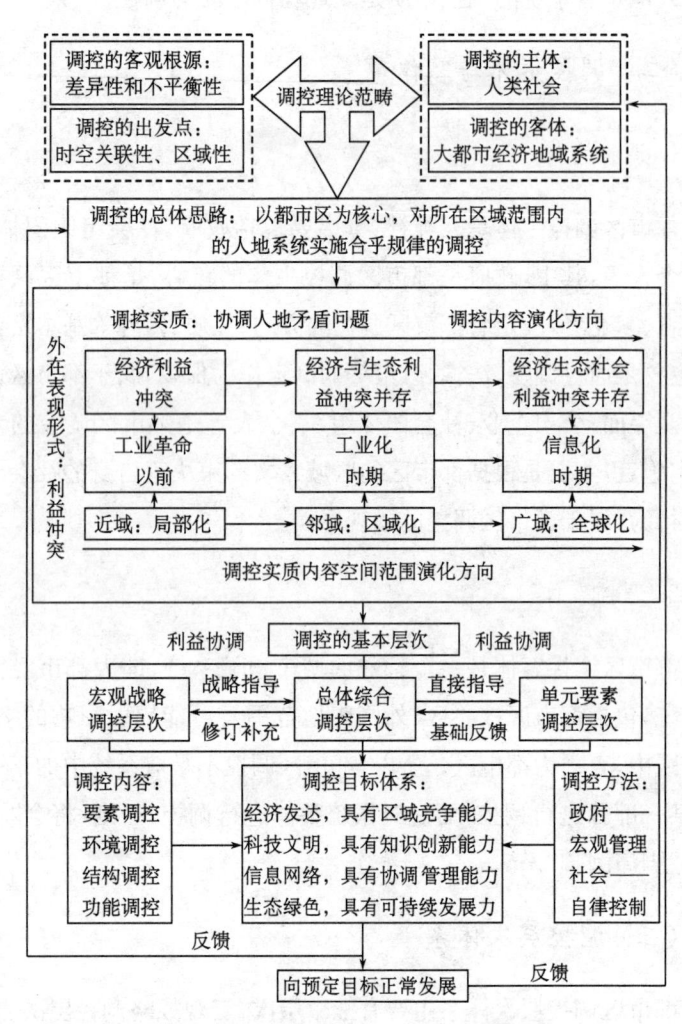

图 5-2　都市区调控基本理论范畴分析框架

1. 宏观战略调控层次

都市区宏观战略调控层次是指更高一级经济地域系统对都市区形成发展的调控要求,这是都市区人地相关地域系统运动的总的战略性调控规则。只有将都市区放到更宏观层次的经济地域系统运动中进行调控,都市区才有更大的发展空间腹地,才会形成更高级状态的结构和功能系统。

2. 总体综合调控层次

都市区总体综合调控层次是指都市区所处的经济地域系统对自身的调控要求。实际上,都市区调控的大部分内容都是在同一级经济地域系统中展开的,因为它是都市区形成发展的实质性的区域载体。因此,总体综合调控层次是都市区调控系统的核心层次。

3. 单元与要素调控层次

都市区单元与要素调控层次是指都市区自身空间范围内的各个单元与要素的调控要求。单元与要素调控层次是都市区调控的具体内容,也是宏观战略调控和总体综合调控的最终归宿。

综上所述,宏观战略调控层次是基础,总体综合调控层次是核心,单元与要素调控层次是重点,三个层次之间是相互递进、相互因果关联、相互制约作用的有机整体,共同构成一个完整的都市区调控层次体系。

(四) 调控内容

从系统观点看,要素、结构、功能、环境都是完备地规定一个系统所必需的范畴(国家教委社会科学研究与艺术教育司组,1989)。从都市区形成发展机理可以看出,结构是最本质的内容,决定着都市区人地矛盾运动的方向、性质、强度等,决定着都市区的功能体系。所以,结构调控是都市区人地系统调控的根本内容。都市区功能依赖于其要素、环境、结构,它们的变化都会影响都市区功能的表现。对都市区功能进行适度地调控,有助于都市区结构调控及整个系统的综合调控。然而,条件、环境是影响都市区结构形成发展的外部因素。在都市区结构调控的同时,首先从都市区人地相关地域系统的要素调控入手,从而形成一个前后因果关联的都市区调控系统,才能从根本上做出合乎都市区人地矛盾运动规律的调控。综上所述,都市区调控内容主要包括要素调控、环境调控、结构调控、功能调控等四个方面(图5-2)。

1. 要素调控

都市区要素调控是指对都市区人地相关地域系统构成要素进行调控。都市区人地相关地域系统主要包括产业部门系统和产业空间系统等构成要素,由产业要素构成的产业结构和由空间要素构成的空间结构是都市区结构的核心内容。所以,都市区要素调控主要是对产业要素和空间要素的调控。产业要素主要包括第一次产业、第二次产业、第三次产业的各个要素及部门。空间要素主要包括产业空间结构的各个组成单元。

2. 环境调控

从系统论角度,凡是与系统的组成元素发生相互作用而不属于系统的事物,均属于系统的环境。系统环境是地理事物所处的地理环境的概念,包括地理事物的地理条件、地理资源等。都市区环境调控是指对都市区所处的地理环境进行调控,包括都市区腹地范围内的区域地理条件、区域地理环境、区域地理资源等。都市区环境调控包括两个层面:一是对都市区生态环境即自然环境的调控,包括自然资源保护与开发调控、生态环境整治与恢复调控等;二是对都市区投资环境即社会经济环境的调控,包括生产要素资源的市场调控、社会经济政策调控、生态产业政策调控、历史文化古迹保护与开发调控等。

3. 结构调控

都市区结构调控主要是指对都市区经济结构、社会结构、生态结构等系统进行调控。都市区结构调控主要是产业部门结构调控和产业空间结构调控。都市区产业结构调控主要是根据目前都市区产业结构的类型、阶段等特征,以及预测未来可能的发展类型、阶段等客观要求,通过要素调控和环境调控以及适度的功能调控,对其进行结构性干预和影响,使之向预定的目标和方向发展。

4. 功能调控

都市区功能调控主要是指对都市区功能体系进行调控,主要包括经济功能调控、管理功能调控、创新功能调控、生态功能调控等。都市区功能调控主要是根据都市区结构调控的客观要求,适度的强化或弱化某个子功能系统,使之与都市区结构调控相互协调一致。

综上所述,都市区调控的四个层次,是相互因果、相互依赖、相互影响的一个有机整体,共同构成都市区完整的调控系统(图 5-3)。要素调控是内部动力,释放的是内部体能;环境调控是外部动力,释放的是互补能、体制能、机制能、制度能等;二者共同构成都市区"硬"

调控系统。结构调控是本质要求,释放的是结构能;功能调控是结构调控的辅助手段,二者共同构成都市区"软"调控系统。"硬"调控系统是"软"调控系统的基础前提和动力支撑,"软"调控系统是"硬"调控系统的方向目标和最终归宿。

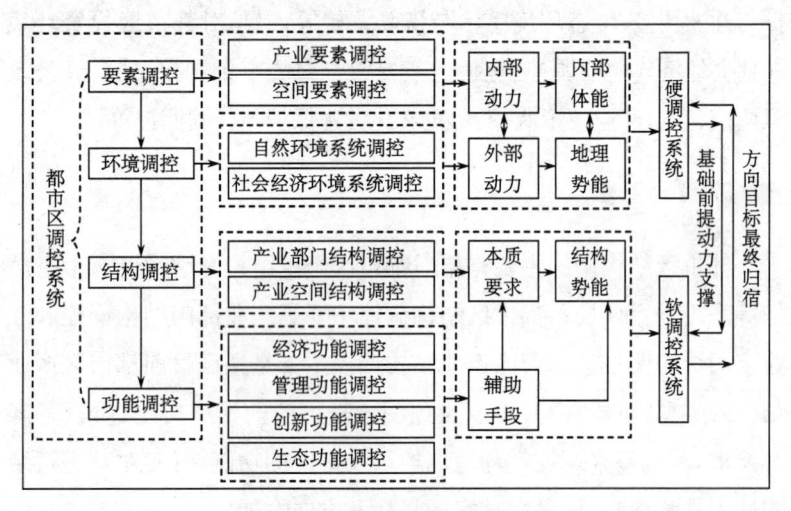

图 5-3 都市区调控内容体系

(五)调控目标体系

1. 经济目标:具有区域竞争能力

都市区是经济地域系统的核心,经济是都市区调控的主要内容,经济系统的阶段性跨越是都市区形成发展的质变过程。都市区调控的核心目标是经济系统运动量变的累积和质变的跃迁,而这种量变累积和质变跃迁需要区域竞争力的支撑,需要经济发达的区域实力的支撑。所以,对都市区实施调控,首要调控目标是产业化目标,即建设具有区域竞争能力的经济发达的都市区。

2. 科技目标:具有知识创新能力

科技是都市区人地矛盾运动的根本动力机制,科技资源是都市区社会经济系统运动的核心因子。都市区社会经济系统量变累积的速度和质变跃迁的深度,都取决于科技创新能力的高低。在信息经济社会,科技知识资源的拥有程度和知识创新的能力高低将直接决定着都市区的功能等级。所以,对都市区实施调控,关键调控目标是科技化目标,即建设具有知识创新能力的科技文明都市区。

3. 管理目标:具有信息化的协调管理能力

信息网络是都市区人地矛盾运动的"神经中枢",对都市区社会经济系统具有强有力的管理控制功能。都市区诸多地理要素的空间组合和分异,主要是通过信息网络载体进行跨区域甚至全球协调、组织、管理和控制。未来都市区是经济地域系统的协调管理中枢。所以,对都市区实施调控,核心调控目标是信息化目标,即建设具有综合协调管理能力的信息网络都市区。

4. 生态目标:具有可持续的承载和发展能力

生态环境是都市区人地矛盾运动的"母体",是人类生存发展的空间载体。未来的都市区是人口高度密集的巨型城市带,若依然是工业化的生态环境非持续发展之路,未来的都市区将是人口稀疏的"水泥森林"带。因此,在信息化社会出现之后,无论是工业化初期的都市区,还是工业化中期的都市区,都应该把生态环境保护放到首要地位,即走可持续发展之路(李翠,2011)。所以,对都市区实施调控,基础调控目标是生态化目标,即建设具有可持续发展能力的生态绿色都市区。

综上所述,都市区调控目标体系是产业化、科技化、信息化、生态化四者相互促进、相互影响、相互依赖的现代化目标体系(图5-2)。产业化、科技化、信息化、生态化过程的综合集成是都市区都市化过程。所以,都市区调控目标体系的核心是现代化,它是产业化、科技化、信息化、生态化、都市化五者综合集成的产物。

(六)调控途径

政府调节与市场调节作为资源配置的两种不同方式,是随着资本主义生产方式的演进而不断发展变化的(刘大洪,2009)。目前,都市区调控的途径主要有政府宏观管理和社会市场调节(图5-2)。

1. 政府宏观管理

政府宏观管理是都市区调控的主要途径,具体来说,包括政府各个职能部门的行政管理,譬如规划管理、建设管理、企业管理等;法律法规管理,譬如颁布的各种法律规章制度。

2. 社会市场调节

市场自律管理是都市区调控的补充途径,具体来说,包括社会行业组织自律管理、市场经营、公众参与和监督等。

政府宏观管理是社会自律控制的基础和前提,社会自律控制又是政府宏观管理的重要补充和反馈,二者是因果关联的一个系统化的有机整体和调控系统。

第二节 都市区调控的机制与理念

都市区调控的机制和理念,主要是从狭义的调控概念论述的。调控是一项综合性极强的实践工作,需要较深厚的理论作为支撑。其中,机制和理念是都市区调控的指导思想和原则,对调控系统的正常运转具有重要的实践意义。

一、调控机制

都市区调控机制是指影响或决定都市区调控系统运转的关键性法则。目前,主要有法律机制、社会机制、经济机制及必要的行政机制等。

(一) 经济机制

市场经营机制是都市区调控的经济思维法则,也就是说,在调控中追求效益,在运行中实施调控。一方面,主要是指对都市区的各种地理要素要有市场价值观念,通过市场机制使都市区以及区域内的各种有开发价值的地理要素配置到最能发挥效益的空间实体上运营;另一方面,主要是指对都市区环境的优化、产业结构的优化、空间结构的优化要有市场经营的意识,即要通过市场机制改善都市区环境,促进产业结构的升级和转型,推动都市区空间结构的合理组织。通过市场经营机制,使之释放出潜在于区位、体制、机制、结构等方面的势能,促进都市区的整体性发展。都市区调控必须运用市场经营机制,从市场经营中得出调控都市区各种要素、环境、产业和空间等方面的战略、政策和对策等措施。

经济杠杆机制是都市区调控的经济手段和方式,主要包括价格杠杆、税收杠杆、财政杠杆、金融杠杆等,是政府间接管理的一种方式,可以改变投资和劳动组合的方式,提升要素投入的质量和要素的组合效率,改善要素的供给状况(郭晓合、孙倩,2012)。对于有益于都市区调控方向的要素,通过经济杠杆机制,制定有益于要素发展的价格、税收、财政、金融等政策,使之快速发展;否则,制定限制政策,使之延缓发展。因此,经济杠杆机制是都市区调控尤其是经济系统调控最常用的机制。

(二) 法律机制

法律机制是都市区调控步入法制化轨道的法则。市场经济社会是民主法制相当完善的社会,市场、民主、法制是社会经济系统相互联系的三个侧面。都市区调控不是"人治"的调控,而是根据都市区运动客观规律,按照市场经济要求,结合都市区发育特征,把合乎实际客观规律的调控转化为都市区人地矛盾运动的"游戏规则",而这些"游戏规则"的强制性内容必须经过民主法律化过程,才能被人类所遵守。都市区调控的民主法制机制是要体现公开、公平、公正。一方面,它既是民主化的产物,另一方面,又是法制化结果,应突出都市区社会各阶层在都市区调控中的参与意识和监督作用。因此,法律机制是都市区调控的重要方式和手段。

(三) 社会机制

1. 政策引导机制

政策引导机制是都市区法律机制的重要补充形式,把"游戏规则"的引导性内容通过政府部门的政策形式表现出来,不需经过法律程序即可实施调控,提高都市区调控的效率。政策引导机制包括土地政策、财政政策、税收政策、产业政策、人口政策、教育文化政策、体育卫生政策、投资政策、生态政策等多方面内容的引导机制,这些政策是都市区投资环境调控的重要内容。因此,政策引导机制是都市区调控的重要辅助手段和方式(郑文升,2005)。

2. 公平竞争机制

公平竞争机制是都市区调控的基础前提,是其他机制发挥作用的平台。对都市区实施调控,尤其是社会经济系统的调控,必须是公平竞争的社会环境;否则,调控过程很难深入。公平是平台,竞争是手段,通过公平竞争机制,发挥都市区调控良好的经济效益、社会效益和生态效益。没有公平的调控,是非规律性调控;没有竞争的调控,是低效率的调控(韩守庆,2008)。因此,营造公平竞争机制的社会环境氛围,是都市区调控顺利进行的关键基础。

(四) 必要的行政机制

对于都市区调控,以市场机制为基础的公平竞争机制、政策引导机制、法律机制、经营机制、杠杆机制等不是万能的,有些不确定因素不是市场经济制度调控能解决的,现代市场经济制度必须借助政府必要的行政机制手段,才能保障都市区人地矛盾运动朝着正常规律方向发展。实质上,都市区必要的行政机制是现代政府的宏观调控过程,也就是说,通过政府的行政法律、法规、规章、制度等,对都市区人地矛盾系统运动实施行政干预和影响,作为市场机制的重要辅助手段和方式。譬如美国都市区区域联合规划机构或政府是政府宏观调控的产物。当然,在市场经济制度中,实施必要的行政机制,必须是市场经营、公平竞争、政策引导、法律、经济杠杆等思维综合集成后的政府宏观调控;否则,机械式的政府宏观调控命令,必然会违背都市区的客观发展规律,最终会适得其反。

二、调控理念

(一)调控思想理念:可持续发展

可持续发展战略被提到国家政策层面,社会发展模式转向可持续发展,使经济建设与资源、环境相协调,实现良性循环(杨珺,2011)。可持续发展是社会经济发展的原则性理念,也是都市区运动发展的根本性思想,是都市区调控的灵魂和总体性原则,是人地矛盾协调统一的客观要求。它贯穿于都市区各层面相互作用的全过程,是一切调控决策的前提基础。可持续发展理念是人类在人地关系领域 300 年来得出的惨痛教训,其实质内涵是不牺牲后代人的利益谋求当代人的需要,重点强调都市区在发展过程中的效益、公平、安全等方面的对立统一,建立以人地系统协调发展为基础的 PRED 相互和谐的"三效益"对立统一的可持续发展调控理念。

(二)调控效益理念:提高财税能力,扩大就业渠道,塑造优美环境

提高财税能力、扩大城市就业渠道、塑造城市优美环境,是体现都市区调控效益的宗旨、衡量都市区调控水平的基本标尺,是都市区在信息网络化过程中的动力源泉。这是由目前都市区调控的宏观背景所决定的。在以市场经济为基础的经济全球化过程中,都市区调

控要以城市区域分析为基础,并融入到全球信息网络化进程中,利用经营城市思想,以提高城市财税能力、扩大就业空间、塑造优美环境为根本出发点和最终归宿。

(三)调控行为理念:自主创新

创新是城市不断发展的内在动力,是城市竞争力持续提升的"推进器",既包括可以量化的科技创新能力,也包括目前难以量化的制度创新、管理创新等能力(吴晓燕,2004)。自主创新是都市区调控行为的根本性理念,是市场经济体制的客观要求。自主创新理念主要是指根据都市区发展的主观能动性,并在此基础上对都市区本身的发展不断地创新,使都市区保持永续的生存活力。都市区调控必须充分发挥自身的主观能动性和客观优势,吸引互补性资源,制定出具有创新性的可持续调控策略。因此,都市区调控是一项社会、经济、生态高度协调发展的自主创新的工作,主要体现在区域调控、发展调控、生态调控等宏观层次调控创新和居住区调控、社区调控、产业选址调控等微观层次调控创新。

(四)调控过程理念:抗风险性和抗波动性

抗风险性和抗波动性是都市区调控过程理念。以市场经济为客观基础的经济全球化过程,势必增加都市区调控的风险性和波动性,要求都市区调控必须有抗风险性和抗波动性理念,尤其体现在市域调控、经济发展调控、生态调控等宏观层次的长远性都市区调控上,利用市场经营的竞争观念,既要做到与城市外区域资源共享,又要做到与之合理公平的资源竞争,把有限的资源调控好、开发好、利用好,最终提高城市财税能力,扩大就业空间,塑造优美环境。

(五) 调控产业理念:体现区域特色的信息化、知识化、服务化

体现区域特色的信息化、知识化、服务化是都市区调控的产业理念。在新一轮国际地域分工和组合过程中,以 IT 产业和服务产业为主导的知识经济社会已呈现出明显的以区域特色为基础的水平分工体系。都市区调控要把城市信息化过程融入到经济全球化的产业地域分工体系中,把握城市的区域特色,瞄准城市在信息化、知识化、服务化过程中的地位层次和时空特征,发展具有区域特色的 IT 产业和服务产业体系,使之立足本土,面向世界。

(六) 调控空间理念:城市区域化和区域城市化

城市区域化和区域城市化是都市区调控空间布局理念。经济全球化引发了城市空间布局由原来的水平分工体系转变为目前信息网络化时代的垂直分工体系,即管理和控制中心、科研开发中心、生产装配基地已在不同的区域层次上发生了相应的变化,从而导致经济全球化必须以城市区域化和区域城市化为支撑。都市区调控,必须运用市场机制,促进都市区和域内外要素在空间上的合理组合,形成产业结构、空间结构分工合理的都市区经济地域系统(曹传新,2001)。

综上所述,都市区调控是一项复杂的系统工程,从调控思想、调控效益、调控行为、调控过程、调控产业、调控空间等六个方面来看(图 5-4),现代系统思维理念是都市区调控的指导原则。前四项是后两项的基础和前提,后两项是前四项的方向和内容。都市区调控的落脚点是产业部门结构和空间结构,要以产业为纽带,打破行政区划,形成较为合理的产业集群布局(黄绍臻,2004)。这是都市区人地相关地域系统调控的主要任务和内容。

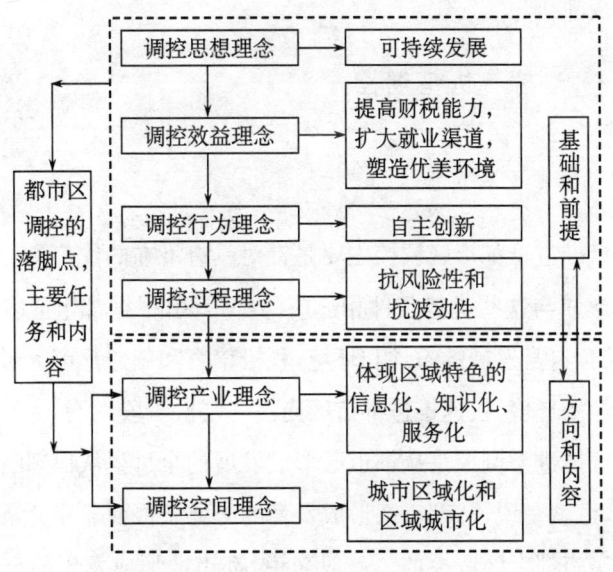

图 5-4 都市区调控理念体系

第三节 都市区调控的类型与模式

都市区调控属于历史范畴,不同的形成发育阶段,都市区调控的类型、机制、内容、理念、模式等都存在较大差异。若对于形成发育初期的都市区,运用现代都市区的调控思维,将是拔苗助长,适得其反。因此,在不同发育阶段,都市区调控类型和模式是不一样的。

一、调控类型

从都市区形成发展的全过程来看,都市区调控主要有培育推进型调控、优化整合型调控两种基本类型,同时也映射了都市区形成演化的调控轨迹。

(一) 培育推进型调控

1. 基本概念和特征

培育推进型都市区调控主要是针对具有潜在的优势条件但目前还没有形成与这些优势条件相适应的都市区,根据都市区客观发展规律,结合自身发展的条件和环境,积极培育和创造都市区形成发育的社会经济环境,快速推进都市区向高一层次阶段发展。

培育推进型调控是从都市区形成发展的全过程认识判断出的基本类型,也就是说,从都市区形成发育的必要条件而非充分条件的角度出发实施都市区调控的。一般来说,都市区形成发育的充分条件是不断提高的,原来标准的充分条件变成必要条件。所以,培育推进型调控始终是都市区调控的基本类型,既可以适用于都市区初级阶段,又可以适用于都市区高级阶段;既可以适用于具有发展成为都市区潜能的一般城市,又可以适用于已经处于成长、成熟时期的都市区。培育推进型调控是从都市区时空发展轴线上认识的一种调控类型,而不是从一个时间断面对都市区实施调控。

培育推进型调控是对不同类型、不同阶段、不同地域、不同层次的都市区调控的基本要求。对都市区实施培育推进型调控,必须根据都市区现阶段的类型和特征,培育要有特色,推进要有重点,使得调控内容和方法、途径具有都市区地域个性。也就是说,培育推进型调控必须从地域出发,又回到地域上来,保障都市区持续发展。

2. 调控机理

都市区特定的时空发展阶段和类型,都是前一阶段和类型的继承和发展。同时,通过本阶段和类型的形成发育,必然会向高一级阶段和类型转型和升级。因此,从现状阶段和类型向高一级阶段和类型的转型和升级,需要对都市区实施培育推进型调控,按照预定的目标和方向向前发展。培育推进型都市区调控必须立足于现实,借鉴于历史,积极培育高一级阶段和类型的形成发育环境,从而推进都市区向前发展和跨越。

3. 演化过程

在都市区初级阶段,培育推进型调控具有核心推动作用。譬如19世纪的德国、日本、美国等都处于未成熟阶段的农业化社会,工业化将近晚了一个世纪;但是,德、日、美等国家开始步入工业化道路时,采取了积极的培育推进型调控,充分利用英法工业化阶段性结构整合优化时期,从英法工业化国家引进技术、人才等要素,培育良好的工业化环境,推进社会经济改革,快速完成了农业化,同时又形成了一批工业现代化都市区。

虽然信息社会已经出现,但是发展中国家仍然处于工业化进程中。所以,发展中国家面临着工业化、城市化的艰巨任务;同时,又要积极应对信息化、生态化、知识化、社会化等新的挑战。按照客观规律,信息化、生态化、知识化、社会化等过程是在发达的工业化和城市化基础之上进行的;但是,发展中国家都是同时开始,齐头并进。对于发展中国家的都市区,培育推进型调控是最主要的调控类型。在培育推进型调控中,充分利用发达国家都市区的结构性和阶段性融合调整时期,进行引导整合型调控和优化控制型调控,积极培育两个时空跨度的社会经济发展环境,做好资源的整合和高效配置;同时推进都市区的工业化、信息化、城市化、生态化、知识化、社会化进程,实现都市区两个时间跨度的跃迁,这是发达国家所没有遇到的,是世界城市发展史上的一个里程碑。在19世纪,农业化、工业化双重阶段并存,实现了成功跨越;在21世纪,工业化、信息化、生态化、知识化、社会化、城市化等双重阶段多重任务并存,能不能实现成功跨越,有待世纪的考验。

欧美发达国家已经完成了工业化、社会化和城市化进程,经过了资本主义充分发展和原始资本积累阶段,跨入了信息化、知识化、生态化的都市区历史发展进程,这些国家的都市区可以竭尽全力推进信息化、知识化、生态化;但是,从信息化向高一级阶段跨越,还需要相当长的一段时间。目前这些国家都市区主要对工业化时期所遗留的结构性问题、生态性问题以及信息化出现的新问题进行优化整合调控,培育推进型调控不是这些国家都市区调控的重点类型。

(二)优化整合型调控

1. 基本概念和特征

优化整合型调控主要是在都市区的某一个时空发展阶段上,对现状诸多地理条件资源进行整合,引导这些要素资源在能够发挥自身最佳效益的空间上进行优化组合,使得都市区调控达到预定发展目标。

优化整合型调控是从都市区时空发展断面认识判断的调控类

型,贯穿于都市区调控的每一个环节和过程。

优化整合型调控属于微观层次的调控,主要是对都市区各个子系统或组成部分之间进行优化整合,使得达到最佳的调控阈值、调控秩序、调控时空序列,从而促进都市区人地矛盾协调持续发展。

优化整合调控实质上是对都市区的引导性和控制性调控的过程,在整合中进行引导,在引导中进行优化,在优化中进行控制,优化整合是市场经济调控的本质规律,引导控制是市场经济调控的表现方式。所以,优化整合型调控是市场经济制度社会发展的必然要求。

2. 调控机理

诸多地理要素在地域运动过程中,地域分异和组合的方案是多解的,并且每一个地理要素分异和组合的方向也是多维的。若通过自发的地域分异和组合过程,都市区的地域组合类型和特征也是多种多样的,有可能向客观规律发展但不是最优的,有可能出现混乱状态延缓都市区发展进程甚至停滞,也有可能向对人类具有生存威胁的方向发展等。单纯靠自发过程调控都市区的发展进程,是远远不够的。譬如20世纪上半叶世界性的两次大规模的经济危机就是典型的例子。因此,从系统论的角度,都市区地理要素的优化整合调控是非常有必要的。

3. 演化过程

都市区相继经历幼年期、成长期、成熟期等不同发展阶段(尹来盛、冯邦彦,2012)。从系统观点看,从都市区诞生之日起,诸多地理要素之间的优化整合调控就在自发地进行。

在18世纪工业化初期以前,都市区优化整合调控主要是自发地进行的,也就是说,自然规律和社会经济规律在支配着都市区诸多地理要素的地域分异和组合,自发地推动都市区形成演化进程。从优化整合调控的空间来看,主要是在近域的都市区腹地范围内进行。

在19世纪以后的工业化时期,由于欧美日等国家率先跨入了工业化进程,为了开拓工业原材料市场和商品贸易市场,这些国家采用了跨国区域的殖民性"优化整合"调控,实质上不是正常规律的"优化整合"调控,而是非正常客观规律的强制性"整合"和局部地区的超利润的要素资源的"优化",以实现都市区的原始资本积累。所以,先期的工业化时期的都市区是被动性的优化整合型调控。

在20世纪中叶以后的工业化时期,由于国际政治经济格局的变化,新的国际政治经济秩序逐步建立,和平与发展已经成为了时代主旋律。另外,信息科技革命的掀起,带来了新一轮国际产业地域分工,都市区产业结构也发生了相应的变化,地理要素之间的地域分异和组合也相应地发生了深层次变革。所以,多层次的都市区合作成为了调控的主要类型,都市区诸多地理要素之间的优化整合调控不少是在国际区域合作的基础上进行的,从而变成了主动性的都市区优化整合调控。

目前,欧美日等发达国家的殖民掠夺式的都市区"优化整合"调控已趋于隐性化和复杂化。对于发展中国家的都市区,大部分都处于工业化中期,肩负着艰巨的工业化和城市化任务,同时还有信息化、生态化、社会化、知识化的历史使命;若对都市区实施调控,唯一的途径是融入到区域经济集团化进程,以主动性的区域合作或国际合作为基础,从全球空间跨度上进行都市区各地理要素之间的优化整合调控,实现工业化和城市化;同时,以工业化带动信息化,信息化反过来促进工业化,使得工业化、信息化形成良性的互动平台,共同带动都市区城市化、生态化、社会化、知识化。欧美日等发达国家的都市区优化整合型调控,主要是把原来工业部门系统中的加工制造业进行国际性扩散整合,附属于其中的现代服务业资源进行就地空间整合,实现工业化向信息化过渡的结构性优化,同时还要对工业化所遗留的生态性问题进行恢复和重建。

综上所述,培育推进型是宏观层次调控,是大时空跨度的阶段性调控,而优化整合型调控是微观层次的调控,是小时空跨度的环节性调控(表5-1)。在都市区调控过程中,每个环节的优化整合型调控的综合集成的时空投影轨迹是培育推进型调控。优化整合型调控是都市区调控的量变累积过程,而培育推进型调控是都市区调控的质变跃迁过程。所以,都市区调控是一个量变到质变的时空调控过程。

表 5-1 都市区调控类型相关特征对比

相关特征	培育推进型调控	优化整合型调控
适用条件	具有潜在的地理优势条件但目前还没有形成与这些地理优势条件相适应的都市区	现状都市区
实质内涵	培育环境,推进阶段,质变跨越	结构优化,资源整合,量变累积
认识角度	都市区形成发育全过程	都市区某个时空发展阶段上
条件关系	必要条件而非充分条件	充分必要条件
适用阶段	初级、成长、成熟阶段	贯穿于每一个环节和过程
调控机理	时空关联规律,阶段之间的联系和发展	地域分工的方案是多解的,方向也是多维的

续表

调控层次	宏观层次调控大时空跨度的阶段性调控	微观层次调控小时空跨度的环节性调控
农业时期	欧美日等后起资本主义国家成功实现了培育推进型调控,形成了一批工业化现代化都市区	自发性调控,近域优化整合
农业化到工业化过渡时期		被动调控 跨国区域的殖民性"优化整合"调控
工业化时期	21世纪工业化、信息化、生态化、知识化、社会化、城市化等双重阶段多重任务并存,能不能实现成功跨越,有待世纪的考验	
农业化到工业化过渡时期		主动性调控,跨国界的都市区合作成为了调控的主要类型
信息化时期	对发达国家都市区,培育推进型调控不是重点类型,对于发展中国家,是重点类型	

二、调控模式

(一) 空间发展调控模式

目前,从空间上来说,都市区调控模式多种多样。总的来说,可以归纳为中心主导调控模式、联动组合调控模式、群落合作调控模式、模式群等四种基本类型(表5-2)。

1. 中心主导调控模式

中心主导调控模式主要是指在一定地域范围内以单一中心的

第五章 都市区调控原理

都市区为核心进行调控的类型,主要适用于单核集成型的地域组合类型的都市区,适用于首位度较高的经济地域系统的核心都市区。

表 5-2 不同都市区调控模式对比

对比特征	中心主导调控模式	联动组合调控模式	群落合作调控模式
概念定义	以单一中心的都市区为核心	以两个或两个以上规模相当的大城市或特大城市或大都市为基础	以信息枢纽型都市区为核心的空间群落综合体为基础
适用范围	单核集成型、首位度较高的核心都市区	双核整合型和邻域多核群落型都市区	广域多核群落型都市区
主要特点	高度极化调控状态	高度合作调控状态,实现区域多极共赢	最高级调控模式,联动组合模式的升级和跨越
适用国家地区	工业化社会的发展中国家		信息化社会的发达国家

中心主导调控模式的主要特点是运用高度极化调控手段,都市区在经济地域系统中占据绝对地位,其他次一级城市核心代替不了都市区的功能,必然要以都市区为核心来引导整个经济地域系统的持续发展。一般来说,在人口分布密度不大的经济地域系统,很容易形成单中心的都市区,中心主导调控模式是最常用的一种都市区调控类型,譬如哈尔滨、昆明、武汉等都市区。

2. 联动组合调控模式

联动组合调控模式主要是指在一定地域范围内以两个或两个以上的规模相当的大都市为基础进行空间组合进而实现相互之间联动发展的调控类型，主要适用于双核整合型和邻域多核群落型地域组合类型的都市区，适用于城镇密集区、城市群区、城市连绵区中的都市区。

联动组合调控模式的主要特点是运用高度合作的调控手段，以实现区域各极的共赢。在这一区域范围内，有的已经具备了都市区条件，有的已经具备了都市区潜在条件，有的已经是相当发达的专业化制造业城市等，城镇的产业与空间形态各异，功能互补性非常强，相互之间联动的空间要素非常密集，相互之间组合的潜力非常大。因此，通过联动组合调控模式，可以最大限度地做到资源共享，共同节约各自发展的区域空间成本，提高整个区域的竞争力。一般来说，在人口、产业、城市、资源等密度较大的经济地域系统，很容易形成多中心的都市区，采用联动组合调控模式较好。譬如长江三角洲、珠江三角洲、辽中南地区等。在国外发达国家，主要以区域联合政府或区域规划机构保障联动组合调控模式的实施；而在中国目前仅仅出现了区域之间的对话机制，还没有进入实质性联动组合调控阶段。

3. 群落合作调控模式

群落合作调控模式主要是指以某个信息枢纽型都市区为核心，以跨国公司为纽带，以国际合作为平台，以全球的城镇群落区域系统为载体，对以信息枢纽型都市区为核心形成的空间群落综合体进行调控的类型。

群落合作调控模式是都市区调控的最高级调控模式,是信息化社会发展的必然产物,是经济全球化和区域经济集团化推动的必然产物。群落合作调控模式是联动组合调控模式的升级和跨越,是广域多核群落型都市区的主要调控模式。

4. 模式群

模式群是指以一个主导模式为核心、若干辅助模式为支撑的调控模式集合或体系。由于都市区所处的阶段不同,以及地域空间层次的差异,上述三个模式不是单一作用于都市区的形成发展过程,而是由一个适应都市区发展阶段的调控模式为主导、其他模式为补充的模式群综合作用于都市区的形成发展过程。

综上所述,中心主导调控模式和联动组合调控模式是目前发展中国家都市区调控的主要模式,群落合作调控模式是未来信息化社会都市区调控的主导模式。

(二) 空间构造模式

都市区空间构造是指对都市区空间的宏观分区框架。具体来说,就是根据都市区地域分异和组合阶段,采用适应此发展阶段的空间构造模式,对都市区产业部门经济系统进行科学合理的空间分工的过程。所以,都市区产业空间结构的空间构造模式是人类在认识都市区形成发展客观规律的基础上所做出的产业空间组织调控的方法、方式和手段,使之符合人地相关地域系统整体运行规律。目前,都市区主要有点—轴—网、功能板块、区域系统等三种类型的空间构造模式。

1. "点—轴—网"空间构造模式

(1) 理论与实践背景

"点—轴—网"空间构造模式的理论基础是区域经济学增长极理论以及派生发展的点—轴理论、网络开发理论等。

增长极理论主要是由法国区域经济学家提出并付诸实施的。增长极是在一定的经济环境或经济空间中的一个"推进型单元",可以产生"支配效应"(赵茂林,1995)。1964年法国以大中城市为中心,在全国范围内规划了8个"增长极点",包括里昂/圣太田、马赛/埃克斯、里尔/鲁贝、南场/梅斯、波尔多、南特/圣纳泽尔、图卢兹、斯特拉斯堡。后来,意大利、英国、荷兰、德国等都吸纳了增长极的经验。

点轴理论和网络理论是增长极理论的发展。日本运用点轴理论采用了经济圈空间构造模式,以都市区为核心,把全国划分为(东京)首都圈、(大阪)近畿圈、(名古屋)中部圈、(札幌)北海道圈、(仙台)东北圈、(广岛)中国与四国圈、(福冈)九州圈等7个经济圈。改革开放以后,我国运用点轴理论采用的条带空间构造模式,依托发达的都市区,构造了由6个条带组成的布局框架(刘再兴,1997)。

(2) 基本概念与类型

"点—轴—网"空间构造模式是指根据都市区产业空间结构形成发育的阶段,运用增长极理论及点轴、网络开发理论,选择都市区的增长极或发展区、重点开发轴线,科学规划网络架构,运用"点—轴—网"组织产业经济系统的空间组织,最后构造"点—轴—网"产业空间结构框架(图5-5)。

根据都市区形成发展阶段,可以分为增长极空间构造、点轴空间构造、网络空间构造、区域空间构造等模式。从都市区产业空间结构

第五章 都市区调控原理　　　　　　　　　　　　　257

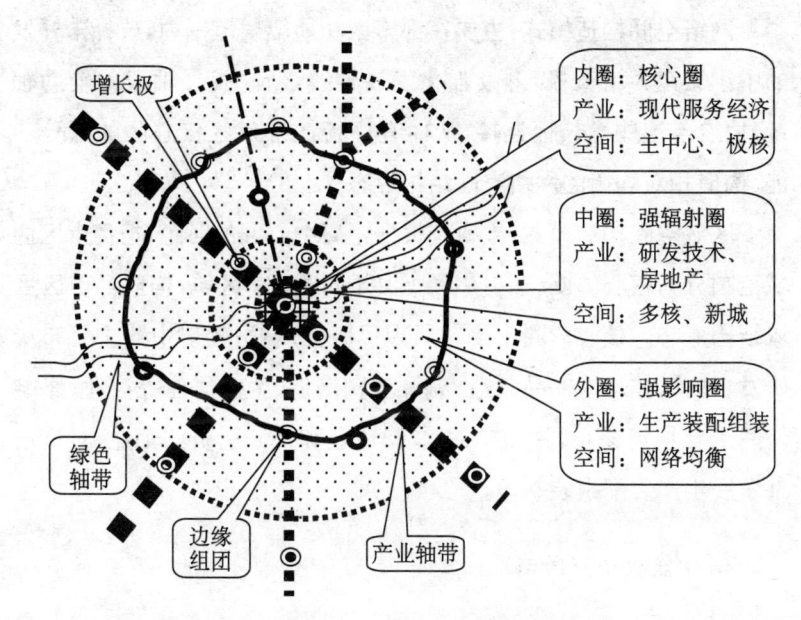

图 5-5　都市区"点—轴—网"空间构造模式

形成发育全过程来看,增长极空间构造模式是初级阶段的空间构造形态,点轴空间构造模式是成长阶段的空间构造形态,网络和区域空间构造模式是成熟稳定阶段的空间构造形态。

(3) 组织图式

增长极空间构造模式:主要是在都市区城乡结合部选择符合都市区产业发展要求的空间范围,一般是卫星镇、新区、新城,并以近域组团形式发展。

点轴空间构造模式:主要是在都市区区域范围内选择增长极、发展轴线,满足都市区快速成长的空间需求,一般选择交通主干线为发展轴线,沿线的中小城市为增长极,并以边缘组团形式发展。

网络空间构造模式:主要在都市区功能辐射范围内,选择未开发的中小城镇为增长极,继续强化发展轴线,新建发展轴线的辅助轴线,使之与这些增长极连接,从而有序疏散都市区核心区的部分功能,构造相对均衡的网络空间结构形态。

区域空间构造模式:主要是根据距离中心区的时距,把都市区区域范围分为核心内圈、辐射中圈、影响外圈三个区域,构造都市区区域结构形态。核心内圈主要布局现代服务产业;辐射中圈主要布局研发、试验、技术性产品制造、高等教育培训、生态居住等产业;影响外圈主要承担核心区扩散的工业制造业和外来引资的工业项目,培育发展生产装配组装基地。

2. 功能板块空间构造模式

功能板块空间构造模式的理论基础是 1933 年制定的《雅典宪章》,它主张城市要与其周围影响地区作为一个整体研究,指出城市规划的目的是解决居住、工作、游憩和交通四大功能活动的正常进行(同济大学,1991)。以后,城市规划实践形成了功能分区的空间构造模式。

(1) 基本概念

功能板块空间构造模式是指根据城市功能性质,对都市区区域范围进行科学合理的功能分区,构造空间排列有序、运行功率高效的有机结合的空间组织结构框架。功能板块空间构造模式实质上是根据都市区土地利用性质所确定的城市功能分区,并按照城市规划控制指标要求进行合理组织分工,形成各个功能板块,这些功能板块的有机组合形成了功能板块空间构造模式。

(2) 组织图式

功能板块空间构造模式的基本空间单元是功能板块,它是按照一定范围内主导土地利用性质而确定的土地利用功能板块。对于都市区来说,主要有以下功能板块。

一是CBD功能板块:主要是都市区现代服务产业聚集区,一般位于都市区核心区,面积在1~4平方公里,是都市区最重要的功能板块,决定着都市区功能辐射的强弱、功能等级的高低。

二是工业功能板块:主要是都市区加工制造业聚集区,一般位于都市区的下风向的边缘城区,是都市区经济发展的关键性功能板块,决定着都市区产业经济增长总量、速度、规模,是CBD功能板块的核心支撑,同时也决定对域外提供商品服务市场的份额。

三是居住功能板块:主要是都市区城市人口居住聚集区,是都市区的生活居住用地空间板块,一般在都市区核心、边缘、外围都有分布,依次是低档、中档、高档住宅功能板块分布区域。

四是物流功能板块:主要是都市区商品物资流动空间聚集区,包括仓储用地、物流商贸用地、物流基础设施用地(对外交通)等,是都市区商品物资集散的核心窗口,决定着都市区产业经济系统运作效率,一般围绕各个对外交通枢纽布局。

五是道路交通功能板块:主要包括都市区道路系统、交通设施、停车场等,道路系统是都市区各个功能板块的连接骨架。

六是生态绿地板块:主要包括生态建设区、生态控制区、生态敏感区三个层次,生态建设区主要是都市区城区的生态斑块和轴线的建设,形成生态廊道;生态敏感区主要是都市区城乡结合部,需要通过建设大型生态斑块、楔形绿地保障核心区的生态环境质量;生态控制区主要是都市区外围区域,通过建设生态防护林、人工森林、郊野公园等形式,进行生态控制,构建都市区的生态屏障。

七是教育科研功能板块：主要是都市区智力资源的空间聚集区,是都市区的创新源泉。一般位于都市区生态环境良好的核心区的边缘区域,通过教育科研单位的聚集,构建大学城、科学园区、高等教育产业带(园区)等空间单元。

以上是都市区的主要功能板块。当然,根据都市区的地域特色差异,必然会形成其他类型的功能板块,譬如生态旅游功能板块、会展旅游板块等。

3. 区域系统空间构造模式

(1) 理论和实践背景

区域系统空间构造模式的理论基础是区域经济地理学的经济区理论及衍生的生态经济区理论。经济区是工业社会的产物,是在生产社会化条件下一个区域的生产为了满足区域以外其他区域的需求进行的商品化、专业化发展而客观形成的经济地域系统(杨万钟,1999)。

从经济区发展全过程来看,上述仅是充分条件而非必要条件,只是发育成熟的终点,而不是经济区形成发育的起点。从经济区发育的全过程来看,先后经过了部门(农业、工业)经济区、城市经济区、综合经济区三个发展阶段,同时也映射了都市区形成发育的全过程。随着可持续发展理论的渗透,经济区开始融入了可持续发展的内涵,经济区必须是生态经济区,也是综合经济区,还要继续发展为可持续发展的生态经济区。

经济区理论主要运用到区域发展规划实践工作中,对所规划区域进行经济区划。法国、日本、德国等曾进行过有益的探索和实践

(刘再兴,1997)。然而,我国对经济区问题,仅仅停留在学术界的研究探讨,没有进入到政府工作日程,这也与我国区域发展规划法制地位和权威性没有完全建立起来有必然联系。

(2) 基本概念与类型

区域系统空间构造模式是指根据都市区形成发育阶段和诸多地理条件和资源优势,运用经济区理论与方法,以经济区为基本空间单元,对都市区区域范围进行空间组织而形成的空间结构构造框架。

从都市区形成发育的历史过程来看,区域系统空间构造模式主要有部门经济区、城市经济区、生态经济区三种基本构造类型。

一是部门经济区空间构造模式:主要以都市区区域系统中具有资源优势的产业部门作为都市区形成发展的激活点,并在空间上形成相应的产业起步区,以多个产业起步区进行都市区空间构造的方式。这些产业起步区是单个的部门经济区。

从都市区形成发育全过程来看,部门经济区是都市区产业空间结构形成发展初级阶段的主要地域空间构造模式。工业部门经济区是工业化初期、中期都市区的主要空间构造模式;但是,在工业化后期,工业、农业部门经济区都已经退居到低层次经济地域系统的空间构造模式,在都市区层次上已难以适应。

二是城市经济区空间构造模式:主要是以都市区及周边腹地区域具有经济实力的大中城市作为区域系统经济核心,通过城市经济的集中发展,以都市区及周边城市为空间单元组织都市区空间,带动整个都市区区域系统的整体发展而形成的空间构造方式。

城市经济区是都市区产业空间结构成长阶段的主要地域空间构造模式,是处于工业化中后期的都市区空间构造的主要模式。目前,大部分发展中国家的都市区形成发展都处于工业化中后期,城市经济在都市区区域系统占据主导地位,城市经济是都市区自身快速发展的助推器。所以,城市经济区空间构造模式是发展中国家都市区比较好的空间组织形式。对于发达国家来说,都市区形成发展已经处于工业化后期和信息经济社会,城市区域经济已经一体化,都市区周边区域城市也已经纳入到都市区的都市功能地域范围;所以,城市经济区空间构造模式已经难以适应其发展需要。

三是生态经济区空间构造模式:主要是以可持续发展理论为基础,以都市区智力创新资源优势为依托,发展高科技、信息、现代服务业,大力发展环保产业、生态产业、绿色健康产业等,按照在生态区内镶嵌经济区的方式,把这些洁净产业在都市区区域系统内进行生态化空间组织而形成的空间构造框架。

生态经济区是都市区产业空间结构发展到高级阶段的主要空间构造模式,是信息化社会都市区空间构造的主要模式。生态经济区空间构造模式,一方面是信息化社会产业结构的空间需求;另一方面是信息化社会需要解决工业化时代所遗留的生态环境问题。所以,生态区与经济区的耦合是都市区产业空间结构发展的必然规律。目前,发达欧美国家的都市区产业空间结构采用的是生态经济区空间构造模式。在发展中国家的都市区空间构造中,也应该按照生态经济区的标准构建城市经济区,这是全球可持续发展的客观要求。所以,发展中国家的都市区产业空间结构运动,面临着工业化、信息化、生态化、城市化、社会化等多重任务,这是发达国家都市区空间构造所没有遇到的。

(3) 组织图式

一是部门经济区空间构造模式:产业起步区或部门经济区是都市区空间构造的基层地域单元。一般来说,部门经济区主要依托优势资源的区位进行布局,都市区核心区主要布局这些资源产品深加工的工业区及相应的基础设施。部门经济区主要包括工业区、农业区、交通运输区、商业区、文化教育区、体育区等,工业区又可以细分为冶金工业区、机械工业区、轻纺工业区等,农业区又可以细分为畜牧区、林业区、粮食区、棉花区等。

二是城市经济区空间构造模式:城市经济地域单元或城市经济区是都市区空间构造的基本空间构造组织要素。在城市经济区空间构造模式中,大都市经济区是整个区域系统的城市经济区体系的核心,其他城市经济区是大都市经济区的辐射区域,构造以都市区为核心、以周边区域城市为次一级区域中心的网络空间体系,形成以都市区为核心的经济地域系统(图5-6)。

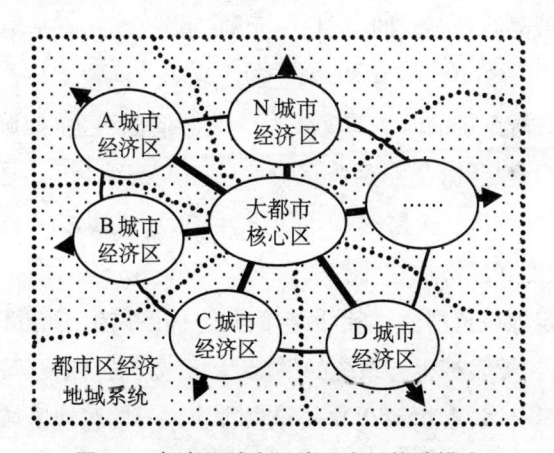

图5-6 都市区城市经济区空间构造模式

三是生态经济区空间构造模式:生态经济区是生态经济系统的本质内容,生态经济系统是生态经济区的外在表现形式,二者是表里、内外的辩证统一关系。生态经济区是现代都市区空间构造模式的基本空间单元。生态经济整合的经济地域单元或生态经济区是都市区空间构造的基本空间构造组织要素。在生态经济区空间构造模式中,都市区是整个区域系统的生产管理控制中心、研发中心、创新中心、信息中心,其他周边区域城镇是都市区的生产装配基地、组装加工基地,而这些产业在空间上通过生态区组织,被镶嵌到生态区中,从而形成生态区与经济区耦合的空间构造框架。

简言之,生态经济区是人类生态系统与社会经济系统互动过程中,在遵循生态自然基本规律的前提下发展社会经济,优化人类资源配置,满足人类基本物质、精神生存空间需求,综合集成生态、社会、经济等要素,进行地域空间组合而形成的生态经济复合地域单元。生态经济区,不同于"点—轴—网"、功能区等空间单元,它是综合性的,不是局部的;是多元的,不是一元的;是复合的,不是单一的或简单的混合。

生态区域系统的时空跨度较大。按照都市区经济地域系统的地域分异与组合规律,生态经济区分为生态经济综合区、生态经济亚区、生态经济小区三个层次,不同层次生态经济区承担不同的生态功能、社会功能和经济功能(图 5-7)。

在一定地域范围内,都市区空间构造体系以生态经济综合区为单位组织,主要发挥生态系统的平衡、大区域净化、恢复等功能,发挥区域经济整体发展功能;以次一级城市为中心的腹地区域规划空间构造体系以生态经济亚区为单位组织,主要发挥生态系统的承上启下的衔接调节、净化功能,发挥中心城市的经济拉动功能;城镇内部建成区或农村居民点以生态经济小区为单位组织,主要发挥生态系统局部调节功能,发挥城区或农村居住区的综合社会经济服务功能。

总体上讲,都市区空间构造体系应在各层次生态经济区的构建

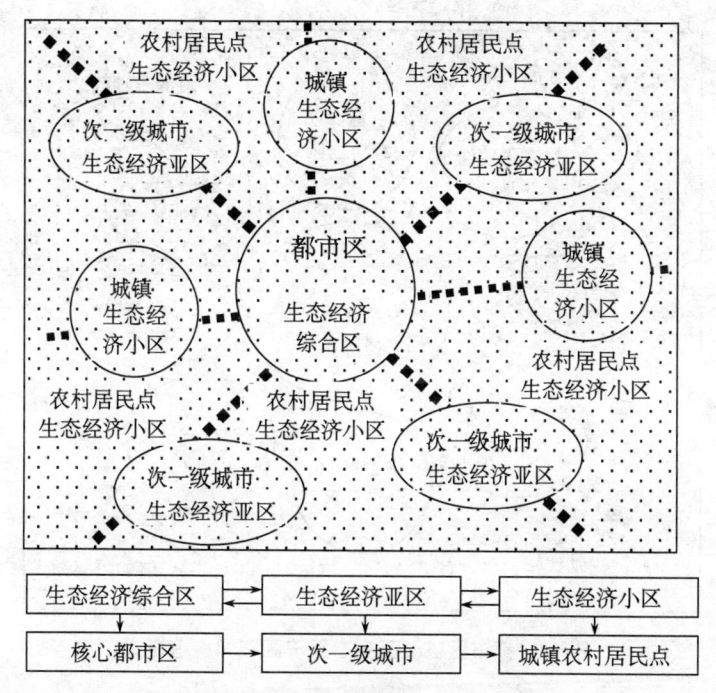

图 5-7 都市区生态经济区构造模式

基础上,对工业化时代的城市功能进行优化重组、转型升级,形成遵循生态规律基础上的社会经济功能区,即生态经济区(图 5-8)。在生态经济综合区内,都市区核心区组建生态现代服务经济亚区,成为整个区域经济发展的科研、生产服务、管理、信息加工等中心;次一级中心城市或镇组建生态工业经济亚区,成为区域经济发展的生产装配基地和加工基地;农业地域组建生态农业经济亚区。在城市建成区或农村居住区内,组建不同功能性质的生态经济小区,如生态社区、生态工业园区、生态科技园区、生态 CBD、生态行政办公区等。

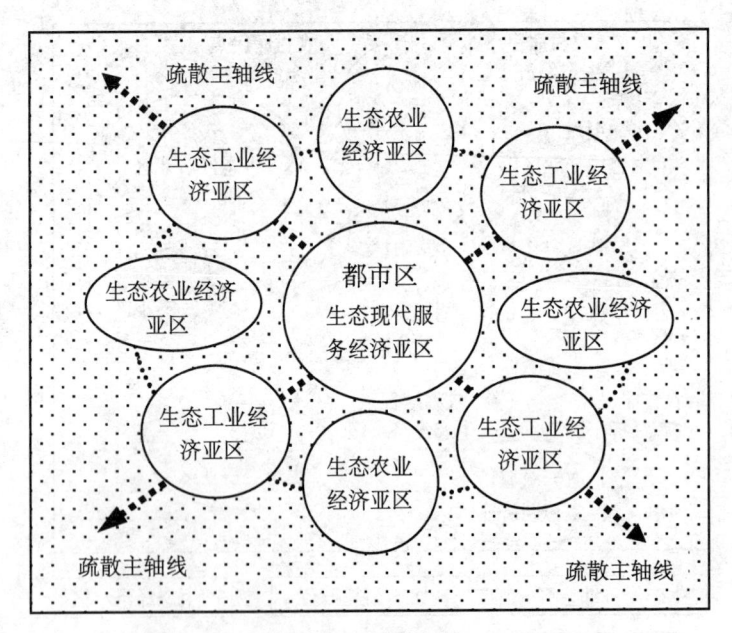

图 5-8 都市区核心区生态经济区空间构造模式

生态经济区总体上形成城市区域功能垂直化分工的都市区空间构造体系,以适应经济全球化和区域经济集团化所带来的城市区域化和区域城市化趋势。

综上所述,"点—轴—网"空间构造模式是区域经济学的空间思维的产物,功能板块空间构造模式是城市规划学的空间思维的产物,区域系统空间构造模式是区域经济地理学的空间思维的产物。前两者都是从都市区的某一个要素来进行空间组织的,不全面,不系统,但可以作为一种空间构造思维方法;后者是从都市区经济地域整体进行空间组织,是前二者的深化和提升,能较全面系统反映都市区产业空间结构运动的内容和规律。

第六章 长春都市区调控

长春是我国吉林省省会,东北亚地区的中心城市之一,东北老工业基地的重要城市之一,我国集工业化、城市化、信息化、社会化、生态化等多重现代化任务于一体的重要城市之一。因此,以长春都市区作为都市区调控实践研究,对于我国其他地区的都市区形成发展具有重要的实践意义。

第一节 长春都市区形成发展环境、条件和机制

一、形成发展环境

(一)惯性约束:中心与外围的产业关联度较低

长春市整体上已进入了工业化中期,产业结构进入了加工制造型地域类型。除榆树市外,长春德惠市、九台市、农安县产业结构均呈现出"二、三、一"的产业经济格局,产业结构仍是农业资源开发型的产业经济地域类型,相继进入快速工业化阶段。目前,长春都市区核心区以汽车制造业为主,外围以农产品深加工业为主;核心区与外围之间产业关联程度较低。

造成这一现象的原因,一是计划经济体制下"条块"分割导致的

产业分割、城乡分割、工农分割，中心城市的产业发展与外围县市的资源优势没有实现良性互动；二是在以封闭式、分割式、粗放式为特征的计划经济体制下，长春都市区形成发展以重工业为支撑，重工业发展与外围县市资源没有关联。从计划经济到市场经济的转变，长春都市区核心区按照市场经济规律进行资源有效配置，推进长春都市区发展历史上的质的跃迁。但这一配置过程是区域更大尺度上的市场配置过程，对外围县市带动辐射很弱。

（二）动力基础：经济全球化

经济全球化是长春都市区发展的动力基础，是长春都市区运行最重要的宏观环境。经济全球化过程必然导致资金、技术、管理等要素国际空间流动，且与低经济成本的劳动力、土地等要素在空间进行重组；经济全球化不是单纯的商品倾销和资源掠夺，而是集资金、技术、管理等要素于一体的整体性流动，以经济依赖的形式抢占市场、劳动力、智力、空间等人文和社会资源，必然导致城市和区域的国际化程度的提高，对长春都市区的生存和发展提出了严峻的挑战。所以，长春必须从全新的思维剖析都市区在经济全球化过程中的衔接点和切入点，才能充分利用机遇，激活都市区网络化的形成发展。

（三）经济主体：跨国公司或集团公司

跨国公司或集团公司是长春都市区融入经济全球化过程的核心实体，是长春都市区功能国际化的重要标志。在经济全球化过程中，国际跨国公司或区域性集团公司越来越主宰着世界经济体系或区域经济体系循环的命脉，且其生产控制中心、研究开发中心、生产装配基地实现了空间布局上的垂直分工。而在传统计划体制下,长春都市区的产业和经济具有典型的封闭性。所以,长春都市区应转变过去企业空间成长的封闭性和局限性,适应跨国公司或集团公司运作的需要,形成开放性、动态性空间成长格局以及相应政策。

(四)主导产业:IT产业和服务业

IT产业和服务业是未来都市区的主导产业,是都市区经济发展的基础,是都市区产业结构高层化的动力和标志,是都市区走向现代文明社会的主导方向。以计算机技术、信息网络技术、通信光纤技术等技术群所组成的IT产业和以金融、商务为主体的现代服务业应该是都市区的核心内容。因此,长春都市区必须把握形成发展进程,以发展IT产业和服务业为突破口,以推进都市区的发展。

(五)区域生态:面临潜在威胁

吉林省西部平原日趋加剧的沙化和盐碱化,对长春已构成了威胁。吉林省东部森林过度开采,毁林种参,水土流失也日趋严重,中部长春生态屏障作用和气候调节作用已受到破坏,已对长春的生态环境构成了威胁。所以,"东土西移、西沙东进"的夹攻态势,已对长春的生态环境构成了潜在威胁。

二、形成发展地理条件

(一)历史轨迹

从1800年设厅以来,长春经历了200多年的发展变化。然而,长春都市区是在近半个世纪形成发展的。

1. 形成时期

1932年伪满新京都的规划建设,标志着长春已开始从一般城镇进入都市区的形成发育历程。1960年长春交通运输机械制造业的崛起,标志着长春已进入到工业化都市区的进程中。在这一阶段,长春以资源开发为基础的农商中心和物资集散中心已初步形成,城市经济功能得到了提升,城市交通功能得到了完善,近代国际化功能得到了凸现,与传统的政治、军事功能结合在一起,长春开始发挥了综合的政治、经济、社会、交通、文化等近代大都市功能。

2. 发展时期

从1960年至现在,是长春都市区快速发展时期。在计划经济体制下,长春主要发挥全省、全市的政治、经济、社会、文化、交通等综合功能,是全国重要的交通运输业制造基地,是全国重要的商品粮基地,标志着现代化长春城市功能的形成。在市场经济体制下,长春在继续发挥原有城市功能的基础上,城市国际化功能得到了显著提升,城市综合经济功能得到了强化,城市综合实力日益提高,初步显现出了东北亚区域中心城市的功能。

通过以上分析,至少可以得出以下结论或规律:长春都市区是在封闭的法西斯殖民经济体制、封闭的计划经济体制的前后更替过程中向前发展的;近二十年来,长春经济才步入开放的市场经济体制轨道向前发展。但是,这些经济体制之间没有必然的发生学联系,导致了每一发展阶段长春经济调整改革的艰难,甚至"另起炉灶"。从历史演化来看,长春都市区性质越来越综合化,都市区的功能越来越国际化,都市区结构越来越复杂化、多元化。

（二）地理条件

1. 自然—环境条件

长春市位于北半球中纬度地带,欧亚大陆东岸的中国东北松辽平原腹地,居北纬 43°05′～45°15′;东经 124°18′～127°02′,市区海拔在 250～350 米,地势平坦开阔,幅员 20 604 平方公里。在地理位置、地形结构与大气环流相互作用下,长春市属大陆性季风气候区。地质构造的过渡性决定了长春地貌类型的多样性,形成了东高西低的"一山四岗五分川"的地貌格局特征。长春山地面积不大,约占长春地区土地总面积的 9%,长春台地面积较大,约占土地总面积的 41%;长春平原面积最大,约占土地总面积的 50%。

2. 产业—经济条件

(1) 地理位置、区位和地缘条件

长春地处全国纬度最北、经度最东的东北大经济区腹地,北部与松原市相接,南与四平市接壤,东与吉林市相连,西与白城市相望,整体上处于吉林省中部核心经济轴带上,是吉林省政治、经济、交通、文化、信息中心,是东北地区乃至具有东北亚区域经济意义的区域性中心城市。

(2) 人口、劳动力与科技条件

2011 年末,长春市户籍总人口为 761.8 万人,流动人口约 110 万人。其中,市区户籍人口 364.8 万人,四县(市)户籍人口 397.0 万人。腹地范围总人口 2000 多万人。2011 年长春市从业人员总数已达到 384.6 万人,城镇非私营国有单位从业人员占城镇单位从业人员数的比重从2003年的2/3下降到1/2,而集体单位、非国有单位从业人员所占比重从2003年的1/3提升到1/2。这说明长春人口总量已达到了一定的规模,就业劳动力结构呈现国有经济、非国有经济齐头并进的发展格局,正在逐步改变着长春市传统产业的就业格局特点。

2011年长春市乡村人口432.2万人,乡村劳动力资源数240.0万人,乡村从业人员数204.5万人。相对丰富的农村剩余劳动力资源是长春都市区劳动力密集型产业外迁、新型劳动力密集型产业投资发展的就业基础。目前,随着农村现代化进程的加快,长春城市化空间仍然还有很大的余地,农村有200多万劳动力可以流入第二、三产业,城镇尚有60多万人力资源存量可以挖掘。

2011年长春市从事科技活动的人员有3.5万人,科学家、工程师占科技活动人员比重约70%,高于全国平均水平。这说明长春市科技人才、特别是高素质的人才比较多,充分反映了长春市是一个高等院校林立、科研院所众多,科技力量雄厚的现代文化都市的特点。随着市场经济体制改革的不断深入,科研院所、高等院校科技资源的人力优势、知识优势和技术优势对长春市的企业以及地区的辐射作用正在不断地显示出来。这将构成长春产业经济创新的主体力量。在知识化经济社会里,长春有了较为优越的创新主体支撑系统。同时,也为长春发展科教文贸产业奠定了坚实的基础。

(3) 资金、信息与商务条件

近十年来,长春市银行机构类别和数量不断增加,形成以政策性银行、四大股份制商业银行分行为主体,全国性股份制商业银行分行、外资银行分行、区域性股份制银行、农村商业银行和农村信用社并存,村镇银行为补充的功能齐备的银行组织体系,2011年长春市

第六章 长春都市区调控

共有银行 20 家,保险公司 25 家,证券公司 22 家,证券营业部 39 家,上市公司 20 家。为此,长春都市区资金条件有了较大的改善,国内资金、国外资金等社会资金渠道越来越广泛而通畅。2011 年长春市金融机构人民币各项存款余额为 4985.9 亿元,实现金融业增加值 106.6 亿元,占地区生产总值的 3.2%。

长春信息基础设施的建设为长春产业经济发展创造了快速、准确的投资环境。到 2011 年末,城市居民每百户拥有家用电脑和移动电话 77.04 台和 229.91 部,农村居民每百户拥有移动电话 201 部。

根据北京市社会科学院"全国 35 个主要城市总部经济发展能力(2011)"的研究结果显示,长春的综合得分为 37.77 分,在 35 个城市中排名第 23 位。长春位于总部经济发展能力第四能级中的第 4 位,基础条件、商务设施、研发能力等六个分项指标发展存在一定的不平衡。与同能级城市相比,长春的商务设施、政府服务和研发能力等指标具有一定的优势。

(4) 市场、流通与基础设施条件

长春位于东北经济区的中心位置,哈大线、长白线、长图线等重要铁路交通线汇集于此,是东北地区重要的铁路交通枢纽和物资集散地;京哈高速公路、102 国道、长吉高速公路、长白、长通高等级汽车专用道等都交汇于长春,是东北地区公路交通枢纽体系的重要节点;长春龙嘉国际机场为 4E 级,开辟了 39 条国内外航线,使长春的对内对外交往更加高效便捷。其中国际航线已开通长春至首尔、仙台、东京、中国香港、俄罗斯新西伯利亚等国际主要城市;国内航线已开通长春至北京、上海、成都、昆明、厦门、西安、桂林等国内主要城市。大庆油田、松辽油田等大型石油生产基地的管道运输线也通过长春;所以,长春已形成了铁路、公路、航空、管道等四种交通运输方式类型的综合、立体的交通运输网络系统,经济地理位置较优越。2011年末,长春都市区社会消费品零售总额达到了1512.2亿元,比2002年增长了3.76倍,整个长春消费经济总量逐年上升,但相对于大连、沈阳等东北地区物流枢纽尚存在较大差距,长春都市区市场流动功能还有待提高。

3. 社会——人文条件

改革开放以后,经过市场经济体制改革和产业结构调整,长春基本上改变了计划经济体制下"大而全、小而全"的经济发展观念,已逐步形成了现代化的市场经济发展理念。同时,长春都市区逐步建立了适应市场经济发展的相关政策、制度和法规,极大地改善了产业经济发展的投资环境。

长春大都市是一个具有特殊历史文化的城市,有浓厚的关东文化底蕴,也有爱国主题的殖民文化遗迹。所以,长春历史人文条件具有鲜明的地域特性。

长春大都市又是一个文化科教城市,目前有普通高校36所,这为长春产业经济发展奠定了职业教育和高级、中级人才培养的教育环境,也为长春高科技发展提供了创新源泉。同时,目前长春都市区社会服务设施比较完善,这既是长春产业经济投资环境的重要组成部分,又是长春产业经济发展的社会基础。长春社会投资环境正在逐步得到改善和优化,这将有利于吸引国内外资金和技术、人才,推动长春都市区产业经济的发展。

综上所述,良好的自然条件是长春都市区产业经济发展的自然物质基础;优越的经济地理位置是长春都市区产业经济发展的区位经济基础;高素质的劳动力条件是长春都市区产业经济发展的主体创新基础;具有特色的经济条件和完善的社会基础设施是长春都市区产业经济发展的人文物质基础。所以,长春都市区经济结构和空间组织的优化调整,都具备了良好的自然、社会、经济等条件。

三、形成发展机制

在长春都市区形成发展过程中,主要是殖民化、工业化、行政拉动、城市化四个动力因素起到了关键性作用。然而,社会化、服务化、生态化、信息化等动力因素的作用机制尚未凸现出来。

(一)殖民化:奠定了长春都市区雏形

在殖民社会时期,一方面,日本在长春大量修筑交通设施、仓储设施等,疯狂地掠夺东北地区的林矿资源并运回本国,长春的近代交通运输业开始形成和发展;另一方面,帝国主义利用发达的交通条件,把本国生产的商品运到长春进行销售,长春的近代商贸业也开始形成和发展。与此同时,帝国主义还在长春兴建了一些农副产品加工工业,如面粉加工、油脂加工等,长春的轻工业有了一定的发展。所以,在殖民时期,长春典型殖民经济特色的近代二、三产业开始形成和发展。而在广大农村的农民仍然维系着封建社会的传统体制,由殖民经济所造成的典型的城乡"二元"经济格局开始形成。殖民化过程奠定了长春都市区的产业空间雏形。

(二)工业化:推动了长春都市区发展

中华人民共和国成立以后,长春社会经济发展步入了正常发展轨道,我国实行了社会主义计划经济体制。在"一五"、"二五"期间,我国结合长春都市区自然社会经济条件,相继布局建设了中国一汽、客车厂、机车厂、拖拉机厂、柴油机厂、长春电影制片厂、光学仪器厂等国家重大重型工业项目。在这一阶段,由于国家重大国有企业的相继建成,奠定了长春重工业基地的地位;同时,地方围绕重型工业相继建成了与之配套的相关产业群,从而更加强化了长春都市区重型制造业的功能。但是,轻工业由此受到轻视,发展缓慢。长春都市区空间迅速向外扩展,形成了西南部的汽车工业制造区、西部的客车制造工业区、南部的光学电子工业区、东部的拖拉机制造工业区、北部的制造业配套工业区等工业环形圈,空间结构形态上完全形成了块状组团,从而彻底奠定了长春都市区空间形态框架(刘波,2006)。长春新城区工业基地的建设,标志着长春都市区现代工业都市区的基本确立。

在计划经济向市场经济的转轨期间,对于计划经济体制烙印沉淀较深的长春来说,是一次前所未有的艰难的试验。一方面,长春要充分利用改革开放的机遇,积极吸引国内外资金、技术、人才,发展新兴产业、高技术产业、尖端技术产业等;另一方面,又要将工农分割的单一交通运输制造业、单一种植业等传统产业进行改造升级,使长春产业结构向综合性方向发展,提高抵抗市场风险的能力。因此,在原来产业改造升级的基础上,结合长春发展优势,长春积极发展了农副产品加工业、电子通信工业、生物制药工业、高技术工业、住宅房地产业、现代服务业等,农业产业化、工业高科技化、服务业现代化已初显成效,长春现代化的产业结构初步形成,工业化质量逐步提升。

（三）行政拉动：加速了长春都市区形成

1954年吉林省省会的迁入，第一次导致了长春都市区功能重组，许多大型建筑群用途性质都发生了变化，导致了城市内部功能空间结构的重新组合。计划经济体制下行政经济社会合一的管理体制，是长春都市区经济、区域经济发展的重要动力机制。吉林省省会的迁入，使长春传统的第三产业（即计划经济体制下的大部分社会公益事业）得到了加强，从而奠定了全省乃至东北地区中部地带区域性中心城市的地位。目前，行政经济合一的体制，加速了长春在全省、全市的政治、经济、社会、文化、交通等综合功能的发挥，标志着现代化长春都市区功能的形成。

（四）城市化：促进了长春都市区聚集

长春城市化经历了从无到有的过程，在短短的两个世纪内人口城市化水平提升到了55%；2011年，长春都市区城市人口规模达到了420多万人，用地规模达到约443平方公里。因此，城市化的快速发展，极大地促进了人口、产业、经济等要素空间组合流动的聚集效应，推动了长春都市区的空间快速成长和社会经济文明的进步。

第二节 长春都市区现状总体特征诊断

长春都市区现状总体特征诊断主要以系统方法论为基础，从资源禀赋、发展规模、结构类型、都市功能、生态环境等五个方面综合判断长春都市区形成发展的阶段、水平、状态、问题、障碍、瓶颈等。

一、资源禀赋

在长春都市区产业经济系统运动过程中,各种资源要素在长春地域空间发生组合和分异过程,形成了具有长春产业经济特色的产业经济结构体系。

(一) 具有较高经济价值的区位资源

作为吉林省省会的政治地理位置,作为具有全国意义的以汽车、客车为主导的交通运输产业基地的经济区位,作为具有全国意义的文化教育基地的科教文地位,作为以铁路、公路、航空、管道等多种交通形式组合的具有全国意义的交通枢纽的综合交通区位,作为具有全国意义的商品粮基地的农业区位,作为具有东北经济区乃至具有东北亚国际意义的区域中心城市的城市区位,这些不同经济内涵的区位条件,在长春都市区地域空间的组合,形成了具有较高经济价值的区位资源。这是长春都市区产业经济发展的根本出发点和前提条件。在长春都市区产业经济发展历程中,通过组合后的区位资源一直支撑着长春都市区产业经济系统的运作。

(二) 丰富的冰雪资源和历史遗留的人文资源

长春都市区地处中温带,冬季长达半年之久,最低气温曾达到−39.5℃,年平均降雪日为28.6天,最大积雪深度31厘米。因此,天然的冰雪资源,对于发展冬季冰雪旅游产业,如冰雕、雪雕、滑雪、滑冰、冰灯等冰上、雪上运动休闲项目,长春都市区具有得天独厚的条件(曹传新,2005)。

长春都市区是一座具有200余年历史的年轻城市。在她的历史旅程中,沉淀了不同历史时期可贵的历史文化遗产,主要是殖民经济和计划经济时期遗留的痕迹和烙印。一是日本殖民统治所遗留下来的建筑、城市规划风格,如关东军司令部旧址、各株式会社旧址、广场放射式道路网、净月潭及人工松树森林、结合自然地形规划的绿地公园系统等。二是伪满洲国所遗留下来的皇宫、伪满政府建筑,如伪皇宫、伪满八大部等。三是计划经济体制下形成发展的长春汽车城、长春电影城等工业建筑。这三大人文旅游资源系列,具有世界唯一性特征,是长春都市区旅游开发的重要突破口和支柱。

另外,我国朝鲜族主要集中在吉林省,吉林省东部地区是我国朝鲜族发祥地,具有浓厚的朝鲜族文化底蕴;长春地区原属满族发祥地范围,满族统治时期被封为"禁地",满族文化在长春都市区也有浓厚的沉淀和痕迹。作为吉林省省会和对外窗口,长春都市区可以充分挖掘朝鲜族和满族文化的精髓,如民族饮食文化、歌舞文化、民风习俗、建筑文化等,以此为旅游主题,形成人文旅游资源,发展长春都市区旅游产业。

(三)较高水平的科技资源

长春都市区拥有吉林大学、东北师范大学、长春理工大学等全国著名高校,拥有中科院长春光机所、生物所、应用化学所、地理所、一汽汽车研究所等全国著名科研所。长春都市区汽车、客车研究、光电子技术、液晶技术、生物工程技术、生物制药技术、精细化工技术、环境科学技术等科学研究水平都位居全国前列。所以,长春都市区具有丰富的高素质科技人才资源,具有先进的科技研究成果,这为长春都市区建设高科技产业创造了必备条件。

另外,丰富的高水平的科技资源,为长春都市区发展职业教育、教育培训、网络教育、科研咨询、项目咨询、教育会展业等现代科技教育服务产业创造了条件。

因此,高水平的科技资源是长春都市区发展高科技产业的主体力量和创新动力,是长春都市区发展科技教育现代服务业的重要物质基础,是长春都市区产业经济结构高层化的重要主体资源。

(四)以汽车为主导产品的产业经济资源

长春都市区素有"汽车城"之称,是中国汽车产业诞生的摇篮,汽车产业和汽车及零部件研发能力一直在全国处于领先地位,是长春都市区老工业基地标志性产业。2011年长春市交通运输机械工业约占全市工业总产值的2/3,虽然比2003年下降了12%,但仍然是长春市核心主导产业。所以,以汽车为主导产品所形成的产业经济资源,是长春都市区发展产业经济的基础性经济环境,它既是长春都市区发展产业经济的品牌,又是长春都市区经济系统支柱产业的物质基础。以汽车为品牌,既是长春都市区第二产业的特色产业,又是长春都市区传统产业改造升级的重点,需要用市场经济观念盘活这个稳固的产业经济资源。

另外,围绕汽车产业,可以发展与汽车有关的第三产业,尤其是现代服务业,如汽车贸易、汽车代理、汽车会展、汽车旅游等。这是长春都市区发展以汽车为主题的现代服务业的基础资源。

汽车产业经济资源是长春都市区产业经济发展的"重头戏",需要很好地利用和改造,这是长春都市区产业经济形象的标志。

(五) 相对丰富的农牧资源

长春都市区是全国意义的商品粮基地,素有"粮仓"之称。长春都市区正处于东北台地平原和长白山西部低山丘陵相互交错的地带,是农牧结合的农业地域,种植业和畜牧养殖业较发达。但是,由于计划经济体制下的"条块"分割,所导致的工农分割、城乡分割,使长春都市区重视重工业发展,忽视了轻工业和农业的发展。因此,这一时期长春都市区丰富的农牧资源未能得到充分的利用,未走上农业产业化的道路。

随着市场经济体制的建立,长春都市区农产品加工工业得到了快速发展,农牧资源得到了有效的开发和利用,形成了以禽产品为主导的德大集团、以牛肉产品为主导的皓月集团、以玉米深加工产品为主导的大成集团等农副产品加工工业集团企业(郑文升,2005)。所以,农牧资源是长春都市区发展农牧结合型大农业的物质基础,是长春都市区农业产业化、发展农副产品加工工业的产业经济资源。

二、发展规模

(一) 经济规模

长春都市区经济总量位居全省前列,全省区域经济中心城市的集聚作用越来越明显。相对于全国来说,经济总量显得相对不足,但经济增长率位居前列,存在强有力的潜在发展后劲。

目前,长春都市区约占全省 1/10 的国土,居住了全省约 1/4 的人口,集聚了全省近 2/5 的财富,发挥了全省经济中心功能。虽然长春都市区各种主要国民经济总量指标处于中等水平,有的甚至处于落后状态,但是,长春都市区各种指标的经济增长速率位居前列,存在强有力的潜在发展后劲(表 6-1)。

表 6-1 长春市主要国民经济指标占全省比重   单位:%

指标	1978 年	1985 年	1990 年	1999 年	2005 年	2011 年
总人口	25.40	25.65	25.69	26.00	26.91	27.72
职工人数	25.88	14.00	25.11	29.15	28.57	30.43
国内生产总值	31.72	29.83	24.78	42.35	41.74	38.01
第三产业增加值	30.59	29.06	20.99	50.32	45.47	44.36
财政收入	—	—	25.85	66.55	44.15	49.57
全社会固定资产投资额	25.99	17.54	22.24	38.98	36.07	32.69
出口商品总额	—	—	3.90	58.82	46.88	46.00

注释:2012 年末,长春市国土面积为 2.06 万平方公里,占全省 11%。

(二) 人口规模

从城市人口要素集聚来看,长春都市区总人口占全省 3/10,城镇人口占全省 1/4。1972 年中心城区再一次突破 100 万人口,跨入特大城市之列,在 25 年之内又突破 200 万,特大城市的地位得到进一步加强;同时每增加 50 万城市人口所需的时间段也在急剧缩小,这说明了长春都市区中心城市处于人口集聚的快速发展时期,区域中心城市集聚功能显著增强。

从市域总人口动态变化来看,在将近 100 年的时间里,长春都市区总人口净增了 600 多万,尤其是经济发展稳定之后,每增加 100 万人口的时间段也相对稳定,且有逐渐缩小的趋势,这说明长春都市区区域整体经济发展对东北地区中部人口要素集聚的程度是逐渐加强的(表6-2)。

表6-2 长春市域总人口动态变化

特征	≥100万	≥200万	≥300万	≥400万	≥500万	≥600万	≥700万
年份	1907年	1911年	1952年	1962年	1973年	1987年	2001年
每增100万所需时间		4年	41年	10年	11年	14年	13年

资料来源:《长春市社会经济统计年鉴》,中国统计出版社,1949～2001年;《长春市志·人口篇》,中国统计出版社,1949～2001年。

(三)用地规模

从1979年、1995年、2002年、2011年变化来看(表6-3),改革开放初期,长春中心城区建设用地规模近100平方公里。经过30多年的快速发展,长春中心城区建设用地扩大了4.4倍,每年以10平方公里用地增速向外围蔓延扩张。2011年长春中心城区建设用地面积443平方公里,人均建设用地105.1平方米/人。

表6-3 1979年以来主要年份长春中心城区建设用地面积变化

年份	1979年	1995年	2002年	2005年	2008年	2010年	2011年
建设用地面积(平方公里)	99	143	220	307	376	422	443
人均面积(平方米/人)	83.6	76.2	91.0	102.3	117.6	104.2	105.1

资料来源:本表根据长春市城乡规划设计研究院编著的1979年、1995年、2002年、2011年"长春市城市总体规划编制报告"所提供的数据整理分析而成(2005年都市区建设用地统计范围扩大了6个乡镇)。

三、结构类型

(一)产业部门结构

1992年长春都市区产业结构由此前的第二产业＞第一产业＞第三产业转变为第二产业＞第三产业＞第一产业,第一产业彻底退出了长春都市区经济结构主导地位的历史舞台,实现了产业结构演化进程中质的跃迁,且所占比重呈下降趋势;而第三产业以后发优势开始进入经济结构的主导地位,成为长春都市区经济发展的新增长点。2011年长春都市区三次产业结构为7.2∶52.3∶40.5。

长春都市区社会经济发展正处于工业化中期阶段,社会生活发展处于小康水平或中下等收入水平,社会经济二元结构还未得到根本性的改善(刘波,2006)。整体上来说,产业经济发展进入到了加工制造型产业结构地域类型,加工工业已占据了主导地位;第一产业已由单一种植业结构跨越到农牧结合的二元复合结构;现代养畜业已成长为与种植业并驾齐驱关联紧密的支柱产业部门;第三产业仍处于传统服务业阶段,但呈现出向现代服务业转变的趋势(图6-1、表6-4至表6-8)。

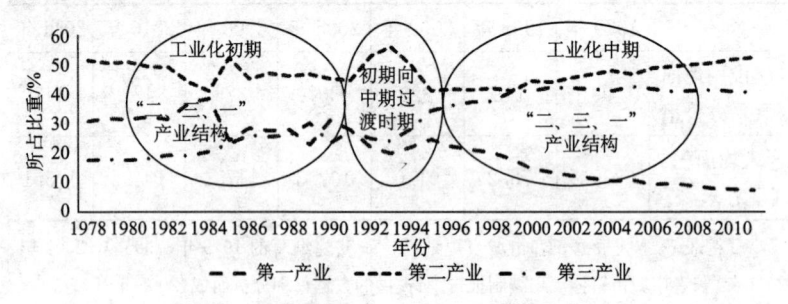

图6-1 长春都市区产业结构发展阶段

表 6-4 1978~2011 年长春市三次产业产值比重

年份	GDP (亿元)	人均GDP (元)	第一产业 产值	第一产业 比例	第二产业 产值	第二产业 比例	第三产业 产值	第三产业 比例
1978	26.0	476	8.0	30.77	13.4	51.54	4.6	17.69
1979	29.1	524	9.2	31.62	14.7	50.52	5.2	17.86
1980	34.1	606	10.7	31.38	17.4	51.02	6.0	17.60
1981	39.2	689	12.7	32.40	19.4	49.49	7.1	18.11
1982	40.8	709	12.8	31.37	20.1	49.26	7.9	19.37
1983	47.9	826	17.7	36.95	21.1	44.05	9.1	19.00
1984	54.1	926	20.8	38.45	22.2	41.04	11.1	20.51
1985	59.8	1 014	14.6	24.41	31.4	52.51	13.8	23.08
1986	63.6	1 069	18.1	28.46	28.9	45.44	16.6	26.10
1987	77.8	1 291	21.4	27.51	36.5	46.92	19.9	25.57
1988	97.3	1 590	27.1	27.85	44.8	46.04	25.4	26.11
1989	97.8	1 561	22.3	22.80	45.8	46.83	29.7	30.37
1990	105.4	1 653	32.8	31.12	47.8	45.35	24.8	23.53
1991	112.4	1 749	31.5	28.02	50.3	44.75	30.6	27.23
1992	155.2	2 403	34.3	22.10	82.0	52.84	38.9	25.06
1993	220.9	3 393	43.8	19.83	124.1	56.18	53.0	23.99
1994	326.2	4 961	71.6	21.95	163.0	49.97	91.6	28.08
1995	363.0	5 440	89.2	24.57	149.1	41.07	124.7	34.36
1996	488.2	7 214	108.3	22.18	203.2	41.62	176.7	36.20
1997	541.2	7 915	114.2	21.10	224.6	41.50	202.4	37.40
1998	609.0	8 866	123.5	20.28	255.8	42.00	229.7	37.72
1999	707.0	10 229	126.4	17.88	291.6	41.24	289.0	40.88
2000	824.0	11 778	120.9	14.67	365.0	44.30	338.1	41.03
2001	1003.0	14 225	135.9	13.55	443.6	44.23	423.5	42.22
2002	1060.8	14 959	131.1	12.36	483.6	45.59	446.1	42.05

续表

2003	1226.7	17 148	140.4	11.45	575.4	46.91	510.9	41.64
2004	1415.6	19 629	150.6	10.64	680.6	48.08	584.4	41.28
2005	1503.2	20 728	161.5	10.74	701.9	46.69	639.8	42.57
2006	1736.8	23 677	162.0	9.33	848.1	48.83	726.4	41.84
2007	2089.1	28 131	200.0	9.57	1 033.4	49.47	855.7	40.96
2008	2501.3	33 384	217.8	8.71	1 251.2	50.02	1 032.3	41.27
2009	2848.6	37 753	223.9	7.86	1 442.8	50.65	1 181.9	41.49
2010	3329.0	43 936	252.7	7.59	1 719.9	51.66	1 356.4	40.75
2011	4003.0	52 649	290.1	7.25	2 091.7	52.25	1 620.2	40.50

表 6-5 长春市人均 GDP

经济发展类型	世界银行划分法（1994年）	长春市经济发展阶段的年份
低收入国家或地区	≤725 美元	1995 年 5 440 元,约 658 美元
中下收入国家或地区	≥725 美元,≤2 895 美元	1996 年 7 214 元,约 872 美元 2001 年 14 225 元,约 1 720 美元
上中收入国家或地区	≥2 895 美元,≤8 956 美元	2011 年 52 649 元,约 8 492 美元
高收入国家或地区	≥8 956 美元	有待发展

表 6-6 1990～2011 年长春市第一产业(现价)　　单位:亿元,%

年份	农业总产值	种植业 总额	种植业 比例	林业 总额	林业 比例	牧业 总额	牧业 比例	渔业 总额	渔业 比例
1990	47.2	34.7	74	0.3	0.6	11.8	25	0.4	0.8
1991	46.5	32.5	70	0.3	0.6	13.3	29	0.4	0.9
1992	52.2	36.9	71	0.3	0.6	14.6	28	0.4	0.8

续表

1993	64.5	46.1	71	0.3	0.5	17.6	27	0.5	0.8
1994	108.2	71.9	66	0.5	0.5	35.2	33	0.6	0.6
1995	144.5	89.0	62	0.7	0.5	53.7	37	1.1	0.8
1996	172.9	99.3	57	0.5	0.3	71.9	42	1.2	0.7
1997	176.8	94.0	53	0.7	0.4	80.8	46	1.3	0.7
1998	198.9	108.2	54	0.6	0.3	88.6	45	1.5	0.8
1999	200.9	92.7	46	0.6	0.3	105.9	53	1.7	0.8
2000	197.6	83.8	42	1.0	0.5	111.7	57	1.1	0.6
2001	223.9	108.0	48	0.5	0.3	114.4	51	1.0	0.7
2002	242.1	115.9	47.87	0.6	0.25	124.8	51.55	0.8	0.33
2003	259.2	116.7	45.02	1.1	0.42	139.2	53.70	1.0	0.39
2004	281.5	126.6	44.97	0.8	0.28	152.2	54.07	0.7	0.25
2005	272.9	130.8	47.93	2.1	0.77	137.3	50.31	1.5	0.55
2006	289.0	142.2	49.20	1.7	0.59	142.3	49.24	1.5	0.52
2007	340.6	160.3	47.06	0.9	0.26	176.2	51.73	1.8	0.53
2008	405.2	171.4	42.30	1.9	0.47	228.0	56.27	2.4	0.59
2009	418.4	185.3	44.29	1.9	0.45	216.2	51.67	2.2	0.53
2010	474.7	213.4	44.95	3.2	0.67	242.3	51.04	2.4	0.51
2011	523.8	248.6	47.46	2.8	0.53	254.5	48.59	3.7	0.71

在重工业结构中，以采掘工业、原料工业为主的资源开发型产业已退居到了弱势地位，加工工业已经占据了绝对强势地位，加工工业总产值占工业总产值的比重已从2001年的75%提升到了2011年的近95%，且一直处于强化的趋势之中。造成这一产业发展进程质的跃迁的原因，一是长春市工矿资源的日益枯竭，再加上自身林矿资源的贫瘠，储量不足；二是长春市计划经济体制下布局的加工工业项目，如中国一汽、铁路客车、长春拖拉机等交通运输机械制造业；三是

长春市发展重点的战略转移,主要投向具有产业经济优势的交通运输制造业,与外商合资、合作、股份制经营等;同时,结合长春市科技优势、区位优势等条件资源,发展了电子通信设备、光电子、生物制药等高技术产业、新兴加工产业等(刘波,2006)。因此,长春市产业经济发展已开始进入了以加工工业为主导的产业结构地域类型,产业高层化日趋明显和强化(表6-7)。

表6-7 长春市轻重工业结构变化　　单位:万元,%

年份	工业总产值	轻工业总产值 总额	轻工业总产值 比例	重工业总产值 总额	重工业总产值 比例	霍夫曼系数
1991	1 552 942	560 133	36	992 809	64	1.8
1995	3 383 658	724 138	21	2 659 520	79	3.7
2000	7 612 308	1 685 848	22	5 926 460	78	3.5
2001	9 449 683	1 717 588	18	7 732 095	82	4.5
2010	58 760 999	9 313 352	16	49 447 648	84	5.3

随着产业结构的调整升级,长春都市区交通运输设备制造业所占比重有所下降,但仍占有较大优势,工业总产值从1991年的1/3强提升到了2001年的3/4,2011年稳定在2/3的水平。以电子通信工业、生物制药工业为主体的新兴工业,仍然还未上升到主导地位,但发展势头良好,2011年新兴工业增加值占地区生产总值比重约7%,相比2001年提高了3个百分点。以食品工业、非金属矿物制品业、电气机械及器材工业等为主体的传统工业制造业中,仅有食品工业有发展后劲,非金属矿物制品业维持现状略有盈利,电气机械及器材制造业、普通机械制造业已步入"夕阳工业"行业,开始衰退;因此,长春市仍然是全国重要交通运输机械制造业中心,交通运输制造业

是长春市的支柱产业,电子通信、生物制药等新兴产业有待进一步加强,传统工业有待新技术改造和资金、人才等先进生产要素的注入(表6-8)。

表6-8　长春市工业总产值部门结构　　单位:%

年份	交通运输设备制造业	电子通信设备制造业	食品加工业	食品制造业	医药制造业	电气机械及器材制造业	非金属矿物制品业	普通机械制造业
1991	37.0	1.9	8.1		3.7	3.2		9.3
1995	62.0	1.8	7.1		2.7	1.8		2.2
1999	69.1	8.8	5.8	1.6	2.3	1.3	1.1	0.9
2000	70.0	7.0	4.8	3.4	2.3	1.8	1.2	0.9
2010	66.8	1.2	11.2	1.2	1.3	0.9	4.1	1.2

第三产业仍以交通运输仓储业、批发零售贸易餐饮业等传统服务业为主导,金融保险、教育科技、中介社会服务业、房地产业、信息等现代服务业仍还未上升主体地位(表6-9)。

表6-9　长春市第三产业内部主要行业增加值比例

主要行业	1990年	1995年	2000年	2010年
交通运输仓储业	0.2129	0.1245	0.125	0.1205
邮电通信业	0.0316	0.04	0.0533	0.0604
批发零售贸易餐饮	0.0895	0.2099	0.2986	0.2952
金融保险业	0.2781	0.2392	0.1367	0.0786
房地产业	0.0368	0.0442	0.0487	0.0624

续表

社会服务业	0.0685	0.0918	0.112	0.0726
卫体及福利业	0.0358	0.03	0.0284	0.0334
教育文艺广电业	0.1233	0.097	0.092	0.027
科研技术服务业	0.0263	0.0256	0.0235	0.0414
机关政党团体	0.0806	0.0606	0.0534	0.0542

以交通运输、仓储业、邮电通信业、批发零售贸易餐饮业等流通型生产服务业所占比重较大,占据了近1/2,而体现资金、技术、人才、信息等现代生产要素型的生产服务业发展水平较低;但是,金融保险业、房地产业、社会服务业发展趋势较好,这些现代生产要素型的生产服务业,将成为长春市第三产业经济发展的支柱,同时也是长春市发挥区域中心城市作用的基础产业,带动长春市纳入到城镇体系空间垂直分工系统的基础动力;然而,主要为第一产业服务的农林牧渔服务业、地质勘查、水利管理业还很不发达,这将制约长春市第一产业高技术化、信息化、社会化、产业化进程,制约第二产业农副产品加工产业类型、质量、规模,将会滞延长春市传统农业社会持续的时间,且导致工农产业的二元经济格局越来越明显。

以卫生、体育、社会福利、教育、广电、科技等为社会服务的非生产性服务业发展水平较低,与国外同期水平相比,存在较大差距,这是产业经济发展基础的基础,也是投资环境的重要组成部分,需要大力发展。国家机关、政党机关、社会团体所占比重下降,说明长春市政府管理效率提高,精简机构、运营机制等一系列政府改革取得了初步成效。其中,教育文艺及广播电影电视业是长春市一大优势服务业产业,围绕该优势可以发展相关的生产性服务业。

(二)产业空间结构

产业经济发展主要集中在长春都市区中心城市,并呈现出较强的极化趋势,城乡差距非常显著;产业经济主要以长春都市区为中心,以哈大线为经济发展主轴线,以长图线、长白线为经济发展副轴线,以各大中小城镇为经济发展的增长点,并有和吉林市相互整合、形成长吉一体化发展的态势。目前长春都市区市区 11%的全省人口,占据了全市 80%多的工业经济总量,全省约 40%的工业经济总量,全市 80%的固定资产投资,全省 31%的固定资产投资。总体上来说,长春都市区产业经济发展主要集中在中心城区;但从工业比重来看,长春市区工业经济总量比重从 2000 年占全市域的 94%下降到约 78%、占全省近 60%下降到近 40%,表明长春市市区工业在外溢、产业在升级、职能在转换(表 6-10)。

表 6-10 长春市主要经济指标空间关系　　单位:%

经济指标	2000年 市区占市域比重	2000年 市区占全省比重	2001年 市区占市域比重	2001年 市区占全省比重	2010年 市区占市域比重	2010年 市区占全省比重
年末总人口	41.85	11.10	42.23	11.10	47.8	11.2
工业增加值	93.70	57.30	94.30	59.10	78.4	39.3
固定资产投资	52.76	21.30	54.07	22.7	79.1	31.2

从近几年发展态势来看,在全市、全省范围内,长春都市区产业经济有继续极化的趋势,城乡经济总量差距在继续拉大。长春都市区市区经济密度最高,是平均值的 4 倍,是其他县市的 8.9 倍以上

(表 6-11),所以,中心城区成为长春都市区产业经济发展的核心;另外,沿哈大线的德惠市方向,在外县市经济密度是较高的,而沿长白线的农安县方向、沿长图线的九台市方向及榆树市的经济密度是偏低的(曹传新,2005)。

表 6-11　2001 年、2010 年长春市各县市经济密度指标对比

单位:万元/平方公里

县市名称	面积	2001 年	2010 年
长春市	20 571	488	1 618
市辖区	3 583	2 041	6 561
农安县	4 724	171	484
九台市	3 375	124	722
榆树市	5 430	145	465
德惠市	3 459	204	733

综上所述,长春都市区属于典型的单核集成型城镇地域组合类型,产业空间聚集形态是典型的工业枢纽型,空间形态分布呈现点轴辐射型组合趋势。

(三) 就业结构

目前长春都市区劳动力就业岗位初显第一产业、第二产业、第三产业并驾齐驱的就业格局,改变了传统以第一产业为主体的就业格局,2011 年第一产业约占 1/3,第二产业约占 1/4,第三产业约占 2/5。从就业结构演变过程分析,传统农业开始向现代农业发展;第二产业开始从工业化初期的资金密集型向资金、技术、服务与劳动力等多元化密集型产业类型转型升级;但第三产业以劳动力密集型部门为主,技术密集型、知识密集型的现代第三产业还未占主导地位。因此,长

春都市区开始从第一产业劳动密集型、第二产业资金密集型的组合类型转向要素多元化密集型的就业结构地域组合类型(表6-12)。

表6-12 1978~1999年长春市产业劳动力结构变化分析

单位:万人,%

年份	总从业人员数	第一产业 总数	第一产业 比例	第二产业 总数	第二产业 比例	第三产业 总数	第三产业 比例
1978	167.96	84.10	50.07	48.50	28.88	35.30	21.05
1979	174.08	83.92	48.21	53.88	30.95	36.28	20.84
1980	183.76	87.94	47.86	56.47	30.73	39.35	21.41
1981	195.88	92.52	47.23	59.74	30.50	42.62	22.27
1982	258.29	150.05	58.09	61.47	23.80	46.77	18.11
1983	239.12	124.76	52.17	60.36	25.24	54.00	22.59
1984	246.09	128.83	52.35	61.55	25.01	56.31	22.64
1985	253.03	129.87	51.33	62.92	24.87	60.24	23.80
1986	255.93	133.29	52.08	66.19	25.86	56.45	22.06
1987	260.55	133.43	51.21	67.84	26.04	59.28	22.75
1988	282.81	131.46	46.48	78.68	27.82	72.07	25.70
1989	291.16	139.33	47.85	79.04	27.15	72.79	25.00
1990	301.76	145.33	48.16	78.59	26.04	77.84	25.80
1991	313.40	149.99	47.86	82.11	26.20	81.33	25.94
1992	323.31	151.93	46.99	85.81	26.54	85.57	26.47
1993	317.47	152.23	47.95	84.88	26.74	80.36	25.31
1994	336.40	156.81	46.61	85.18	25.32	94.41	28.07
1995	344.74	154.73	44.88	85.42	24.78	94.59	27.44
1996	346.20	155.64	44.96	88.86	25.67	101.70	29.37

续表

1997	351.17	157.55	44.86	93.71	26.69	99.90	28.45
1998	334.62	154.33	46.12	66.73	19.94	113.56	33.94
1999	350.27	156.14	44.58	68.86	19.66	125.27	35.76
2000	311.40	148.8	47.8	62.8	20.2	99.8	32.0
2001	327.40	142.4	43.5	65.6	20.0	119.4	36.5
2002	329.4	139.5	42.3	70.1	21.3	119.8	36.4
2003	334.7	141.3	42.2	67.9	20.3	125.5	37.5
2004	376.1	134.3	35.7	90.7	24.1	151.1	40.2
2005	353.9	136.7	38.6	83.5	23.6	133.7	37.8
2006	326.4	132.1	40.5	78.8	24.1	115.5	35.4
2007	329.4	129.1	39.2	83.3	25.3	117	35.5
2008	336.8	125.2	37.2	86.1	25.6	125.5	37.2
2009	346.8	126.1	36.4	88.7	25.5	132.0	38.1
2010	366.4	129.1	35.2	95.6	26.1	141.7	38.7
2011	384.6	137.5	35.8	99.7	25.9	147.4	38.3

(四) 生态结构

由于人地矛盾日益尖锐,市域原生的森林草原生态系统已被破坏殆尽,而取而代之的是以农田为主体的人工生态系统。无论从现实和发展的角度看,对于长春都市区而言,生态安全格局的构建是都市区发展的基础性课题。虽然吉林省主体功能区规划原则确定了生态控制区、生态敏感区、生态建设区等生态区域系统,但这些生态区域系统之间的生态廊道、生态景观节点、生态网络轴线等都尚未形成。从生态自身来说,生态元素仍然还没有进入到生态安全建设与生态服务发展并重的保护开发进程,没有形成现代化的生态产业系统。为此,长春都市区没有生态产业系统的支撑,生态结构地域类型难以形成。这也是与目前长春都市区的整个社会经济系统发展阶段相适应的。吉林省是国家建设的生态经济省,长春市作为省会城市承担着重大的生态经济城市建设任务。

四、都市功能

(一)创新研发功能

虽然长春都市区是全国重要的科技文教基地之一,但由于长期计划经济体制的作用,这种科技资源未能与地方经济发展联系起来,科技成果本土转化率低,对地方经济拉动力不强。随着市场经济体制的建立,科技资源的市场化程度日益加深,科技本土转化率也在逐步提高,对地方经济的拉动作用也在逐步增强。因此,长春都市区创新研发功能正处在提升过程之中。

(二)信息功能

目前,长春都市区基本完成了社会公共服务功能的信息化改造,譬如互联网、长春信息港、通信等设施的建设;但是,作为拉动整个都市区社会经济系统的信息化服务产业尚未形成,相应的信息功能也就尚未发挥。为长春都市区第二产业、第一产业、第三产业发展服务的信息咨询、信息加工处理、信息传播、信息创新等功能没有相应的产业支撑。同时,作为区域性的都市区,目前长春主要为地方性的腹地区域发挥信息服务功能,跨区域性的信息服务功能尚未形成。

(三) 国际化功能

长春市工业产品出口主要以国有经济企业和外资企业为主,集体经济企业所占比例极少;从发展趋势来看,国有经济企业出口量已有下降趋势,已从1999年的3/5下降到2001年的1/3,目前继续下滑至1/4,而非国有经济企业呈现上升趋势;其中,外商投资企业稳步上升,到2001年已占据了1/2强,但受近几年金融危机影响,2010年比重下降1/4。与此同时,内资非国有经济的出口交货值比重开始提升。从出口产品总量变化来看,长春市工业产品出口量占工业销售总产值比重开始下滑,目前已降至1.6%左右,工业经济的外向度和国际化程度较低(表6-13)。

目前,长春市港、澳、台商投资及外商投资企业全年工业总产值2720.4亿元,占全市工业总产值46.2%;实际利用外资金额达到26.7亿美元,比2001年增长了4.4倍;国际旅游者人数25万人,比2001年增长了3.3倍。20世纪90年代以来,一方面,通过吸引外资,以开发区为载体,以经济全球化为动力,长春都市区开始了国际化的现代都市发展进程;另一方面,通过改革开放,依托资源特色、优势产业,长春都市区的地方商品开始跨入国际市场,都市国际化功能开始发挥,但顺畅性差。目前要解决的是深化改革、扩大开放力度,以便更积极主动地参与国际化进程。对于长春都市区来说,跨国公司投资导致的国际化功能是被动的,是从上到下的,使得长春都市区是高层次都市区的一个子系统或加工制造基地;长春特色优势商品的国际输出,主要是初级产品、劳动密集型产品、低科技含量产品、低附加值产品的输出,相对于高精端产品的进口输入,是微不足道的。因此,长春都市区国际化功能已经开始发挥,但总体上功能层次不高,国际化功能的发挥是被动的,国际化水平有待提升,急需建立和培育支撑国际化功能发挥的产业经济系统。

表 6-13 长春市不同所有制类型工业出口交货值结构

单位:万元,%

年份	出口交货值(当年价)	出口交货值占工业销售产值比例	国有经济	集体经济	其他非公有制经济	其中:外商投资企业
1999	262 928	4.3	61.9	0.7	37.4	36.0
2000	246 631	3.3	56.8	0.6	40.6	35.3
2001	226 885	2.5	34.1	0.8	65.1	51.4
2010	928 092	1.6	24.5	0.0	69.6	25.6

(四)管理控制功能

目前,长春都市区主要行使政治、交通、文化、教育、卫生、体育等社会服务性管理控制功能,生产性管理控制功能尚未成体系。作为长春都市区管理控制功能主体的汽车产业在全国占据一定的地位,但是长春主要是汽车生产基地,而不是汽车生产、管理、研发、贸易等都占据绝对优势的都市区;目前全国汽车产业呈现三足鼎立的趋势,而不是垂直分工的态势。所以,长春都市区对域外能产生重大影响的主导功能尚待形成和完善,对域外城市或区域的功能服务不是主导的,主要为腹地区域服务。

五、生态环境系统

2010年,长春市工业废水排放达标率和工业固体废物综合治理率分别达到96.24%和99.58%,重点工业污染源实现全面达标排放。到2010年末,长春市烟尘控制区面积327.71平方公里,环境噪声达标区面积236.46平方公里,区域环境噪声平均值控制在55.9分贝,道路交通噪声平均值控制在68.1分贝,噪声达标区覆盖率达78%以上。虽然生态环境建设取得了较大成效,但长春都市区整个生态系统空间分布上的不平衡,结构层次上的不连续,导致了以绿地为主体的生态系统整体功能低下。因此,人居环境仍需进一步改善。

六、结论

从资源层面来看,长春都市区主要以区位资源、冰雪人文资源、汽车产业资源、农牧资源、科教资源等为优势资源,然而,匮乏的水资源是长春都市区产业经济发展的重要制约性资源因素,决定了长春都市区产业经济发展要走节水型产业道路;贫瘠的矿产资源决定了长春都市区重型工业的发展需要依靠域外的资源和工业原料资源;短缺的资金资源是制约长春都市区产业经济发展的重要因素。

从规模层面来看,长春都市区人口、用地规模已经从数量上达到了一定的层次,但是,人口、用地规模的经济发展质量尚需要整合优化和提升改造;经济总量严重不足,经济规模还需要快速稳步发展。

从结构层面来看,长春都市区产业经济仍然处于要素投资型的产业关联阶段,市场需求型和功能辐射型仍然没有占据主导地位;产业经济部门系统已经进入到加工制造型的地域组合类型,但是第一产业系统主要以资源开发型地域组合类型为主,现代的商务服务型的地域组合类型尚未占据主导地位;产业经济空间系统是典型的交通区位分布类型,相互作用关系仍然以地方空间型地域组合类型为主导,城镇空间组合形式仍然以单核集成型地域组合类型为主导,产业空间聚集形态仍然是工业枢纽型地域组合类型,空间分布形态已经进入到了点轴辐射扩展阶段。

从功能层面来看,长春都市区主要是生产功能为主导,创新功能、管理功能、生态功能等尚未形成和完善,以汽车产业为核心的主导功能集成系统尚未建立。

从生态环境层面来看,长春都市区生态环境急需改善、优化,处于工业化的严重污染破坏阶段。

第三节 长春都市区调控

长春都市区调控是世纪性跨度的战略工程。长春都市区调控,既要有长远的战略性调控,又要有近期的可实施性的调控;既要处理整体区域和城市之间的关系,又要处理长春都市区内部之间的关系;既要尊重长春都市区客观实际,又要透视长春都市区的区域地理环境所带来的机遇和挑战。

一、调控原则和目标

(一) 调控原则

1. 可持续发展原则

可持续发展是解决当今都市区调控的总的原则依据,也是最佳最根本的途径。目前,长春都市区所出现的城市病,如大气污染、噪声污染,人口密集,交通拥挤等,是城市的非持续发展在长春都市区的外在表现形式。从根本上解决长春都市区工业化过程中所遗留的各种城市问题,必须坚持城市的可持续发展原则,从人口、资源、环境和经济发展四者相互融合的角度,促进长春都市区的人文社会资源的高效集约开发利用,产业结构升级,城市环境的创新,经济的跨越式发展,以此形成强大的辐射力,实现长春都市区持续、稳定、快速发展。

2. 协调原则

协调原则是长春都市区调控的动力性原则。长春都市区调控必须考虑到与之相关联的各种类型的城市要素的变化动态、发展态势,把整个城市土地、资金、技术、基础设施等要素协调起来考虑,尤其是与企业的兼并重组、旧城改造工程和城市道路基础设施的开发相协调,通过各种协调力做功,尤其是经济利益的协调做功,依据总体发展战略,释放出各种类型的潜能,促进综合效益的大幅提升,最终实现长春都市区调控的有序、高效、优化。

3. 时空关联性原则

时空关联性原则是长春都市区调控的过程性和状态性原则。长春都市区调控必须体现城市发展在时间和空间序列上的关联性和统一性,否则会拔苗助长,脱离实际。也就是说,长春都市区处于什么阶段,就办什么阶段的事。同时,也反映了调控是一个动态的过程。长春都市区和整个长春经济发展在时序上的阶段性,直接决定了长春都市区调控的时间、空间和方向,以及调控的层次类型、政策措施等(郑文升,2005)。

4. 规范、引导和灵活性相结合的原则

规范、引导和灵活性相结合原则是长春都市区调控的可操作性原则。长春都市区调控既是一项复杂的城市理论问题,又是一项亟待解决的实际城市问题,必须有规范性规划,引导性政策,灵活性杠杆。对于影响长春都市区调控的宏观性和中观性问题,必须认真剖析,制定出规范性的规划方案,引导性政策以及限制约束性条件。在这一层面上,规范是强制性的,不可违背的,是刚性的;引导是激励性的,方向性的,有一定的弹性。而对于影响长春都市区调控的微观性问题,必须及时地反应,运用灵活性的方法、手段,通过市场机制和杠杆去解决。在这一层面上,灵活性的方法、手段、策略是富有弹性的。因此,长春都市区的调控,必须针对当前的城市化阶段,采取规范性规划、引导性政策、灵活性杠杆,以不至于"头痛医头,脚痛医脚。"

5. 城市与区域都市化原则

城市与区域都市化原则是长春都市区调控的长远方向性原则,同时也是城市和区域系统整体性原则。在新世纪的都市现代化时代,长春都市区调控,必须立足于现实,着眼于未来,与周边城市和区域系统统一规划,否则会失去发展的动力源泉。

(二) 调控目标

在达到以数量指标为特征的工业化社会之后,新世纪长春都市区应开始走向全面信息化社会大都市,建设以质量指标为特征的全面生态型都市区,这是长春都市区未来社会经济系统运动的宏伟目标。具体来说,主要体现在以下四个方面。

1. 具有知识创新能力

进入现代信息社会,具有先进文化底蕴的高技术信息产业和现代的社会经济体制,是长春都市区调控的基础。因此,长春建设信息化社会都市区,一个很重要的目标是建设先进文化都市,积极进行科技创新和体制创新。

2. 具有可持续发展能力

信息化社会都市区应该是生态绿色城市,应该是可适宜居住、可适宜工作、可适宜学习、可适宜其他一切社会经济活动的永续健康城市。长春都市区应该以吉林省生态省的建设为契机,以长春都市区生态市建设规划为根本,从可持发展的高度上,把吉林省的中心城市建设为以可持续发展为基础的生态化社会都市区。

3. 具有区域竞争能力

建设信息化、生态化都市区,经济发展是硬道理,应该贯穿信息化社会都市区发展的始终。长春都市区应不断地深化体制改革,建立和完善市场经济体制和相应的灵活高效的机制,完善和调整产业结构,优化空间结构,大力打造产业品牌,发展壮大城市经济实力,建设经济发达的城市,这是现代化的信息社会都市区建设的基础前提。

4. 具有协调管理能力

信息化社会的都市区,信息网络是社会经济系统运动的基础。

目前,长春都市区应该把信息网络建设作为核心调控目标措施,积极培育信息网络产业经济系统,发挥强有力的都市管理控制功能作用,由此控制专业性、特色性的全球或区域性资源要素,长春都市区在经济全球化进程中才能有一定的区域地位和功能存在的空间。

二、调控类型与模式

(一)调控类型:培育推进型为主导、优化整合型为支撑的综合调控类型

长春都市区正处于工业化中期阶段,同时还要接受经济全球化所带来的信息化、生态化、社会服务化的影响。因此,长春都市区调控必须面对这一现实,选择适应长春都市区城市发展规律的人地系统调控类型。

在宏观的时空跨度上,长春都市区应该选择培育推进型的调控战略类型,积极培育向高级阶段发展的环境要素,推进都市区的阶段性跃迁,实现质变跨越。

在中微观的时空跨度上,长春都市区应该选择优化整合型的调控战略类型,积极整合优势资源,优化产业结构,实现都市区形成发展环节上的量变累积,为都市区阶段性跨越奠定基础。

(二)调控模式:中心主导调控

1. 战略调控模式

从社会经济发展现状分析,长春都市区宜选择"大工业、大城市"的中心主导调控模式。具体来说,长春都市区应发展交通运输装备制造大工业,以交通运输装备制造大工业带动产业高技术改造和信

息化建设,以交通运输装备制造大工业支撑长春都市区中心城区的空间发展,促进长春都市区中心城区的功能升级和跃迁。同时,以交通运输装备制造大工业带动相关产业链条的延伸,促进长春中心城区其他产业的空间外迁,推动中心城区以外的城镇产业经济壮大,加速周边城镇空间的合理扩展。

在空间扩展上,长春都市区应该走"大城市"的单核集成型地域组合类型模式,优先发展长春都市区中心城区,以大城市经济区带动整个长春都市区市域经济的发展。因此,首先应该做强长春都市区中心城区,壮大长春都市区中心城区的经济总量,提升长春都市区中心城区的经济功能;以此为基础,通过大城市经济区,带动周边区域经济和城镇经济的全面发展。

2. 辅助调控模式

在战略调控模式宏观层次上,长春都市区应走"大工业、大城市"中心主导调控模式;在辅助调控模式微观层次上,长春都市区应该走"点轴结合、梯度推移、城乡融合、均衡发展"的产业空间网络化模式。

具体来说,长春都市区在做大、做强、做精中心城区以外,应该逐步沿长吉线、哈大线、长白线三个主要交通轴线方向做大、做强沿线经济,力促长吉一体化发展目标的实现,形成"一点三轴"的产业空间发展态势。以此为基础,以点扩散辐射,沿轴梯度推移,形成网络化的产业扩展格局。在发展"点轴"城镇经济的同时,应该以点轴发展,带动农村经济的腾飞,实现城乡产业空间发展延伸的有机融合,最终实现具有一定产业空间梯度的相对均衡的合理化的经济空间网络体系(表6-14)。

表6-14 长春都市区调控类型与模式

	特征	现状评价	战略选择
调控类型	宏观时空跨度	较弱	培育推进型
	中微观时空跨度	较强,但缺乏整体性调控	优化整合型
调控模式	战略模式	摊大饼有强化的趋势	中心主导调控模式
	辅助模式	二元结构较明显	空间网络化模式
	产业形态	汽车一枝独秀	交通装备制造工业体系
	空间形态	单核、粗放、团块状	单核集成型
	整体架构	以大工业、大城市发展为动力,以"点轴结合、梯度推移、城乡融合、均衡发展"为总体思路,形成"一点三轴"的产业空间发展态势	

三、调控策略

都市区调控内容较多,包括要素调控、环境调控、结构调控、功能调控等方面。从长春实际出发,以下重点论述产业结构调控和功能调控两个方面的内容。

(一)产业结构调控

从整个市域经济发展来看,长春都市区产业形态已经进入到了加工制造产业形态,相应的产业空间也进入了加工制造型产业结构地域类型。根据未来社会经济发展态势,结合长春都市区产业发展实际,长春都市区产业形态定位为:以信息化带动工业化,以工业化促进信息化,以高技术化、信息化完成后续工业化的发展道路,实现从初级的、资金密集型、劳动密集型的加工工业产业形态向高级的知识密集型、技术密集型、信息密集型的加工制造产业形态转变,构建长春都市区知识信息加工制造产业形态。

从中心城区经济发展来看,长春都市区产业形态已经进入到了资金、技术密集型的加工制造产业形态,相应的产业空间也进入了工业化中后期的加工制造型产业结构地域类型。因此,长春都市区中心城区产业形态定位为:构建深加工制成品产业形态,构建知识、信息、技术密集型的网络产业形态,构建高技术型的、知识密集型的服务产业形态,使之成为东北中部地区的高层次的知识信息加工工业产业形态聚集区,相应的产业空间是现代工业、现代服务业加工制造型产业结构地域类型(刘波,2006)。

从农村经济地域经济发展来看,长春都市区农村经济已开始从传统农业向现代农业发展形态转变,但相应的产业空间仍然处于资源开发型产业结构地域类型。根据未来长春经济发展需要,结合长春都市区"三农"实际,长春都市区农村经济产业形态定位为:走产业化、社会化、科技化、市场化、现代化道路,构建生态农业、特色农业、科技农业、创汇农业、订单农业等产业形态,构建农副产品深加工工业产业形态,从传统的初级资源开发型产业形态走向现代的具有高科技含量、具有市场潜力和高附加值的、具有生态绿色品牌的资源开发和加工制造并重的产业形态,从商品粮产业基地形态走向综合生态绿色产业基地形态,相应的产业空间也将转变为科技型、生态型、市场型的资源开发与加工制造并重的现代农村产业结构地域类型(表6-15)。

表 6-15　长春都市区产业结构调控

特征		现状评价	战略选择	目标
市域	产业形态	初级的、资金、劳动密集型的加工工业产业形态	高级的知识技术信息密集型的加工制造产业形态	知识信息加工制造产业形态
中心城区	产业形态	资金、技术密集型的加工制造产业形态	深加工制成品、知识、信息、技术密集型服务产业形态	东北中部地区的高层次的知识信息加工工业产业形态
地域类型		传统加工制造型	现代加工制造型与区域性商务服务型	
农村经济地域	产业形态	传统农业形态商品粮产业基地形态	农副产品深加工工业产业形态 综合生态绿色产业基地形态	生态绿色品牌的资源开发和加工制造产业形态
地域类型		资源开发型	科技型、生态型、市场型的资源开发与加工制造并重的现代农村产业结构地域类型	

从整个市域经济发展空间格局来看,长春都市区产业空间形态定位为:按照"一核双轴"产业空间发展战略,产业空间布局形态将会呈现出"十"字形,"十"字交点为强大的长春都市区,"双轴"为哈大线、长吉—长白线两个发展经济轴带。

从中心城区产业发展格局来看,长春都市区中心城区产业空间形态定位为:按照双心(工业制造主中心、工业生产管控主中心)、分散组团的整体思路,结合整个市域经济发展空间格局,长春都市区中心城区产业空间布局形态将会呈现出"团块指型放射状"型,"团块"

主要是长春都市区的"核心",以中心城区团块为中心,沿五个主要交通干线的城乡结合部及边缘区呈现指型状发展延伸,总体上呈现放射状产业空间拓展形态。

1. 第一产业结构调控

综合分析长春都市区的条件系统,结合长春都市区农业资源空间分布的特点和规律,将长春都市区第一产业空间扩展战略功能定位为:以产业资源的空间分布为基础,以中心城市辐射为动力,以中心城市国际化为纽带,不断提升第一产业空间的外向度,将传统农业空间演化为现代生态农业空间;同时,推进现代生态农业产业化、服务化,构筑第一产业与第二产业、第三产业复合的整合空间。在经济全球化进程中,按照长春都市区都市化扩展的客观要求,将长春都市区第一产业空间划分为三个区域。

(1) 都市生态农业产业区:服务化产业区域

都市生态农业产业区是长春都市区第一产业空间的核心区域,是农业现代化、服务化、社会化等高层化过程的主要空间,是第一产业空间的服务化产业圈,主要以中心城区半小时时距为空间范围,基本上是长春都市区的市区范围。

在这一区域内,以中心城市生态空间消费需求为导向,以周末假日度假为产业发展取向,重点发展都市型的休闲农业、观光农业、精品农业、高科技农业等生态农业产业,促进都市与农村结合部的农业资源开发,进行旅游服务产业化,构建农业与旅游业的整合空间区域。同时,还与中心城市绿化系统相结合,形成长春都市区都市核心内圈的"绿环",起到生态绿化的功能作用,共同构建农业与中心城市绿化服务业的整合空间。

(2) 城郊生态农业产业区:工业化生产区域

城郊生态农业产业区是长春都市区第一产业空间生产化、专门化基地,是第一产业空间的工业化生产圈,主要指市区半小时以外、一小时以内时距的农业区域,包括农安县、德惠市和九台市全部区域。

在这一区域内,利用现有的农业资源优势,利用中心城市资金、技术、人才等功能辐射优势,依托德大集团、皓月集团、大成玉米集团等农业产业化龙头企业,大力进行体制创新、科技创新、环境创新,强化生态绿色产品形象,选择中心城市带动模式,大力发展订单农业、特色农业、效益农业、创汇农业、工厂农业,打造精品农业品牌和精品畜牧业品牌,实现公司化管理,实现传统农业地域的产业化转变。

(3) 绿色健康生态农业产业区:绿色农业区域

绿色健康生态农业产业区是长春都市区第一产业空间的外圈,是第一产业空间的绿色农业圈,主要指中心城市一小时以外的空间范围,大致包括榆树市全部区域。

在这一区域内,主要充分利用松花江水系的水资源,充分发挥平原经济的农业资源优势,以榆树—五棵树为发展轴带,以哈大线为外向通道,对传统农业进行高技术改造,加大资金、人才、管理等投入力度,大力发展绿色农产品,打造生态绿色品牌,塑造生态绿色环保形象,以玉米和水稻及其加工产品为生态绿色健康拳头产品,进行简单加工或深加工,加速传统农业的产业化进程,构建绿色、环保、健康型的生态农业产业区,推进榆树中等生态城市的建设。

2. 第二产业结构调控

从现状分析得知,长春都市区具有发展交通运输装备制造业的产业优势,具有发展农产品深加工工业的经济优势,具有发展光电子、生物医药、高技术等工业的潜在优势,并且在宏观区域分工中占有重要位置。因此,长春都市区第二产业空间发展战略定位为:以经济全球化和区域经济集团化为依托,以市场经济机制为动力,以产业结构转型升级为背景,以中心城市工业区布局为基础,通过工业外迁、兼并、重组、破产等方式,通过卫星城或新城空间建设,大力改造、重组中心城区空间布局,培育新的工业增长空间点,中心城区是工业制造主中心和工业生产管理控制中心、周边城镇是生产装配基地的空间分工格局(曹传新,2005)。

具体来说,根据长春都市区工业布局现状,将第二产业空间划分为"二心三带"的放射状空间格局。

(1) 中心城区工业生产管理控制中心和工业制造主中心

中心城区是长春都市区城市经济和区域经济发展的主体空间,是市域经济发展的主导力量。在第二产业空间重组过程中,中心城区主要发挥工业制造主中心和工业生产管理控制中心的双重作用功能。

在城市化迅速发展的时期,长春都市区中心城区仍然处于工业生产要素高度集聚的阶段,工业制造主中心的地位仍然没有改变,且在很长一段时间内将会得到加强。同时,在工业化发展中后期和信息化时代,长春都市区中心城区工业生产管理控制中心的功能地位逐步强化,且在空间上有相应的体现。因此,长春都市区中心城区第二产业空间表征出两个空间层次,即工业生产管理控制中心层次和工业制造主中心层次。

一是工业生产管理控制中心。在中心城区空间布局上,工业生产管理控制中心有集中和分散两种方式。长春都市区汽车、客车、拖拉机等支柱产业和优势产业,都是在计划经济体制下形成的。国有大中型企业是长春都市区产业规模和性质的主要类型,且分散布局在长春都市区中心城区。在市场经济体制下发展壮大的生物医药、食品加工、光电子等潜在主导产业,也相应继承了计划经济体制的惯性,呈现出分散布局的格局。然而,中心城区的支柱产业、主导产业,又对周边县市镇的工业具有直接的生产管理控制作用。因此,中心城区各工业区,既担负起生产功能,又担负起管理控制功能,在空间上没有形成合理的分工,而是合二为一的。但是,总体来说,中心城区是整个长春都市区市域工业经济发展的生产管理控制中心,是市域工业经济发展的导向器。在近期内,可以继续延续工业生产管理控制中心的分散分布的空间格局;在远期内,随着产业空间垂直化分工的深化,长春都市区工业生产管理控制中心将会与现代服务业中心趋向同一空间,或单一中心布局,或多中心组合布局,形成整个产业经济发展的管理控制中心。

二是工业制造主中心。长春都市区中心城区分布着整个市域工业的80%左右,是长春都市区区域工业经济的主体。根据长春都市区工业经济发展规律和特点,在城市化迅速发展时期,长春都市区中心城区将会在很长一段时间内承担整个市域工业经济的主导龙头作用,主中心的工业经济地位,将会维持很长一段时间。但是,在计划经济体制下,长春都市区中心城区的边缘区全部布局工业企业,形成了单一中心的环状工业圈的产业经济空间格局,且在市场经济体制下得到了延续。因此,长春都市区中心城区是现代工业制造主中心,一方面,应该瓦解环状工业圈的空间格局;另一方面,应该把中心城区有污染的、落后的、劳动密集型的工业产业进行外迁,实行工业类型结构的空间组织优化。通过中心城区工业空间格局的调整和优化,通过中心城区工业经济类型外迁和再集聚,长春都市区中心城区应该是高技术工业、新兴工业、信息工业、电子工业、环保工业等现代生态型工业的集聚地和主中心。根据长春都市区产业结构转型升级总体安排,中心城区北部工业区、东北部工业区应改造成现代物流中心,构建长春都市区现代化的物流园区;中心城区西部构建长春都市区现代行政办公中心;中心城区西南部、南部、东南部继续发展现代工业,构建现代工业产业园区。

(2) 长(春)德(惠)五(棵树)工业发展轴带

长德五工业发展轴带是东北经济区哈大发展轴线的中部地段,是吉林省经济发展轴带的北部主要部分。从长春都市区市域工业经济整体布局来看,长德五工业发展轴带,应该以德惠市、米沙子镇、五棵树镇为工业发展的主增长点,重点发展农副产品深加工工业,做好城镇经济与农业产业化的一体化联动,带动其他乡镇工业经济的发展。同时,长德五经济发展轴带应该发展为长春都市区劳动密集型产业发展轴带,成为吉林省省域经济南北延伸扩展的主轴带,成为东北经济发展主轴带的亮点(曹传新,2005)。

(3) 长(春)九(台)工业发展轴带

长九工业发展轴带是长吉一体化发展的前提基础,是整个吉林省经济发展的关键部位,同时也是吉林省经济东西延伸的基础。长九工业发展轴带应以龙嘉机场为依托,发挥长春、吉林两中心城市的区位优势,以九台市为承接辐射节点,以沿线各城镇为广阔辐射空间,承载临空型高新技术产业,同时并行发展两工业城市互补性的配套性产业,构建交通运输装备制造业的配套工业产业发展轴带。

(4) 长(春)农(安)工业发展轴带

长农工业发展轴带是长春都市区西部区域发展的基础,也是吉林省西部区域经济发展的前提。因此,做好、做强长农工业发展轴带,是吉林省西部地区崛起的关键。长农工业发展轴带,应该依托西部农业资源的优势,以农安县镇区为工业发展主增长点,以沿线各城镇为工业发展节点,大力发展农业产业化项目;以此为基础,发展农产品初级加工,适当发展农产品深加工工业,构建长春都市区农业产业化初级加工工业发展轴带。

3. 第三产业结构调控

长春都市区第三产业主要集中在城镇中心,且以传统服务业为主体,现代服务业不发达。从未来第三产业发展态势的客观要求,长春都市区中心城区第三产业应该以传统第三产业为基础,依托科教文、医疗科研等优势,以信息化为动力,构建以物流业、科教文贸业、旅游业、产业会展业、房地产业为主导的第三产业群,形成长春都市区现代服务业的五大支柱产业。

同时,还构建"一主中心、两副中心"的城市公共服务中心。"一主"主要指以人民广场为中心的高度密集区,构建长春都市区中心服务区,发挥东北地区中部的区域性服务功能;在这个区域内,重点发展以电子商务、金融、保险、信托、投资、股票、证券、广告、结算、会计、信息咨询等为主导的现代服务业。"两副"主要是构建南部副中心和东部副中心,南部副中心处于哈大线发展方向,是长春都市区汽车装备制造业基地的中心,主要发展商贸、金融、中介咨询等综合型的多元的服务产业,支撑南部产业基地的经济发展;东部副中心处于长吉一体化发展方向,是长吉整合的重要节点,主要发展商贸、金融、中介咨询等综合性的多元的服务产业,支撑东部产业基地的经济发展。

在农村地域及其城镇,要大力发展服务于"三农"的第三产业,完善为第一产业发展服务的第三产业体系,重点发展传统第三产业,譬如商贸批发、零售、餐饮、娱乐、农业技术推广、农村教育、医疗卫生、农村金融、农村信息咨询等,构建"三农"产业服务空间体系。

4. 产业空间结构区域化扩展趋势

从城市产业空间发展现状分析,长春都市区城市区域化过程将会从两个层面展开:一是从吉林省经济空间发展层面构建长吉一体化产业空间,呈现双核整合型的产业空间区域化演化态势;二是从东北经济区及全国经济发展层面构建"长吉平"中部城镇群,进而形成东北地区中部城市密集区,呈现轴线网络化产业空间区域化演化态势。

(1) 长吉一体化空间态势

长春都市区是吉林省近代、现代政治经济中心,是中华人民共和国成立以来全国著名的交通运输装备制造业基地,而吉林市是吉林省古代、近代政治经济中心,是中华人民共和国成立以来全国著名的石化工业基地,二者相距约40分钟的车程,无论在资源环境上,还是在产业结构上,都存在较强的互补性。对于吉林省整个经济发展来说,长吉一体化产业空间体系具有很大的发展潜力,这种双核整合型的城市区域结构将会极大地促进吉林省省域经济快速发展。

因此,从吉林省省域经济整体发展高度上,长春都市区中心城区应该构建东部新城区,建设东部副中心,积极鼓励东部城区的产业空间发展,为长吉一体化顺利演化创造良好的氛围。同时,长春都市区市域经济发展空间应该重视长吉线各个城镇的建设,加速长吉之间交通基础设施束的建设,重点发展九台市、龙家堡机场等城镇节点,做大、做强长吉轴线,为长吉一体化产业空间发展奠定坚实的基础。

(2)"长吉平"中部城镇群空间态势

四平市是吉林省通往沈阳、北京的南门户,长春都市区的德惠市、榆树市是吉林省通往哈尔滨的北门户,这种"双核一线"的产业空间发展格局,是吉林省省域经济发展核心部分,同时也是哈大经济发展轴线的重点地区。因此,发展"长吉平"中部城镇群是吉林省经济融入全国经济发展空间体系的重要途径和手段。从全国及东北经济区产业空间发展的角度,在长春与吉林联合发展的同时,也要沿哈大线,做大、做强哈大经济发展轴带,以长吉双核带动哈大经济发展轴带,使长吉双核成为东北哈大经济发展轴带的重要经济节点。

所以,长春都市区中心城区产业空间,应该顺应"长吉平"中部城镇群发展趋势,向南发展南部新城区,构建南部副中心,启动富锋卫星城建设,做好长平经济走廊的北部接口;同时,向北发展北部物流园区,对铁北地区、八里堡地区进行产业结构转型升级,提升产业发展层次,优化组合空间资源,且沿哈大线向北延伸,启动米沙子、哈拉哈、德惠、五棵树等城镇建设,发展农产品加工工业、物流产业等,做好长扶经济走廊的南部接口。总之,"长吉平"中部城镇群建设,应该以长春都市区为核心,以长吉双核为重点,以长吉平中部走廊为基础,整体上营造吉林省中部经济发展密集带,成为吉林省省域经济发展的主导空间和核心力量。

(二)都市区功能调控

根据长春都市区结构调控的战略总体思路,未来长春都市区功能调控主要包括经济功能、管理功能、创新功能和生态功能等四个方面。

1. 经济功能

从生产功能来看,长春都市区应该充分发挥以汽车为主导的交通运输制造业的产业经济优势,促进以汽车生产为主导的生产功能系统的发育,使长春都市区成为全国的汽车产业核心生产基地、全球的汽车产业具有重要影响的生产基地。

从流通功能来看,长春都市区具有东北经济区交通枢纽区位,是东北经济区中部地区的区域性中心城市,担负着东北经济区中部地区的物流功能。因此,长春都市区应该积极培育物流产业,发挥都市区的交通区位优势,激活长春都市区区域性物流组织和配送功能,使长春都市区成为东北亚区域性物流中心,通过区域性物流中心,使之融入到经济全球化体系之中。

消费功能是城市固有的潜在功能,需要最大限度地挖掘,主要是通过提高人民生活水平和收入实现,在形成消费特色和风格的基础上,努力拓展消费空间。

2. 管理功能

从生产性管理功能来看,长春都市区的商务服务型产业结构尚未形成;但是,这是未来长春都市区功能体系的重点方向和核心内容。长春都市区主要是依托汽车产业,建立全国核心的、全球具有重要影响的汽车生产管理控制中心,发挥长春都市区的汽车商务服务型的管理控制功能集成系统的作用。

从社会性管理功能来看,目前长春都市区主要是为腹地范围提供社会性管理服务,而且以行政体制为主导,而不是以产业经济体制为主导。社会性管理功能是未来信息社会都市区的主要功能,是解决人地矛盾的主要功能载体。因此,长春都市区应该积极培育社会性服务型产业结构,逐步激活都市的社会性服务管理功能的发挥,为未来长春都市区的形成发展奠定产业结构和功能体系基础。

从政治性管理功能来看,长春都市区仍然需要优化整合各级行政资源,高效发挥长春都市区的政治性管理功能。

3. 创新功能

长春都市区具有创新功能体系形成的资源优势基础,应该积极培育创新资源的开发利用,主要是充分依托汽车产业结构,形成具有一定规模的汽车研发产业结构,使长春都市区成为东北经济区甚至全国的汽车产业创新源,这是维系长春都市区产业结构的动力源泉。

同时,长春都市区还应加大体制创新、机制创新等,为形成全面的创新功能奠定基础。譬如长春应该突破传统行政区,顺应经济发展,调整行政区划,这是体制创新对都市区形成发展所发挥的功能。

4. 生态功能

生态功能体系的形成发育是未来都市区发展的方向。目前,长春都市区生态功能的产业结构尚未形成,仅仅停留在生态绿地建设和环境保护治理的工程层面,没有上升到结构和功能的辩证关系的高度。因此,长春都市区应该超前认识,积极培育生态产业,改善生态环境,激活生态调控,走可持续发展的绿色发展之路,为未来长春都市区的生态功能调控奠定坚实基础。

参考文献

[1] Gingsburg, N. 1991. *Extended Metropolis Regions in Asia*: *A New Spatial Paradigm*. Honolulu University or Hawaii.

[2] Jean Gottmann. 1957. Megalopolis: or the Urbanization of Northeastern Seaboard. *Economic Geography*, Vol. 33. pp. 189-220.

[3] M. 歌德伯戈、P. 钦洛依(加)著,国家土地管理局科技宣传司译:《城市土地经济学》,中国人民大学出版社,1990年。

[4] T. G. McGee. 1991. *The Emergence of Desakota Regions in Asia*: *Expanding a Hypothesis*, *The Extended Metropolis*: *Settlements Transition in Asia*. Honolulu University or Hawaii.

[5] Zhou Yixing. 1988. Definitions of Urban Places and Standards of Urban Population in China: Problems and Solutions. *Asian Geography*, Vol. 7, No. 1, pp. 12-28.

[6] 艾德加·M. 胡佛(美)著,王翼龙译:《区域经济学导论》,上海远东出版社,1995年。

[7] 包红玉、李诚固、曹传新:"新时期城市功能结构体系解构及集成演化规律探讨",《软科学》,2005年第3期。

[8] 蔡绍洪、徐和平、汪劲松:"区域集群创新网络形成发展的演进机理及特征",《贵州社会科学》,2007年第5期。

[9] 曹传新、韩守庆、李诚固等:"长春大都市区形成发育结构特征和空间发展形态调控",《东北师大学报》(自然科学版),2005年第2期。

[10] 曹传新、张全、李诚固:"长春都市地域'点—轴'产业圈层化空间结构整合调控",《地理科学》,2005年第5期。

[11] 曹传新:"我国数字城市规划宏观背景及其思维理念体系",《经济地理》,2001年第5期。

参考文献

[12] 陈才：《区域经济地理学》，科学出版社，2001年。
[13] 程连生："中国新城在城市网络中的地位分析"，《地理学报》，1998年第6期。
[14] 崔功豪、魏清泉、陈宗兴等：《区域分析与规划》，高等教育出版社，1999年。
[15] 丹尼尔·贝尔（美），高銛等译：《后工业社会的来临》，商务印书馆，1986年。
[16] 刁琳琳："传统单中心与组团城市的空间重构模式对比与特征差异"，《中国人口·资源与环境》，2010年第7期。
[17] 戈特曼："大城市连绵区：美国东北海岸的城市化"，《经济地理》(*Economic Geography*)，1957年第3期。
[18] 龚万达："资源禀赋与区域经济发展"，《四川行政学院学报》，2010年第2期。
[19] 顾朝林："中国大都市的空间增长形态"，《城市规划》，1994年第6期。
[20] 顾乃忠："地理环境与文化——兼论地理环境决定论研究的方法论"，《浙江社会科学》，2000年第2期。
[21] 郭丽坤："区域经济非均衡发展理论在我国的实践创新"，《徐州教育学院学报》，2008年，第4期。
[22] 郭其友："城市化进程进入加速期的人地矛盾问题探讨"，《东南学术》，2003年第4期。
[23] 郭晓合、孙倩："制度创新与长三角区域经济发展研究"，《经济纵横》，2012年第1期。
[24] 国家教委社会科学研究与艺术教育司组：《自然辩证法概论》，高等教育出版社，1989年。
[25] 韩守庆："长春市区域空间结构形成机制与调控研究"，东北师范大学博士论文，2008年。
[26] 何宁、顾保南："城市轨道交通对土地利用的作用分析"，《城市轨道交通研究》，1998年。
[27] 胡萍："长三角地区产业结构对区域经济增长的地域差异研究"，《中国城市研究》，2007年第3期。
[28] 黄绍臻："培育产业集群提高城市竞争力"，《福建论坛》，2004年第9期。
[29] 金贤锋、董锁成、周长进等："中国城市的生态环境问题"，《城市问题》，2009年第9期。

[30] 李翠:"论我国经济发展与生态环境关系",《商业经济》,2011年第8期。

[31] 李国平:《经济地理学》,高等教育出版社,2006年。

[32] 李国平、杨洋:"分工演进与城市群形成的机理研究",《商业研究》,2009年第3期。

[33] 李国强、陈明:《产业结构论》,浙江教育出版社,1990年。

[34] 李海伟:"我国房地产业的关联效应分析",《中国经贸》,2008年第15期。

[35] 李小建、罗庆、祝英丽:"经济地理学与区域经济学的区分",《经济地理》,2012年第7期。

[36] 李小建:《经济地理学》,高等教育出版社,1999年。

[37] 李晓、张建平:"产业结构转换能力的比较分析——以吉林省为例",《东北亚论坛》,2008年第5期。

[38] 李秀林、王于、李淮春:《辩证唯物主义和历史唯物主义原理》,中国人民大学出版社,1995年。

[39] 梁闽:"城市聚集效应的城市学分析——以西安市为例",《区域经济》,2012年第2期。

[40] 列宁著,中共中央编译局译:《列宁全集》(第2版)第55卷,人民出版社,1990年。

[41] 林刚:"发达国家都市区经济发展比较与借鉴",《纵横经济》,2011年第1期。

[42] 林先扬、陈忠暖:"城市群经济发展系统形成与整合机制探讨——以大珠江三角洲城市群为例",《云南地理环境研究》,2004年第1期。

[43] 刘波:"城乡融合区空间演进机理与调控的研究——以长春市为例",东北师范大学博士论文,2006年。

[44] 刘大洪:"政府调节与市场调节互动机制研究",《湖湘论坛》,2009年第4期。

[45] 刘继生、张文奎、张文忠:《区位论》,江苏教育出版社,1994年。

[46] 刘雨平、耿磊、陈眉舞:"都市区构建于区域协调发展",《经济地理》,2009年第12期。

[47] 刘再兴:《工业地理学》,商务印书馆,1997年。

[48] 刘志迎、范云、晋盛武:"需求约束下的产业创新动态系统进化博弈研究",《科学学与科学技术管理》,2007年第12期。

[49] 鲁成、王方:"大城市边缘区小城镇发展模式研究",《工程与建设》,2009年

第 6 期。
[50] 罗海明、张媛明:"美国大都市区划分指标体系的百年演变",《城市规划》,2005 年第 3 期。
[51] 马克思、恩格斯著,邓仁娥、中共中央编译局译:《马克思恩格斯选集》第 3 卷,人民出版社,2002 年。
[52] 曼纽尔·卡斯特(美)著,夏铸九等译:《网络社会的崛起》,社会科学文献出版社,2001 年。
[53] 毛广雄:"大都市区化:我国城市化发展路径的转型",《城市问题》,2009 年第 6 期。
[54] 苗长青:"分工理论综述",《全国商情》,2008 年第 1 期。
[55] 牟凤云、张增祥:"城市扩展与空间形态演化动力机制的研究",《重庆交通大学学报》,2008 年第 5 期。
[56] 潘悦:"在全球化产业链条中加速升级换代——我国加工贸易的产业升级状况分析",《中国工业经济》,2002 年第 6 期。
[57] 潘忠岐:"地缘学发展与中国地缘战略",《国际政治研究》,2008 年第 2 期。
[58] 彭建、赵鹏军、刘忠伟等:"基于地理区位的区域发展分析——以重庆市为例",《地域研究与开发》,2002 年第 2 期。
[59] 蒲志仲:"资源配置市场机制研究",《生产力研究》,2009 年第 3 期。
[60] 沈玉芳:"产业结构演进与城镇空间结构的对应关系和影响要素",《世界地理研究》,2008 年第 4 期。
[61] 孙纪成:"系统论的理论及其现实意义",《河北学刊》,1985 年第 6 期。
[62] 谭纵波:"东京大城市圈的形成、问题与对策",《国外城市规划》,2000 年第 2 期。
[63] 汤茂林、姚士谋:"论城市发展与区域的关系",《城市研究》,2000 年第 2 期。
[64] 汤琦:"浅谈商品经济的产生与发展",《学术探讨》,2012 年。
[65] 唐浩、王鹏、唐静:"金融危机背景下中国的投资乘数效应与防通胀分析",《经济学家》,2010 年第 4 期。
[66] 同济大学:《城市规划原理》,中国建筑工业出版社,1991 年。
[67] 万晖、饶勤武:"转型时期中国产业结构优化的现实困境与出路研究",《经济问题》,2012 年第 5 期。
[68] 王国平:"产业形态特征、演变与产业升级",《中共浙江省党校学报》,2009

年第6期。
[69] 王建:《现代自然地理学》,高等教育出版社,2001年。
[70] 王婧:"我国三次产业结构演变规律",《商场现代化》,2011年第22期。
[71] 王士君、冯章献、张石磊:"经济地域系统理论视角下的中心地及其扩散域",《地理科学》,2006年第6期。
[72] 王兴平:"都市区化——中国城市化的新阶段",《城市规划汇刊》,2002年第4期。
[73] 王言秋:"资源开发型投资的体制困境与破解之策",《山东省经济管理干部学院学报》,2010年第2期。
[74] 王艳华:"论现代城市布局结构的生长机理",《城市规划》,1996年第3期。
[75] 王钰、叶涛:"中国都市区及都市连续区探讨",《区域研究与开发》,2004年第3期。
[76] 王国平:"大都市区化的空间分工机制——兼论中国城市化的空间政策转向",《城市与区域》,2006年第4期。
[77] 吴传钧:"论地理学的研究核心——人地关系地域系统",《经济地理》,1991年第3期。
[78] 吴晓燕:"经济欠发达地区提高城市竞争力问题探讨",《经济与管理》,2004年第3期。
[79] 肖作平:"制度背景和资本结构选择——来自中国上市公司的经验证据",《证券市场导报》,2009年第12期。
[80] 谢守红、宁越敏:"中国大城市发展和都市区的形成",《城市问题》,2005年第1期。
[81] 谢守红:"都市区、都市圈和都市带的概念界定与比较分析",《城市问题》,2008年第6期。
[82] 辛晓晖:《经济地理学的科学思维》,长春出版社,1998年。
[83] 徐琳瑜、杨志峰、李巍:"城市生态系统承载力研究进展",《城市环境与城市生态》,2003年第6期。
[84] 徐效坡:"区域经济地理学理论方法建设简论",《云南地理环境研究》,1990年第6期。
[85] 徐永健、许学强、闫小培:"中国典型都市连绵区形成机制初探——以珠江三角洲和长江三角洲为例",《人文地理》,2000年第2期。
[86] 许可:"美国大都市区化及中国城市化模式选择",《齐鲁学刊》,2005年第

4期。

[87] 许立达、樊瑛、狄增如："自组织理论的概念、方法和应用"，《上海理工大学学报》，2011年第2期。

[88] 许欣、胡伟："数字化城市管理技术与应用实践"，《数字图书馆论坛》，2007年第6期。

[89] 许学强、朱剑如：《现代城市地理学》，中国建筑工业出版社，1988年。

[90] 薛东前、王传胜："城市群演化的空间过程及土地利用优化配置"，《地理科学进展》，2002年第2期。

[91] 薛玉立："京津两地商务服务业积聚成因与推进战略初探——基于波特钻石体系模型的分析"，《城市发展战略》，2008年第10期。

[92] 杨珥："践行可持续发展要实现'三个转向'"，《理论探索》，2011年第2期。

[93] 杨荣南、张雪莲："城市空间扩展的动力机制与模式研究"，《地域研究与开发》，1997年第2期。

[94] 杨万钟：《经济地理学导论》，华东师范大学出版社，1999年，第26页。

[95] 叶云招、肖婷、刘永桃："地质科学中的时空思维"，《科协论坛》，2009年第10期。

[96] 易小明："论人类需求的生态化调控"，《齐鲁学刊》，2009年第6期。

[97] 尹来盛、冯邦彦："珠江三角洲城市区域空间演化研究"，《经济地理》，2012年第1期。

[98] 于洪俊、宁越敏：《城市地理概论》，安徽科学技术出版社，1983年，第1~200页。

[99] 余斌、冯娟、曾菊新："产业集群网络与武汉城市圈产业发展的空间组织"，《经济地理》，2007年第3期。

[100] 俞滨洋、徐效坡、曹传新："试论跨世纪城市和区域系统相互作用过程的时空调控"，《东北都市区规划》，2000年第1~2期。

[101] 袁勤俭："国际标准产业分类体系的演化"，《统计与信息论坛》，2004年第1期。

[102] 张换："资本结构机理的内涵及其机制的比较"，《经济研究》，2012年。

[103] 张辉："产业集群竞争力的内在经济机理"，《中国软科学》，2003年第1期。

[104] 张金锁、康凯：《区域经济学》，天津大学出版社，1998年。

[105] 张满月："创新实践在人类社会活动中的历史作用探析"，《哲学·社会·

文化》,2011 年第 3 期。
[106] 张文忠、刘继生:"关于区位论发展的探讨",《人文地理》,1992 年第 3 期。
[107] 赵改栋、赵花兰:"产业——空间结构:区域经济增长的结构因素",《财经科学》,2002 年第 2 期。
[108] 赵茂林:"增长极理论的发展及借鉴意义",《汉中师范学院学报》,1995 年第 2 期。
[109] 赵英:《后工业经济:产业结构变迁与经济运行特征》,南开大学出版社,2005 年。
[110] 赵永革、周一星:"辽宁都市区和都市连绵区的现状与发展研究",《地理学与国土研究》,1997 年第 2 期。
[111] 郑文升:"长春大都市区空间调控对策研究",东北师范大学硕士论文,2005 年。
[112] 周大庆:"发展资源短缺型省会城市旅游业的思考",《经济地理》,2006 年第 1 期。
[113] 周建华:"产业内集聚、垂直关联产业溢出与企业效率——基于广东省制造业企业微观面板数据",《兰州商学院学报》,2011 年第 2 期。
[114] 周一星:"济宁—曲阜都市区发展战略探讨",《城市规划》,2001 年第 12 期。
[115] 周一星:《城市地理学》,商务印书馆,1995 年。
[116] 朱奎:"地租问题的一般均衡分析",《教学与研究》,2007 年第 2 期。
[117] 宗传宏:"大都市带:中国城市化的方向",《城市问题》,2001 年第 3 期。

后 记

都市区起源于20世纪中叶的欧美发达资本主义国家的城市连绵区或城市群,相应的理论与实践研究也诞生于欧美学术界,成为地理学、经济学、城市规划学、政治学、社会学、心理学等重要前沿研究的载体对象。都市区是一个综合的复杂的社会经济巨系统,任何一门学科都不能把这个"黑箱"变成"白箱",只有通过学科之间的协调、学科内部之间的融合,才能真正认识和判断这个新兴客观事物或现象运动的客观规律。

地理科学研究都市区,主要是运用地理科学的地域差异性和系统综合性思维方法,把都市区作为地球表层系统的一个子系统,作为一个特殊的城市地域经济系统,以都市区自然地理条件为基础,以区域经济地理学、城市地理学的学科研究思维框架为支撑,以都市区经济地域系统形成发育的机制、功能、趋势等为依托,重点研究都市区的产业部门结构和产业空间结构运动的客观规律。因此,本书研究了都市区经济地域系统的条件、环境、资源、机制、结构、功能、趋势、规律等基本理论范畴,重点是从地理学的视角透视都市区的运动、地理内容、地理形式的地理客观规律的。笔者认为主要创新有以下两个方面:

其一,从系统论思维出发,以区域经济地理学为基础,从都市区概念与界定、形成发展地理条件、资源与环境、机制、结构、功能、趋势等方面，建立了较为完善的都市区形成演化机理的理论框架，为区域经济地理学有关都市区研究的整体理论体系提供了重要成果。

其二，从综合调控的角度，以都市区形成演化机理为指导，融合管理学、经济学、社会学、规划学、生态学等理论，建立了较为完善的都市区调控的实践原理框架，为区域经济地理学实践服务理论体系提供了重要成果。

当然，都市区是目前各个学科研究的前沿领域。都市区作为客观存在的物质实体、空间实体、社会实体、经济实体、生态实体，有许多问题需要深入研究。首先，由于资料的限制和认识的局限，都市区界定的定量客观标准没有深入研究探讨，这将在今后的研究深化中逐步完善。其次，由于资料的限制，在都市区形成演化机理的探讨过程中，没有在获取大量都市区数据资料的对比分析基础上进行归纳总结，更多地是运用了演绎法。重演绎法轻归纳法是本书最大的遗憾和缺陷。今后，将以本书研究成果为基础，通过深入获取调研信息，加强具体案例的对比分析研究，继续完善有可能存在不准确或不严谨的观点结论。第三，都市区是一个非常复杂而广泛的综合性研究领域，涉及到社会、经济、生态、人文、政治等各个方面，是一个具体区域的现实缩影。都市区形成演化机理研究探讨，需要较为渊博的学科知识跨度和综合。由于笔者水平、能力所限，知识丰富的程度较薄，学科综合能力较弱，难免在论述中出现粗浅之认识。在今后的研究中，将会不断广博群书，强化知识的综合能力，不断努力地将研究成果加以深化。另外，还有都市区的生态问题，都市区的可持续发展经济问题、都市区的功能场问题等等。上述是本书都没有做深入探讨的重点问题和方面，这需要在以后的工作、学习中继续沿着已有的成果深入下去，与其他学科做好融合，共同研究好都市区问题。

后　记

　　本书是笔者20多年来学习经济地理学的心得体会和理论认识的升华。正因为笔者感到本书存在上述若干遗憾和缺陷，博士论文答辩之后一直没有整理出版。笔者发现，经过近8年的实践工作和观察，中心城市区域化特征越来越显著，都市区规划实践也越来越多；但受我国行政体制的约束，都市区空间调控步履维艰。近两年来，中央高度重视城镇化发展，并作为扩大内需、促进转型、改善民生的重要战略举措。面对当前城镇化过程中碰到的各类区域化问题，都市区是当前政府优化整合区域空间系统的较好抓手和调控手段。为此，笔者经过再三思考后决定出版本书，希望能对都市区的理论和实践研究提供一些素材和添砖加瓦。

　　笔者学业心得是恩师徐效坡教授20多年来精心栽培的结晶，字里行间都凝聚着导师的辛勤汗水和孜孜不倦的教诲。2012年10月，徐先生与世长辞，但恩师在学识上博学多能、造诣高深，具有严谨治学的学术作风；在人格上品质高尚、不卑不亢，具有正直刚强的人格力量，将永远鞭策学生攀登学术高峰，将永远激励学生修身人生品格。在恩师逝世一周年之际，学生论文的出版仅当作对已故恩师的一点慰藉和纪念。

　　最后，在论文出版过程中，得到了中国科学院地理科学与资源研究所何书金博士、中国社会科学院城市与环境所袁晓勐博士、商务印书馆田文祝、颜廷真博士的悉心指教和无私帮助，特别是我母校老师袁树人教授欣然作序，在此一并表示感谢！

曹传新

2013年9月于北京